스피박의 **대담**

국립중앙도서관 출판시도서목록(CIP)

스피박의 대담 / 가야트리 스피박 [지음] ; 이경순 [옮김]. -- 서울 : 갈무리, 2006
p. ;   cm. -- (디알로고스총서4)

원서명: The post-colonial critic : interviews, strategies, dialogues
원저자명: Spivak, Gayatri Chakravorty
색인수록

ISBN   89-86114-94-1 04300 : ₩15000
ISBN   89-86114-72-0(세트)

304-KDC4
300.2-DDC21   CIP2006002608

 디알로고스총서4

스피박의 대담 The Post-Colonial Critic

지은이 가야트리 스피박
옮긴이 이경순

펴낸이 장민성, 조정환
책임운영 신은주 편집부 오정민 마케팅 정현수

용지 화인페이퍼 인쇄·제본 한영문화사 출력 경운출력
펴낸곳 도서출판 갈무리 등록일 1994. 3. 3. 등록번호 제17-0161호
초판인쇄 2006년 12월 12일 초판발행 2006년 12월 31일

주소 서울 마포구 서교동 375-13호 성지빌딩 101호
전화 02-325-1485 팩스 02-325-1407
website http://galmuri.co.kr e-mail galmuri@galmuri.co.kr

ISBN   89-86114-94-1 04300 / 89-86114-72-0 (세트)
도서분류 1. 문화연구 2.여성학 3. 정치학 4. 철학

값 15,000원

스피박의 대담

인도 캘커타에서 찍힌 소인

The Post-Colonial Critic

가야트리 스피박 지음

새러 하라쉼 편집

이경순 옮김

* 바로잡습니다.
본문 41면 6행 '당시 버클리~'부터 41면 10행 '~대단했습니다.'까지를 삭제합니다.

차례

식민주의 유산에 대한 도전과 교섭의 해석학

― 포스트식민 비평가 스피박

I

"포스트식민 연구"(Post-colonial Studies) 분야가 영미권에서 제도화된 영역으로 자리잡게 된 것은 1970년대 후반 들어서였다. 오늘날 이 분야는 서구 학계뿐만 아니라 과거 식민지 국가의 대학에서도 합법적 위상과 상대적 특권을 확립하고 있다. 수많은 포스트식민 연구기관이 설립되었고, 그 대부분은 문학을 비롯해서 문화연구, 역사, 인류학, 예술, 기타학문분야와 연계되고 있다. 학회와 콜로키엄에서 그 관심은 꾸준히 증명되고 있는데, "포스트식민 문학," "포스트식민 이론," "포스트식민 상황"의 이름으로 앞 다투어 특집호를 발간하기도 하였다. 더욱이, 각 분야에서 포스트식민 문제와 관련된 학문적 자료들을 발간하는 데 있어 전문출판사들을 탄생시켰고, 대부분의 학회지들은 이 분야의 학문활동을 광범위하게 지원할 정도로 괄목할 만한 수준에 이르게 되었다. 이처럼 "포스트식민 연구"는 오늘날 전지구적 관계에서 우리의 다양한 지적, 문화적 위상이 어떻게 바뀌고 있는가를 검토하고, 여기에 비판적 실천, 지배와 패권의 문제를 재고할 필요성을 제공한다는 점에서 그 중요성이 있다.

"포스트식민"이란 용어가 이처럼 많은 관심을 끌게 된 것은, 이 용어가 비평적 탐구에 새로운 전망을 열었다거나, 개념으로서 엄밀성과 관련되어서라기보다는, 문화비평의 조정자로서 제3세계 출신의 학계 지식인들이 눈에 띠게 증가하고 있다는 사실과 더 관련이 깊다. "포스트식민" 하면, 곧 바로 "제3세계"로 통용되던 1980년대 초반 무렵, 미국을 중심으로 한 서구 문화비평이 전지구적으로 지적 관심을 확대함에 따라, 바로 그 중심부에서 활동한 유색인종학자들이 정치적, 이데올로기적 식민주의의 주변부 목소리와 그 주체들로 소개되었다. 이들은 문화적 담론의 진정한 세계화를 성취하려는 의도를 분명히 하면서, 중심과 주변의 경계선을 없애고 식민적 사고방식의 유산으로 추정되는 그 밖의 모든 "이분법"을 제거하여, 복잡하고 이질적인 사회들을 전지구적으로 노정하는 작업에 일차적 목표를 설정하였다. 이 가운데 특히 아시아계 지식인들이 대기 쏟아지면서 포스트식민 작업을 형성하고 퍼뜨리는 데 크게 기여를 하게 된다.

포스트식민 비평의 현대사라 부를 수 있는 내용이 진지하게 검토되기 시작한 것은 1980년대 초반 무렵으로서, 후기구조주의와 관련한 에드워드 사이드(Edward Said), 호미 바바(Homi Bhabha), 가야트리 C. 스피박(Gayatri Chakravorty Spivak)이라는 3인의 대표 주자에 의해서였다. 이들은 서구 인문학 분야에서 활동하고 있는 아시아 출신 학자들로, 특히 유럽중심주의와 그것의 문화적 인종차별주의를 향한 해체적 포스트식민 비판은 이들이 이룩한 업적으로 볼 수 있다. 그로 인해 비평 텍스트는 비단 문학만이 아니라 영화, 비디오, 사진 등의 문화적 실천으로 확대되었다. 물론 1970년대 이전에도 포스트식민 문화와 사회에 관련된 문제들을 다루는 문학 작품들이 과거 식민지인 아프리카, 아시아,

카리브 국가들에서 다량 생산되었지만, 충분한 숫자의 포스트식민 비평가와 그들의 말에 귀 기울일 청중들이 서구세계에서 가능해진 것은 이들 이후라는 점에 주목해야한다.

주지하다시피, 식민지배는 "물리적 공간, 토착민 정신의 재형성, 지역 경제사를 서구의 관점에서 통합하는 것"을 근거로 공고히 확립된다. 사이드의 말대로, 식민주의 이데올로기의 합법성은 "토착" 문화를 폄훼하고 "토착민" 목소리를 침묵시킨 결과, "토착" 문화들의 중요성이나 진정성을 왜곡시켜 버린다. 그리고 식민 지배의 현대적 기획은 식민화 구조에 기반을 둔 식민경험의 물리적, 인간적, 정신적 양상을 전적으로 수용하는 것을 의미한다. 따라서 피식민 대다수는 독립된 이후에 민족 전통을 다시 수정하고 민족 문화를 다시 구성할 것을 요구하는데, 이는 대중의식 회복을 꾀하는 일로서 학계의 이러한 새로운 요구는 서구뿐만아니라 "3세계"에서도 일련의 기획들을 분출시켰다. 그 목표는 "밑으로부터의 역사", 반동적 사회학, 정치 경제에의 새로운 접근, 인류학, 페미니즘, 환경운동 면에서 대중의식과 대중적 실천을 회복하고 이론화하는 작업으로 수렴된다.

다른 한편으로, 1980년대 중반부터 "포스트식민"이라는 딱지는 제3세계 출신 학자들을 기술하는 상표로 사용되면서 소위 "포스트식민 지식인"은 전에 누리지 못한 학문적 존경을 받게 된다. 포스트식민 비평이 이처럼 호소력을 갖게 된 것은 이 시기에 전지구적 자본주의와 포스트식민 의식이 나란히 출현한 점, 포스트식민성 개념이 문화비평에서 크게 부상하게 된 점, 그리고 자본주의 세계경제의 변화가 야기하는 전지구적 관계에서의 변형들이 시사하는 개념적 필요성을 공명하게 되는 사실과 유관하다고 할 수 있다. 포스트식민 비평가들이 최근의 전지구적 의식의 일부가 된 새로운 세계상황에 관심을 갖고 자본주의 세계경제의 변형, 전지구적 자본주의의 유연한 생산, 후기 자본주의의 세계 상황을 문제로 부각시켜온 것은 이와 같은 맥락에서이다.

문학과 문학비평의 역할에 무수한 질문과 도전을 행하고 있는 포스트식민 비평가 가운데 스피박은 단연 포스트식민 연구분야를 정교하고 복잡하게 전개시킨 점에서 크게 기여하였다. 20년 전 영미 학계에서 해체논쟁을 시작으로, 서구 지식인이 노동자나 비특권화된 사회의 역사적 경험을 매개할 수 없다고 하는 설명을 통해 "하위주체는 말할 수 있는가?"라는 문제 제기를 시작하였다. "토착 정보제공자"의 복잡성을 가시화하면서 포스트식민 논쟁의 다른 차원을 열게 한 스피박은 지구촌 구석구석을 돌아보면서 스피박 자신뿐만 아니라 우리 자신을 타자로 보려는 글쓰기를 시도하는데, 이는 스피박 자신과 우리 스스로가 어떤 존재인가를 성찰하게 하는 글쓰기이다. 그것은 서구 철학자들과 페미니스트들이 전지구적 정치 경제 게임에서 어떻게 수렴하고 갈라지는 것인가에 짓궂게 말을 건네는 글쓰기이다.

포스트식민 연구에서 대중의식문제에 대한 방법론적 틀은 인도의 '하위주체 연구'팀에 의해 진행되었지만 이 연구에 복합적인 문제점을 제공한 것은 스피박이다. 1980년대 초반 무렵, 하위주체 연구는 "대중의식의 내용과 형식을 회복하거나 폭로"하는 작업에 관여하였다. 파농(Fanon)의 "대지의 저주받은 자들"이란 역사를 갖지 못한 사람들을 지칭하듯, 엘리트 재현에서 "대중"은 말해지는 대상이자, 스스로 말할 기회를 갖지 못한 사람들이었다. 하위주체 연구팀은 "하위주체가 자신들에 대해, 스스로를 위해 말할 수 있는 승인된 공간에 참여하기"를 주장하게 된다. 이에 대해 스피박은 하위주체가 국가와 시민사회의 엘리트 수준에서 아무런 발언권도 없이 구조화되고 있음을 역설한다. 즉, 어떤 담론적 맥락에서도 하위주체는 자신을 재현할 수 있는 위상을 지니지 못하므로, 엘리트 영역에서 "하위주체는 말할 수 없다"는 주장이다. 하위주체는 어디까지나 담론의 대상이지 주체는 아니며, 사회적 엘리트와 비엘리트의 구분점을 너머, "그 자체로서" 기표화할 수 없음을 실천하고 있을 뿐이다.

스피박의 논지에서 볼 때, "대중"이란 항상 규정당하는, 비재현적 존재이다. 엘리트 담론에서 "하위주체"로 읽혀지는 것은 무엇이나 하위주체를 위해 항상–이미 개조되고 전유되며 번역되고 우롱당한다. 정확히 말해, 그것은 엘리트 담론에서의 대중 실천과 그것의 (잘못 인식하는) 해석 사이의, 환원할 수 없는 간격을 지닌다. 특히 젠더화된 하위주체 여성은 가장 크게 어려움을 겪는 존재로, 그녀들을 연민으로만 기술하는 방식은 적절하지 않다. 따라서 스피박은 인류학자의 탐구대상과 하위주체 활동가의 대화 사이에는 현저한 간격이 있다고 주장한다.

II

포스트식민 이산 지식인이자 오늘날 가장 영향력 있는 문화, 문학 이론가인 스피박은 당대의 문화와 비평이론을 정치적으로 이용하여 우리의 문학, 문화해석과 사유방식에 온존하는 식민주의 유산에 도전하는 사상가로 잘 알려져 있다. 서구문화로부터 주변화된 목소리와 텍스트를 옹호하는 데 있어 선도적인 한편, 이 시대의 지배적 이념들과 대결을 벌이는 점에서 그녀는 도발적인 싸움꾼 지식인이라 할 수 있다. 그러므로 우리 시대의 문화이론을 알고자 하는 사람이라면 스피박을 통과하지 않을 수 없다. 세계 전역을 가로지르는 문학, 문화이론에 대한 비판적 탐구활동으로 널리 인정받아온 스피박은 맑스, 데리다, 푸코, 프로이트, 라깡의 저술이 재현하는 지적 전통에 대한 비판적 몰두를 하고 있다. 그리하여 페미니즘과 후기구조주의를 비판적으로 수용하여 여기에 심리분석과 맑스주의를 변형시켜 정치화하는 것이 그녀의 정치학적 입장에 도구가 되고 있다. 뿐만 아니라 그녀가 행하는 광범위한 비판적, 이론적 도전은 다문화주의, 포스트식민주의, 페미니즘에 지속적인 영향을 미치고 이를 국제적으로 파급시키는 효과를 갖는다.

"영국계 인도인으로 태어나, 뚜렷한 선택도 하지 않았는데 말하자면 포스트식민화 과정에 참여하고, 그로부터 미국에서 일을 하고, 유럽, 아프리카, 사우디아라비아, 영국 그리고 지금은 호주를 돌아다니면서, 어느 면에서는 마스터 담론(master discourse)을 행하는 사람이 되는 것을 피해 왔다"고 대담에서 말하듯, 스피박은 장소의 이동뿐만 아니라 "여러 학문(para-disciplinary)의 경계선을 넘나드는 윤리 철학자"라고 자신을 규정한다. 스피박이 학계에 알려지게 된 것은 카탈로그에서 주문하여 번역한 데리다의 『그라마톨로지에 대하여』(Of Grammatology, 1976)의 서문을 통해서였다. "서문에서 자기 성찰성에 대한 새로운 기준을 마련"하였다는 평을 받았는데, 그녀가 이 책을 처음 대했을 때의 느낌을 "나는 거기서 말하고 있는 것을 이미 이해하고 있고, 내가 행하려 하고 있는 것을 설명하는 보다 좋은 방법이라고 느꼈다"고 할 정도로, 데리다의 작업에 만족하였다. 스피박에게 데리다는 "자기의 학문적 생산을 묻는 지식인으로서 자신의 상황에 대단히 구체적이고 개인적으로 시선을 집중하고" 있는 학자로서, 제도화된 타자를 지각하는 점에 끌리게 된다. 나아가 자신 같은 유색 여성 비평가에게 데리다의 주장은 대단히 유용할 뿐만 아니라 철학적 전통을 외부에서보다는 내부에서 해체하고 있음을 보고 깊은 관심을 갖게 된다. "제가 교육받은 인도의 교육제도에서는 철학제도의 영웅의 이름은 보편적 사람이었고, 그러한 보편적 사람의 국제화에 다가가기 시작하면 우리는 사람이 될 수 있음을 배워왔지요. 우리들을 사람이 되도록 가르쳐 준 전통을, 프랑스에서 누군가 정말로 해체하고 있음을 목격했을 때, 퍽 흥미로운 일로 생각되었습니다."라고 이 책에서 말하고 있다.

『스피박의 대담』은 1984년부터 1988년 사이에 세 대륙에 걸쳐 행해진 12개의 대담식 토론을 통해 가장 중요한 정치-이론 문제들을 광범위하게 숙고한다. 스네자의 서문에서 볼 수 있듯, 스피박은 재현과 주체구성 관계에 강조점을 두면서 대담의 질문을 이용하여 그녀의 대답을 비평적 글읽기 수업으로 바꾸고 있다. 해체론, 주변부, 하위주체, "제3세계 여성"과 서구 페미니즘, 유물론과 가치, 포스트식민주의와 문학 텍스트, 그리고 문학 텍스트로서의 재현/자기 재현의 문제, 해체이론의 정치성, 다문화주의 정치성, 포스트식민주의 비평가의 상황, 교육적 책임, 정치적 전략과 그 밖의 시의 적절한 여러 주제를 토론하는데, 여기에는 스피박의 다른 저술들에서 제기된 질문들이 거의 다 포함되어있다. 모튼 (Stephen Morton)은 루트리지(Routledge)의 〈비판적 사상가〉 시리즈인 『스피박 넘기』(Gayatri Chakravorty Spivak 2003)에서 스피박을 처음 읽는 이에게 가장 좋은 책으로 『스피박의 대담』을 권하고 있다. 그리고 스피박의 글과 문체에 힘들어하는 독자에게 『스피박의 대담』은 그간 스피박 읽기를 둘러싼 여러 문제점을 상당부분 해소시켜 줄 것이다.

『스피박의 대담』은 국가와 국가, 문화와 문화의 경계를 넘나드는 경계선 넘기라는 주제, 그리고 경계선을 넘는 다양한 방식을 새롭게 만들어가고 있다는 점에서 스피박의 정치성을 잘 보여준다. 서구남성중심의 기존 철학담론이 지닌 고급스런 입장에 가차 없이 도전하면서 때로는 어려운 이론적 언어로, 특히 대륙 철학 전통에서 훈련받은 이들에게 말 걸기를 통해 도전한다. 그녀는 문학비평 훈련을 주로 받았지만, 철학과 윤리학, 정치경제학, 사회 이론 등을 두루 섭렵한데다, 미국, 영국, 인도를 포함한 아시아, 기타지역에서의 철학, 역사분야의 학문 실천자들에게 말걸기를 강력하게 시도한다.

학문적 담론이 깨지고 정치적 기능의 세계로 들어가는 주변에 대한 탐구를 주로 하기 때문에 도전의 범위가 넓을 수밖에 없어 스피박의 글은 어렵고 까마득하게 들리기도 한다. 그녀는 쉬운 글쓰기, "균질화"된 글쓰기는 사람들을 속일 수 있어 "직접적인 경우를 투명하게 하지말자"라고 힘주어 강조한다. 늘 자신이 쓴 글을 "출발" 선상에 놓고 자신의 사상과 그 흔적을 찾아보는 점에서 그녀의 글쓰기는 특수한 은유의 힘을 발휘한다. 『스피박의 대담』에서 독자는 스피박 사상이 어떻게 진행되어 가는지 그 과정을 엿볼 수 있다. 그녀의 사상은 "생산물"로서 고정되거나 유한한 사고의 형식이 아니라, 적극적으로 사고하기, 즉 익숙하거나 덜 익숙한 지적 영역을 왔다 갔다 하면서 하는 일종의 진자 운동이자 여행이다. 다른 한편으로, 그 전제조건을 끊임없이 심문하는 사상이기도 하다. 우리는 이 책에서 그녀의 강의나 저술과 관련해서 뿐만 아니라 세계 각 도시에서 행해진 페미니스트, 문화비평가, 정치활동가들과의 대담을 통해, 헤아릴 수 없는 차이들을 생각하게 되고 그럼으로써 여러 논쟁점을 다각도로 짚어보게 되는데, 이것이야말로 스피박 사상을 이해하는 지름길이다. 이 대담집은 발언자들의 재미있고 생생한 모습을 잘 전달해 준다. 때로는 분노와 격렬함이, 때로는 현란하게 말하는 스피박의 모습과 그녀 이론에 기본이 되는 아이러니를 독자들에게 선사하는『스피박의 대담』은 스피박 탐험에 꼭 필요한 길잡이다.

III

『스피박의 대담』에서 보여주듯, 스피박의 포스트식민 연구는 "학문의 미시 정치학과 그것이 제국주의라는 거대 서술과 맺는 관계"에 초점을 둔다. 서구에서 이론이 발전됨과 동시에 제3세계에서 착취의 보다 진전된 형태가 구축되고 있다고 보는 스피박은 자신의 글이 난해한 이유로, 지금까지 유럽 식민주의에 접근할 때 유럽중심주의를 해체하려면 그들의 용어를 사용하면서 문제점에 다가가야 하는데, 이때 적절한 용어가 부족해서 그녀는 끊임없이 용어를 만들어 내야하기 때문이라고 말한다. 이는 가장 긴급한 문제를 알아보고자할 때 명료한 이해를 하지 못하고 있는 우리가 갖는 문제점들로서, 적절한 용어가 부족하기 때문이라고 설명한다. 게다가 스피박이 사용하는 해체론은 논리가 끊임없이 변할 뿐만 아니라 그 해체론을 극복하려한 점에서, 일관성이라든지 공식을 갖고자 하는 데 익숙한 우리로서는 특이한 글쓰기로 보일 수밖에 없다.

이처럼 서로 경계선을 넘나들며 전략적으로 사용되는 데서 드러나는 스피박 이론의 정치성을 어떻게 볼 것인가의 문제, 그녀를 후기구조주의의 탁월한 실천가, 아니면 해체이론의 악순환을 되풀이하는 학자로 볼 것인지, 또 담론의 내부와 외부 제도를 언급하면서 서구 지식인의 전형을 해체하려든다는 점에서 그녀를 새로운 지식인으로 볼 것인지의 문제가 제기된다. 그리고 비서구출신의 포스트식민 이론가들과 어떤 차이를 이루는가, 포스트식민주의와 페미니즘의 과제, 그리고 전지구적 시점에서 아시아계 이산민의 존재를 어떻게 볼 것인가 등의 주제에 그녀가 어떻게 답하고 있는가를 『스피박의 대담』은 잘 드러내주고 있다. 먼저, 스피박 이론의 출발점은 자신이 자신을 인식하는 방식이다.

"제가 하는 일이란 저의 학문상의 상태를 분명히 하는 데 있습니다. 저의 입장은 일반적으로 말해 반동적인 것입니다. 저는 맑스주의자들에게는 너무나 기호적으로 비치고, 페미니스트들에게는 너무나 남성적으로 비치고, 토착 이론가들에게는 지나치게 서구 이론에 물들어 있는 것으로 비칩니다. 저는 이것이 불편하면서도 기쁩니다."

이러한 자신의 정체성 문제에 글쓰기가 밀접히 관련됨을 다음과 같이 말한다.

"우리는 언어나 장소에 딱 들어맞는 단순한 정체성 개념을 경계할 필요가 있습니다. 저는 어떤 결정론적인, 혹은 실증주의적인 정체성의 정의에 큰 의문을 갖고 있습니다. 이것은 글쓰기 문체에 대한 저의 태도에도 반영되어 있습니다."

"저는 '그래, 그것은 다른 논문에서 훨씬 잘 말했다'고 생각해서 제가 쓴 논문을 인용합니다. 그 이상이죠. 많은 이종 혼합이나 단절도 있습니다. 만일 거리를 두고 자기의 행위를 음미한다면, 다른 누구와 마찬가지로 저 역시 완전히 다원적이라는 인상을 갖게 됩니다.
제 말은 일반적인 의미에서입니다. 동시에 저는 어느 일정한 역사를 이어받고 있습니다. 벵골의 대도시에서 태어나 식민지 이후의 교육을 받고 유럽의 사정에도 숙달하고 맑스주의자이며, 또 그렇게 되었습니다. 유럽의 사정에 관해 유럽인보다 더 유럽적이 되었지요. 그것은 살아남기 위한 필요성에서 식민지 후의 모종의 자부심과 교차되었기 때문입니다. 독립 후의 젊은 지식인 첫 세대이며, 제1국제화 물결 이래 서서히 변천해 온 맑스주의 교육 일체를 몸에 배게하고, 출국해서 처음에는 학생으로, 다음에는 교사로서 등등, 미국의 60년대를 살았습니다. 저는 어태껏 매우 많은 것을 배우고, 배움으로써 제가 일찍이 썼던 내용들을 새로운 방법으로 해석할 수 있게 되었습니다. 이런 일은 누구에게나 일어날 수도 있겠지만 다른 사람들의 저작에서는 눈에 띄지 않습니다. 이런 식으로 저 자신을 되풀이함으로써 항상 움직이고 있다는 것, 항상 뭔가의 방법으로 인용 가능하다는 것을 알 수 있습니다. 좁은 의미에서 그것은 스스로의 인용가능성(citationality)의 장소를 표시하는 것입니다."

제1세계에서 스피박을 규정하는 데 사용되는 용어로 흔히 "제3세계 페미니스트 포스트식민주의 맑스주의자"로 표시하는 것을 들어 "표시화 현상"(tokenization)이라고 부른다. 이러한 분류딱지를 거부하는 데서 그녀의 자의식적 측면이 강함을 볼 수 있다.

"1940년대에 캘커타라는 대도시의 전문직에 있는 중류계급의 가정에서 태어난 사람을 그러한 전문용어로 표현한다는 것은 옳지 않다는 점을 저는 보여 주려 합니다. 한 덩어리로 된 암석 같은 실체로서의 제3세계라는 관념은 제2차 대전 이후의 국제적 노동 분업의 새로운 조직에서 나온 것이며, 지구의 반대편에서 온 우리들은 신식민지주의 논리에 바탕을 둔 하나의 제목 하에 우리 모두에게 그 딱지를 붙인 데 대항하고자 커다란 투쟁을 하고 있습니다. 그래서 저는 이 하나의 딱지를 들어 제1세계 사람들의 (저는 현재 그 딱지를 반대로 사용하고 있습니다만) 타자를 관리하고 소유하려는 욕망이 얼마나 복잡하게 반영되는지를 저의 학생들과 청중들에게 보여 주고자 합니다. …… 이런 맥락에서 저는 역시 표시화(tokenization) 현상을 설명하고 이를 이용하려 합니다. 인간은 몇 가지의 분류 딱지, 즉 제3세계 여성이라든가, 미국의 학자라든가 하는 것만을 사용하고 있지만, 맑스주의자, 해체론자, 페미니스트 등등의 표시화 방식을 사용하는 딱지들도 있습니다. 그래서 저는 국제회의나 강의의 전체적 흐름을 보고 어느 정도까지 저의 주제에 어울리도록 이 현상을 저의 담론에 실제로 끌어들이고자 합니다."

다음으로, 해체론과의 관계를 보자. 식민지 속국 출신으로 미국의 제도 교육권 안에서 활동하는 스피박은 자신의 이러한 아이러니컬한 처지를 데리다식의 해체전략을 구사해 돌파하려 한다. 그녀의 포스트식민주의는 전통적인 식민구조의 틀에 데리다식 해체와 페미니즘을 결합한 복합적 양상으로 전개되는데, 이렇게 해서 보여주고자 하는 것은 해방의 서사 밑에 도사리고 있는 착취의 구도, 비판의 말속에 숨어있는 공모의 흔적을 찾는 데 그 목적이 있다.

"주변부였으면 하는 저에 대한 요구는 항상 흥미롭습니다. …… 어떤 의미에서 중심적인 것은 없다고 생각됩니다. 중심은 항상 그 자신의 주변성의 관점에서 구성되고 있습니다. 그렇지만 그러한 말을 해 봤자 패권적인 역사적 내러티브의 관점에서, 지금까지 항상 다른 사람들이 중심적이라고 정의되어 온 것처럼 어떤 인종들은 주변에 정신을 집중하도록 요구되어 왔습니다. 저는 이러한 두개의 구조 사이를 타협하면서 때로 다른 사람들의 눈에 주변부적으로 내비쳐지지 않으면 안 되었지요. 그러한 상황에서 저에게 유일한 전략은 아무래도 자기를 중심으로 제시하려는 것입니다. 이것은 이론적으로는 틀린 얘기입니다."

스피박은 포스트식민 문화상황을 설명할 때 유일하게 유용한 이론이 데리다의 해체이론이라고 말한다. 해체이론을 차용하여 패권적 내러티브의 안을 밖으로 전도하며 "학문적 담론들이 깨지고 정치적 기능의 세계로 들어가는 주변부"를 탐구한다. 그것은 미국 학계에서 특권적 입장에 있는 제3세계 여성으로서 밖을 안으로 들여오는 것이다. 이러한 모순적 입장들로 인해 양쪽이 아닌 가운데 지점을 목표로, "중앙"을 재조정하려한다. 그러면서도 "나는 해체이론을 특수하게 사용하지만 나는 해체주의자가 아니다"라고 말하는 스피박은 데리다에 기반하여 "해체이론은 과오의 폭로가 아니다. 그것은 진리가 어떻게 일정하고 일관성있는 산출이 되는지를 들여다보는 것"이라는 입장을 취한다. 해체론이 강의실에서 세계(텍스트)에 대한 급진적 읽기를 만들어내고 나아가 문화 변혁을 가져올 수 있다는 믿음에서 교육의 한 방법으로 환원되어버리는 식에 대해 비판적 입장을 취하는 스피박은 미국 대학 내 이론들의 발전과, 제3세계에서 착취의 보다 진전된 형태라는 이 두 맥락의 긴장과 숙고를 놓치지 않는다.

이처럼 포스트식민 이론에 해체론을 활용하는 스피박에게 맑스주의, 후기구조주의, 페미니즘은 독특한 관계망을 형성한다. 그렇다고 그녀는 맑스주의자라는 이름표도 달고 있지 않고, 후기구조주의자라는 "거대 내러티브"에 회수되고 있는 것도 아니며 페미니스트라고 스스로를 일컫지 않는다. 이 책 제2장에서 스피박은 론 아론슨과 존 던과 함께 사회주의 현실과 국제적 계급관계를 토론한다. 그러나 두 가지 점에서 이들과 차이가 있는데, 하나는, 맑스주의가 계급과 생산관계를 인식하는 반면, 후기구조주의는 그러한 인식의 방법을 회의하는 전술이라는 점이다. 그리고 다른 하나는, 맑스주의가 집단성을 금과옥조로 하고 있는 반면, 그녀는 "또 한 편의 개인"이라고 하는 말로서 그것의 집단성을 비판한다. 그녀가 이렇게 강조하는 것은 후기구조주의가 역사를 일련의 잔혹한 사실로서 뿐만 아니라 역사의 여백이나 침묵을 읽는 것, 즉 글읽기를 바꿔 행함으로써 텍스트를 무한으로 개방하는 전술을 통해 맑스주의의 경직화를 구할 수 있는 힘을 갖고 있다고 믿기 때문이다. 결국 후기구조주의 공헌은 끊임없는 변화와 움직임을 사상과 정치에 결부시켜나가는 데 있는 것이라고 보는 그녀는 맑스주의, 페미니즘, 해체론이 단절을 유지한다해도 차이를 두면서 작용하는 역학이 중요하다고 설명한다.

"맑스주의는 자본의 움직임을 고찰하는 연구 기획입니다. 페미니즘은 주체의 이론, 성차에 대한 정의를 내리는 사회적 관습뿐만 아니라 주체로서의 남성과 여성의 발달을 다루는 것과 관계가 있습니다. 페미니즘은 맑스주의와 같이 추상적, 이론적인 방법으로 짜여져 있지는 않습니다. 그러므로 맑스주의자와 페미니스트의 연구과제는 양자 사이에 관계가 있기는 하지만 서로 협력하는 것으로 볼 수 없습니다. 해체론으로 말하자면 실로 이 두 가지 일, 아니면 어떤 종류의 일이건, 행하는 방법입니다. 해체론은 이 두 연구과제보다는 훨씬 덜 실체적이지요. 해체론은 행동기획이라기보다 고찰하는 방법이지요. 즉 고찰하는 방법이 행동이 되도록 우리가 행하는 것을 고찰하는 방법입니다."

교섭(negotiation)은 포스트식민주의, 맑스주의, 페미니스트 글읽기를 아우르는 스피박의 주요 입장의 하나로서 하나의 전략이라고 할 수 있다. 스피박에게 교섭은 인간이 정착하지 않으면 안 되는 뭔가를 바꾸려고 하는 시도이다. 『스피박의 대담』 전반부에서 스피박은 자신의 학문적 생산과 교섭하기를 논하고 있다. 스피박은 왜 프랑스 이론을 사용하는가에 대한 답변에서, 그녀 자신이 유럽을 향한 것은, "동양을 향한 유럽의 욕망을 보기 때문"으로, 제국주의 식민사와 신식민사의 "명령"에 부응하기 위한 것이라고 한다. 스피박은 자신을 비서양을 향한 서양의 욕망내부에 사로잡힌 존재, 유럽의 역사와 함께 하고 있는 지식인 생산물로 본다. 그래서 그녀는 때문에 스피박은 자신을 "진정한 토착인"이 되게 하거나, 혹은 "순수 동양인"으로 위치 지워지기를 거부함으로써 이러한 "욕망의 뚜껑"을 열고 있다. 그녀의 기획은 사이드와는 다르다. 서구사를 토착이론으로 대치하는 것이 아니라 자신의 작업의 도구인 해석이론의 한계가 실제로 어떻게 "비서양적 소재"로 규정되어질 수 있는가를 마주쳐서 드러내어 논증하는 것이다. 제국주의 비판과 서양화 지향에 대해 다음과 같이 말한다.

"제국주의 비판에 대한 제 자신의 일과 어떻게 관련을 맺는가하는 점인데요. 서양 지식인에게 있는 이러한 욕망에 대해 어디에선가 말했다고 생각하는데, 저는 그것을 유럽의식의 반복되는 위기를 기념하고 또 표시하는 것으로 봅니다. …… 오늘날에도 서양의 순수한 타자에 대한 동경이 다시 생겨나기 때문입니다. 그것은 한편으로, 우리 포스트식민 지식인들은 마찬가지로 서양화될 수 있으며 …… 동양을 향한 유럽의식의 욕망의 내부에 제가 어느 정도 사로잡히는 것은 그것이 저를 만들었기 때문이라고 말하고 싶습니다. 하지만 저는 또 그것을 지렛대를 가지고 제거해 버리려고 합니다. 자, 이것이 또 해체적 프로젝트라면 …… 저는 동양을 향한 유럽 욕망의 내부에, 실제로 어느 정도 사로잡혀 있는가를 보려하고 있습니다. …… 저의 현재의 일은, 제 작업의 도구로서의 해석 이론의 한계가 어떻게 "비서양적 소재"로 규정되는가를 드러내는 것입니다."

역사적 입장이 주어진다면 스피박은 "모든 것에 등을 돌리는 가망성 없는 엘리트적 입장을 취하기보다는 폭력의 구조와 교섭하는 것을 배우지 않으면 안 된다"고 주장한다. 이러한 교섭의 중요성은 학자로 인도에 갔을 때 그곳의 제국주의의 문화적 유산에 상당히 불편해한 데서 엿볼 수 있다. 그것은 토착 엘리트란 서양 자유주의에 의해 구성되었는데 "서양 자유주의의 속박 안에서 그것을 열어가면서 사람들이 어떤 적극적인 역할을 짊어질 수 있는가를 알기위해서 교섭" 할 필요성을 느꼈기 때문이다. 스피박은 토착 엘리트들은 문화적 제국주의의 유산과, 또 페미니즘은 남근중심주의의 구조와 교섭하지 않으면 안 된다고 주장한다.

"제가 이해하기로 인간은 개입하려면 교섭하지 않으면 안 됩니다. 23년간 가르치면서, 그것을 통해서 제가 배운 것이 있다면 사람들의 입장이 약하면 약할수록 더욱 교섭하지 않으면 안 된다는 것입니다. 담론에 의한 교섭에 대해서 이야기하거나, 대등한 자끼리의 교섭이나, 단체교섭을 뜻하는 것은 아닙니다. 만일 사람들이 선생님이 말한 바와 같이 있는 그대로의 입장에 있다고 한다면, 즉, 서양의 자유주의에 의해서 구성되어 있다면, 서양 자유주의의 속박의 내부에서(이는 아주 넓은 의미의 말 입니다) 그것을 열어 가면서 어떤 적극적인 역할을 짊어질 수 있는가를 알기 위해서 교섭하지 않으면 안 된다고 생각됩니다. 선생님의 물음에서 정식 개입이 무엇을 의미하는지 제게는 분명치 않습니다. 만일 선생님이 의미하는 바가 선생님 자신이 그 일부를 이루고 있는 구조에 개입해야 된다는 생각이라면 그것이 가장 교섭된 입장이라고 생각 합니다. 왜냐면 인간은 그러한 구조에 정착할 때까지도 개입해야 하기 때문이지요."

스피박은 전지구적 억압구조를 깨기 위해 "전지구적 페미니즘"(global feminism)을 제창한다. "문학비평 내부에서 최대의 급진적 잠재력이 있는 운동"으로서 페미니즘에 대해 "문학 비평은 기본적으로 매우 구체적인 주체를 지닌 서구의 학문 분야다. 문학비평이 득세를 하는 여러 제도가 주어진다 해도, 페미니즘은 다양하고 가장 흥미로운 방법으로 새로운 학문 분야를 개척할 가능성을 가지고 있다. 여기에 나의 희망과 확신이 있다."고 밝힌 바 있다. 그러나 여기에 단서가 붙는다. 여성이라는 통일된 보편적 기표를 제1세계 페미니즘, 고급 페미니즘 등으로 비판하는 까닭은 미국의 학문내부에서 여성의 지위가 상승하고 있는 반면, 지구의 태반을 점유하고 있는 일반 여성의 지위는 상대적으로 낮아짐에 따라, 제1세계 페미니스트의 투쟁은 의미가 없다고 여긴다. 스피박은 자신의 글이 자신과 같은 포스트식민 지식인이 처한 입장을 이해할 수 있는 여성들을 향해 말하는 것임을 재천명한다. 페미니즘 영역에서 특히 제1세계 페미니즘을 강력하게 비판하는 것도 지배담론을 쥐고 있는 그들이 자신들의 주도적인 입장을 역전・해체해야하며, 타자의 입장을 자신들이 어떻게 점유하였는가를 스스로 배워야 한다고 주장한다. 결과적으로 다른 세상의 여성의 영역이 얼마나 이질적인가를 보는 것, 여성의 특수한 문제를 명확히 할 것을 요구한다.

"미국에서 여성학자가 종신재직권 싸움에 휘말려드는데 …… 그 여성들이 여성에 대한 보편적인 억압을 이유로 내세워 사용할 때, 그들은 분명히 반투스탄(Bantustan)의 여성이나, 홍콩의 도시 하층 무산계급에 대해서 생각하지 않는다고 저는 종종 주장해 왔습니다. 그 여성들은 인도의 조직화되지 않은 소작농에 대해서도 생각하지 않고 있습니다. 사실상 그 여성들은 종신재직권을 위한 매일 매일의 투쟁에서 제가 방금 말한 세 그룹의 여성의 위상을 더욱 열악하게 하고 있기 때문입니다. 미국의 여성들은 그렇다는 것을 의식조차 하지 않습니다 …… 제게는 항상 단일 쟁점운동이 끔찍한 것으로 보입니다 …… 그래서 제가 페미니즘을 단일 쟁점의 운동, 뭔가 무서운 것으로 보게 된 것은 정말로 이러한 각도에서입니다. 그것의 모든 거대 내러티브적 설명이 결국에 가서는 우리들을 전체화와 대면시키기 때문입니다."

"다른 여성들의 타자성"을 무시하거나 축소하고 교묘히 둘러대는 경향을 비판하면서 스피박은 사신의 기획, "우리들의 특권을 인식하면서 이를 버리는 것을 배운다"(unlearning one's privilege as one's loss)가 신중한 것임을 밝힌 바 있다. 인간은 자신의 신념, 편견, 가정을 비판적으로 검토하며 그것들이 어떻게 생겨나고 "자연스레" 길들여지고 받아들여지게 되었는가를 먼저 이해해야 한다고 주장한다. 스피박에게 특권은 일종의 섬 근성처럼 특권층을 모종의 "다른" 인식으로부터 잘라 버리는 것이다. 이러한 한계를 인식하고 극복해나가는 싸움을 하기 위해서는 패권적 담론을 쥐고 있는 사람들이 그들의 입장을 탈패권화 해야 하며 타자의 주체적 입장을 어떻게 점유하는가를 스스로 배워야 한다고 강조한다. 『스피박의 대담』은 그 밖에도 다문화주의 문제를 논하는데 인도에서 태어나 미국에서 비평 활동을 하는 사람으로서 이민정책에 대한 예리한 생각을 보여준다. 아시아계 이민, 특히 이산 인도인은 미국에서 결코 문화의 주역, 대표자가 되지 못한다고 하는 비애를 언급하면서, 여러 가지 조성금이나 허가증은 구실로서만 존재하며 자신들은 결코 주체가 되지 못하므로 보호되지 못하며, 글로벌한 시점이 획득될 수 없다고 말한다.

IV

역자의 고향, 빛고을 광주에서 1997년 광주 비엔날레 국제 학술 심포지엄이 개최되었는데 그때, "지구의 여백(Unmapping the Earth)"의 제1부, "전지구화와 포스트식민주의"의 기조발제 내용에서 스피박은 다음과 같이 말하였다.

" '예술은 진리와 함께하며 자신을 진리와 함께하는 것으로 보지 않는 예술은 예술이 아니다! …… 예술 창작의 철학과 예술은 사람이 자신의 모습을 있는 그대로 비추어 볼 수 있는 거울이다.' 이것은 전언이지 정의(定義)는 아니다. 나는 이론에 매이지 않는다. 그보다는 이론화에 관심 있는 만큼, 정의란 완결된 것이 아니라 실천을 통해서만 판정된다는 것을 잘 안다. 앞으로 이 글을 확대하게 될 때 나는 스스로 이 말에 귀 기울이려 애쓸 것이다. 이 지구화된 세계에서 괴물 같은 예술은 조합주의적 박애로는 담아낼 수 없는 그런 진리와 함께 한다. 대지는 새로운 지도그리기(지우기)에 저항하며 그 저항의 연장과 수축 속에서 매순간 우리를 위해 죽음을 겪는다. …… 나는 한국 여성의 말을 읽을 기회를 제공해 줄 한국 학생을 기다리고 있다."

이 어려운 내용을 이해하기 위해서는 발표문의 내용에 세심히 귀 기울여야 한다. 이날 스피박은 그에 앞서 자본의 역학과 민중의 거대한 이동이라는 두 현상이 불평등을 정당화하고 계급을 점차 소멸시키는 결과와 상호연관되어 있음을 지적하였다. 그러므로 "국제적"이라는 말 대신에 지구화된 현상, 즉 WTO체제 이후 변모하는 지구화 현실에서 여성들이 점유하는 위치에 대해 이야기하였다. 이들은 남성들보다 훨씬 값싼 노동의 "희생자"로서 여성과 여자아동들이 초과착취대상인데, 이들이 다문화적인 배경을 가진 경우가 대부분임을 지적하였다. 이들은 주체로서든, 대상으로서든, 시각예술, 청각예술이건 간에 예술의 회로에서는 전혀 찾아볼 수 없는 존재들로, 이러한 여성의 문제를 이야기하였다.

스피박의 이야기는 자본과 가부장제의 국가적 공모로 말미암아 중심부에서 여성들은 '성과 개발'이라는 표지 하에 포함되는 점, 무역이 지구화에 필수적이지만 진짜 숨기고 있는 것은 가상적인 것, 곧 지구의 금융화라는 것이다. 금융자본시장의 손아귀에서 지구의 경제시민이 된 것에 대해 여러 운동들이 전혀 고려하지 못한 결과, 남(The South), 즉 제1, 2세계라는 말이 가능했을 때 제3세계라고 불리던 지역의 정보가 상품으로 거래된다는 점을 지적하였다. 그러므로 현 시점은 "보편주의적 페미니즘"과 오직 "가시적인 폭력"에만 집중되는, 검증되지 않은 문화주의의 도움을 받아 전지구의 금융화를 합법화하고 있다고 역설하였다. 바스꼬 다가마로부터 지구화까지 일직선으로 연결된 역사, 탐험, 상업자본주의, 정복, 산업혁명, 영토제국주의, 협상에 따른 독립, 신식민주의, 지구화 식으로 나가는 이야기, 그 이야기들은 산업자본주의적인 제1국 제국주의들이 역사의 종말의 시작이라고 구술한 이야기에 대한 믿음을 근거로 행해진다는 것이다. 스피박은 이를 바꾸어야 한다면서, 근대성에 대한 여성들의 대항적 역사기술은 남성들의 구원론과 항상 어긋난다고 주장하였다. 그러면서도 한국학생들, 한국인들이 말하는 한국의 하위주체의 이야기를 들려달라고 주문하였다. 이 책 『스피박의 대담』을 번역하면서 알게 된 건데 스피박은 한국의 콘트롤 데이터 다국적 기업소유의 공장에서 일하는 여성노동자의 파업이야기를 알고 있는 지식인이었다.

하지만 그날 기조발표를 제대로 알아들은 사람들은 아마도 많지 않았을 성 싶다. 마침 전남대 영문학과에 교환교수로 있던 여성학자 비숍(Ellen Bishop) 교수가 페트로스키(Anthony Petrosky) 교수와 자리를 함께 했는데, 이들은 피츠버그 대학 교수들로 스피박이 그곳에서 가르칠 때 동료들이었다. 그들은 그때도, 지금도 스피박이 어렵다고 이야기 한다. 그것은 스피박이 말끔하고 단아한 이론을 전개하기보다는 말걸기와 개입하기에 더 관심 있기 때문이다. 논지가 차분하거나 안정된 학자라기보다는 자신의 표현대로 "야생의 실천을 하는 야생학자"이다. 열려진 결말의 입장을 취하면서 "인간은 어차피 공동으로 일할 수 없다. 반면 승리는 바로 함께 끌어당기는 일이다."라고 주장한다. 자연스럽고 길들어진 문화의 세계에서 벗어나 서로 단절되고 이질적인 요소들이 교섭하면 훌륭한 결과를 가져온다고 믿는다. 이처럼 식민주의의 유산을 해체론을 활용하여 교섭하려는 스피박의 목표는 일반화하고 단일화하려는 거대담론, 지배담론, 인식론, 철학, 페미니즘, 그 모든 것에 저항하기 위함이다. 이것을 스피박은 "의심의 해석학"이라 부른다.

"You must begin where you are."라고 힘주어 말하는 스피박은 앵글로 색슨 제도권에서는 보기 힘든 스타일의 학자이다. "허가증"을 지닌 인간. 황야의 목소리의 대변자, 균질화를 거부하는 학자로서, "얼마나 그들이 우리를 필요로 하고 있는가?"를 애써 설명하려 들 때, 서구의 제1세계 학자들을 충분히 식상하게 만들 수 있는 인물이다. 특히 해체론/맑스주의/페미니즘, 세 분야의 화해는 가능한가라는 질문에 서로 상대방을 비판적으로 차단해야 한다는 생산적인 차단이론을 실천화할 때, 기성학자들은 그녀의 이론을 수용하기를 꺼려하는 것 같다. 이처럼 화해보다는 단절을 유지하면서 교섭하길 좋아하는 스타일로 인해 그녀는 기성학계에 많은 거부반응을 일으켜왔다. 그렇다고 스피박을 학문적 외부자로 만든다면 이는 잘못된 일이다.

역자는 1990년 스탠포드 대학에서 아프리카계 미국여성문학을 연구하던 중, 콜로키엄에서 『스피박의 대담』을 읽게 되었다. 당시 역자에게 유색여성학자가 서구남성시각으로 일관된 서구이론의 산실에서 아시아인을 대변해서 활약하는 모습은 매우 인상적이었다. 이 책은 스피박의 이론이 지닌 정치성, 실천성을 잘 보여주는데, 그것은 궁극적으로 개입과 교섭을 통해 세계를 변화시킬 것을 주장하기 때문이다. 인도의 대영제국 식민사와 오늘의 전지구적 자본을 조절하는 미국의 신식민주의를 가르쳐야하는 그녀와, 일제 강점기와 분단의 역사, 그리고 분단 상황이 끝나지 않은 한반도에서 각기 동일한 억압의 역사를 공유하고 있다고 생각하는 역자로서는 "내가 점유하는 이 공간에서 나의 역할"을 설명하면서, "자신을 포스트식민화하려고 하는 포스트식민지의 이산 인도인"으로 자신을 인식하는 유색여성학자의 글은 커다란 수확이었다. 역자는 스피박을 통해 학문연구에서 자신의 입장을 살펴보는 탐구주체로서 위치짓는 것에 관심을 갖게 되었다. 스피박은 제1세계 공간에서 활동하는 제3세계 출신의 유색여성학자로서 자기가 처한 공간에서 자기의 입장을 늘 학문의 대상으로 하기 때문에, 역자는 특히 영문학을 어떻게 가르칠 것인가, 무엇이 중요한가를 가르치는 것은 무엇이 덜 중요한가를 알려주는 계기라는 것도 알게 되었다.

번역은 사랑의 행위라고 스피박은 말한다. 스피박 이해에 도움이 되지 않을까하여 애정 어린 마음만으로 선뜻 이 책을 번역하게 되었다. 그러나 번역을 하는 과정에서 여러 난관에 부딪히지 않을 수 없었던 것은 현대 이론의 정상급 학자들의 논쟁이 제한된 시간에 광범위한 문제를 다루는데다, 대담에서 보이듯, 스피박의 독특한 영어(그녀는 식민지 영어라고 한다), 고도로 응축된 표현과 그 함의성을 우리말로 쉽게 옮기는 것이 어려웠기 때문이다. 번역은 오래전에 마쳤지만 그간 출판되지 못한 것은 당시 계약한 모출판사의 저간의 사정으로 인해서였다. 그로부터 상당한 세월이 흐른 뒤에 번역문을 다시 읽고 오역 부분을 다시 보게 된 것은 그나마 다행스런 일이다. 이 책의 출간은 여러 사람의 정성에 힘입은 바가 크다. 현대문학이론 수업에서 포스트식민이론을 공부하면서 원고를 꼼꼼히 읽어준 대학원 제자들, 그리고 한없이 게으름을 피우고 있던 역자를 채근해서 이 책이 빛을 보기까지 정성을 다해 준 갈무리 출판사, 그리고 좋은 출판사와 인연을 맺어 준 제자 김형중 교수에게 고마움을 전하고 싶다.

2006년 11월
무등산이 다가오는 용봉골 연구실에서
이경순

편집자 노트

가야트리 차크라보티 스피박(Gayatri Chakravorty Spivak)은 오늘날 가장 영향력 있는 문화 이론가이자 문학 이론가의 한 사람으로서 미국에서 저술활동을 하며 또한 세계적으로 다양한 학문기관에서 강의하고 있다. 잘 알려진 바와 같이, 그녀는 맑스주의, 페미니즘, 해체론, 정신분석학, 그리고 역사에 관한 모든 문헌학적 문제에 개입하고 있고 또 철저히 침투하고 있다. 그러나 스피박이 현대비평이론에 있어 중심적 공헌을 하고 있음에도 불구하고 그녀에 대한 지속적인 비평적 논의는 거의 없는 실정이다.

『스피박의 대담』(*The Post-Colonial Critic : Interviews, Strategies, Dialogues*)은 1984년부터 1988년 사이에 호주, 캐나다. 인도, 미국과 영국에서 출판되고 방송되었던 스피박의 12회의 대담을 모은 것이다. 이 모음집은 스피박의 여러 저술에서도 언급되고 또 오늘의 정치 사상가들이 직면하는 가장 절박한 정치-이론상의 문제의 일부를 간추려 논하고 있다. 숙고된 내용에는 재현, 자기재현, 타자를 재현하는 문제, 해체론의 정치학, 다문화주의 정치학, 포스트식민주의 비평가의 상황, 언어-행위나 비판이론, 교육상의 책임, 그리고 정치적 전략이나 그 밖의 많은 시의적절한 문제가 포함되어있다.

하지만 스피박과 그녀의 대담자들과의 대담이 순전히 객관적 대화를 기록하고 있다든지 정치-이론의 입장만을 서술하고 있는 것은 아니다. 실제로 스피박이 라슈미 바트나갈(Rashmi Bhatnagar), 롤라 챠터지(Lola Chatterjee), 라제슈와리 선더 라잔(Rajeshwari Sunder Rajan)과의 대담에서 밝힌 바와 같이 "중립적인 대화"라는 개념은 "역사를 부정하고 구조를 부정하고 주체의 자리매김을 부정하는 것이다." 우리는 중립성에의 욕망이나 그리고/혹은 타자에의 욕망이 어떻게 자기 표현을 하는가를 배우지 않으면 안 된다. 우리는 욕망이 쓰여 있는 텍스트 ─ 서술적, 역사적, 제도적 구조를 ─ 읽기를 배우지 않으면 안 될 것이다.

스피박은 그녀의 저술과 관련한 질문을 논평하고 자리매김함으로써 제기된 문제에 답할 뿐 아니라(그 자체가 의미있는 공헌이며), 동시에 해체론이건, 맑스주의건, 페미니즘이건, 또는 "제3세계" 시각의 여성으로서건, 그녀 자신이 대표자로서 발언하기 위해 불리어 나온 재현 공간의 역사적 또는 제도적 구조를 보여주려고 시도한다. 스피박은 재현과 주체 구성의 관계를 정하고 강조점을 두기 위해 대담의 질문을 이용해서 그녀의 답을 비평적 글읽기의 수업으로 바꾸고 있다. 우리가 이 책의 대담을 읽을 때, 우리는 우리의 특권이 우리의 손실임을 알고 버린다는, 시간을 요하는 신중한 노력을 배우게 되며 그것이 대담 읽기의 가르침이 된다.

본 편집인이 이 대담 모음집을 편집하자고 제안한 것은 이러한 활발한 비평적 논평을 간추리기 위해서였다. 대담은 원래의 것을 재인쇄한 것이다. 다만 편집자의 주석이 명확성을 기하기 위해 덧붙여졌을 뿐이다.

대담 모음집을 내 놓게 된 데는 많은 사람들의 노고가 뒤따랐다. 먼저, 인터뷰를 재간행하도록 허락해 준 가야트리 스피박에게 감사를 표하지 않을 수 없다. 모든 대담자, 간행물 편집자, 그리고 러트리지(Routledge) 출판사의 편집자들에게도 감사를 드려 마땅할 것이다. 엘리자벳 그로즈(Elizabeth Grosz), 제프리 호손(Geoffrey Hawthorn), 존 휴트닉(John Hutnyk), 스콧 맥콰이어(Scott McQuire), 니코스 파파스터기아디스(Nikos Papastergiadis), 월터 애덤슨(Walter Adamson), 스네자 규뉴(Sneja Genew), 라슈미 바트나갈, 롤라 챠터지, 라제슈아리 선더 라잔, 앤젤라 인그램(Angela Ingram), 테리 스레드골드(Terry Threadgold), 프랜시스 발코프스키(Frances Barkowski), 리처드 디엔스트(Richard Dienst), 로잔느 케네디(Rosanne Kennedy), 조엘 리드(Joel Reed), 헨리 슈월츠(Henry Schwarz), 빌 게르마노(Bill Germano), 마이클 J. 에스포지토(Michael J. Esposito) 그리고 제인 M. 파그놀리(Jayne M. Fargnoli)를 포함해 많은 사람들의 노고에 힘입어 대담 모음집이 출간되지만, 혹시 잘못이 있다면 그것은 전적으로 본 편집인의 책임임을 여기에서 밝혀둔다.

새러 하라쉼(Sarah Harasym)

1

비평, 페미니즘, 제도

1장

비평, 페미니즘, 제도

1984년 6월 가야트리 스피박은 시드니에서 개최된 포스트 - 모더니티를 주제로 한 "퓨터 컨퍼런스"(Futur Fall Conference)의 초청연사로 호주를 방문하였다. 다음의 엘리자벳 그로즈와의 대담은 1984년 8월 17일 시드니에서 녹음되었고 *Thesis Eleven* (No.10/11, 1984/85)에 첫 출판되었다.

그로즈 선생님이 발표한 글의 주된 관심은 글쓰기, 텍스트성, 그리고 담론에 관한 문제들인 것 같습니다. 텍스트성 문제와 정치 영역 사이에 어떤 관계가 있다고 보는지 대략 말씀해 주셨으면 합니다. 이러한 것이 많은 이론가들에게는 이론/실천의 구별에 따라 나뉘는 두 가지 별개의 영역과 같이 생각되는데 어떻습니까?

스피박 이 균열은 눈에 두드러지게 나타납니다. 실천을 한편에 그대로 둔 채 이론의 방향으로 텍스트성을 정의하는 것은, 제도나 주요 지식인 사이의, 그리고 그 속에서의 경쟁이 하나의 개념에 최소한도의 설명을 부여하여 개념의 유용성을 감소시키는 한 예로 볼 수 있습니다. 텍스트성 개념이 제시된 것은 바로 오늘날 언어 텍스트로 보이는 것으로, 거리에서 보다도 도서관에 있는 존재에 대한 관심을 묻기 위해서였다고 생각합니다. 제가 이해하기로는, 텍스트성 개념은 쓰이지 않은 것으로 상정되는 영역에서의, 세계의 세계화의 개념에 관련지어야 할 것입니다. 이 영토는 실제로는 이전에 쓰이지 않았다고 가정하지 않으면 안 되었던 제국주의자의 기획에 대해 기본적으로 말하고 있습니다. 그렇기 때문에 제도법(製圖法)의 단순한 차원에서 세계는 쓰여 있지 않는 것으로 상정된 것을 써 넣는 것이었습니다. 이제 이러한 세계화는 실제로는 텍스트로 삼는 일, 텍스트화이며 기술화로 이해되기 위한 객체화입니다. 이러한 관점에서 볼 때, 서구/영미/국제적 맥락에서의 텍스트성 개념은 언어의 출현을 20세기의 20년대의 모델로 자리매김하려고 하지요. 그것은 모델로서 언어나 기호의 자리매김이 어떻게 그 자체로 모종의 세계화의 일부인가를 검토하기 위함입니다. 텍스트성은 비틀어진 모양으로 담론 그 자체에 묶여 있습니다. 고전적인 담론분석이 심리적이지 않은 것은 주로 그것이 주체에 의한 언어 생산의 문제에서 벗어나려고 하기 때문입니다. 텍스트성은 독자적인 방법으로 담론 생산이나 모델로서의 언어 위치가 실천과 관련되는 개인이나 집단성을 벗어나는 장소를 보여주고 있습니다. 그 결과, 텍스트성 그 자체는 자의적일 수도 있고 아닐 수도 있는, 산종(dissemination)의 공간을 고루지 않게 고정시키게 됩니다. 이러한 입장에서 볼 때 텍스트성의 개념은 통상적으로 "사실"이나 "삶"이나 "실천"으로서 "텍스트"에 대항해서, 우위로 정의되고 있는 것이, 실천할 수 있는 일정한 방법으로 세계화되고 있는, 그것을 보는 것입니다. 물론 우리는 실천의 계기에 있어서 이 점에 대해 끝까지 생각하지 않습니다. 그러나 일반화된 텍스트성 개념이라면, 실천이란 말하자면 텍스트의 "공백"이기는 하지만 해석 가능한 텍스트에 의해 둘러싸여있다고 말할 것입니다. 그러한 개념은 실천 내부에서의 불가피한 권력분산을 검토하게 합니다. 그것은 실천의 특권화가 실제로 이론의 전위주의에 못지않게 위험하다는 것을 알아차리고 있기 때문입니다. 사람들이 "글쓰기"라고 말할 때, 그것은 결국 이런 유의 실천력 한계의 구조화입니다. 실천 너머에 있는 것이 항상 실천을 조직화하고 있다는 것을 알면서 말입니다.

그 최고의 모델은 짜 넣어졌지만 지배할 수 없는 그 무엇입니다. 실천이란 환원될 수 없는 이론적 계기이므로, 어떤 실천이 행해져도 반드시 그 자체를 다소 강력한 이론의 한 예로서 가정하지 않을 수 없습니다. 이러한 의미에서 글쓰기 개념은 그러한 계기를 스스로 자리매김하는 것이 가능하다는 뜻이지요. 그것은 우리가 어떤 주체에 의해 쓰이고 있고 또 어떤 읽는 주체에 의해 해독될 수 있는 것처럼 본다고 하는 좁은 의미에서의 글쓰기 개념은 아닙니다. "글쓰기"나 "텍스트" 같은 말에는 일종의 명사해석학(paleonymy)이 있다고 하는 사실 ― 즉, 그것들은 제도 내부에 속한 것이며, 그 때문에 도서판매 외에 그 어떤 것도 아니라고 하는 최소한의 해석을 부여할 수 있다는 사실 ― 그 자체가 다음의 사실을 나타내고 있다고 저는 말씀드리고 싶습니다. 즉, 특권화하기를 선택할 수 있고 어떤 이론의 내부에 실천/이론의 균열을 만들 수 있는 지식인, 혹은 반지식인은 남성이건 여성이건 실천을 제도에 의해 산출한다는 점을 들어, 저는 글쓰기나 텍스트라고 하는 말을 최소한 설명할 수 있습니다. 그 외에도 그들은 우리의 실천을 특권화하고 있기 때문에, 우리가 하나의 제도 내부에서 산출하고 있다는 사실을 잊어버리고 있는 셈이지요.

그로즈 지식인이라고 언급하시던데, 정치적 투쟁에 있어서 지식인의 역할에 대해서는 1968년 이래, 맑스주의자나 좌파 진영에서 지금까지 많은 논의가 있어 왔습니다. 예를 들면, 알튀세르(Louis Althusser)는 『레닌과 철학』에서 일반적으로 지식인들이 지배 이데올로기에 회수되어있고, 그리고 이점을 자각하지 못한 채 옹호자로서 행동하고 있다고 주장해왔지요. 더욱 최근에 푸코(Michel Foucault)는 지식인의 역할은 "집단성의 진실을 표현하기 위해, '뭔가 앞에서, 옆에서' 자신을 더 이상 자리매김하는 것은 아니다"라고 시사했습니다. 오히려 "그것은 지식인을 '지식,' '진실,' '의식,' '담론'의 영역에서 그 객체나 도구로 변형시키는 권력의 형태에 대한 투쟁"(「지식인과 권력」, 『언어, 반-기억, 실천』, 207~8)입니다. 바꿔 말해, 보편적 또는 단독적 지식인의 역할 사이에는 논쟁이 있는 것처럼 보입니다. 이러한 논쟁에 대한 선생님의 생각은 어떤 것인지요?

스피박 수사적인 질문을 드리고 싶습니다. 지식인이, 지식인이라고 하는 것이, 호주에서는 프랑스와 같은 사회적 생산에 있어서의 역할을 겨냥하고 있는지요? 여기에서 제게 문제로 생각되는 것은 지식인이 단독적으로 정의된다고 해도, 전혀 단독적이라고 보이지 않는 지식인의 모습이 작용하고 있다는 것입니다. 1968년 5월 이래 지식인은 다른 위치에 있다고 하는 개념을, ─ 영미, 프랑스적인 맥락의 외부에서는 1968년에 대해 같은 충격을 받고 있지 않습니다만 ─ 저는 프랑스적인 맥락 내에서의 1968년 5월의 중요성을 조금도 부정하지 않습니다. 사실 10년 후에 1968년 5월에 관해 프랑스에서 출판된 자료를 읽어본 결과, 그 사건이 얼마나 중요한가를 알게 되었지요. 그렇지만 미국 내부에서는 "지식인"이라고 불리는 것은 실제로 존재하지 않습니다. 사회적 생산에 대해서도 같은 역할이라든지 실제 권력을 행사하고 있다고 하는 "지식인" 집단이라고 부를 수 있는 집단은 존재치 않습니다. 예컨대, 노암 촘스키(Noam Chomsky)같은 인물은 매우 특수한 인물로 보입니다. 그러한 위치는 없습니다. 그것은 인종적으로, 민족적으로, 역사적으로 보다 다양한, 보다 큰, 보다 분산된 영역입니다. 미국의 지식인 집단은 어떤 동일 집단의 내부도 아니며 1968년의 5월에 대해서도 같은 생각을 갖고 있지 않습니다. 당시 버클리 대학의 교수들은 베트남 반전학생시위와 더불어 여러 분야에서 미국의 기성 보수 세력에 저항하는 운동을 벌였습니다. 히피, 여성, 환경 등을 포함해 좌파 운동들이 분출된 시기인데, 스피박이 정확히 무엇을 말하나 간단히 집약하기가 모호합니다. 당시 맑스 레닌주의를 포함해 체 게바라, 마오 등의 좌파를 들고 나선 운동이 대단했습니다. 그리고 아시아에 대해 생각해봐도, 선생님의 소개에서 그 점이 언급되지 않았는데 저는 아시아 사람이라는 것을 말씀드리지요. 아시아에는 지식인은 있지만 아시아적 지식은 존재하지 않습니다. 저는 약간 수수께끼 같은 논평을 고수하고 싶군요. 이러한 시각에서 볼 때, 이른바 지식인, 그리고 이른바 단독적 지식인, 보편적 지식인이라고 하는 것에 대해서도 누가 질문을 하느냐에 대해서 ― 실제 우리들 지식인의 최초의 질문 ― 맨 먼저 해야 할 일은, 특수한 국민국가에 기원을 갖지 않는 것처럼 보이는 보편적 지식인에 대한 반동으로서 단독적 지식인이 정의되고 있는가 어떤가를 탐구하는 것입니다. 푸코 자신이 보편적 지식인에 대해 말할 때, 프랑스에서 그와 동시대의 좌파 지식인과 지식인 사이에 차이가 없다고 하는 사실에 대해서도 가장 직접적으로 말하고 있습니다. 이제 이러한 특수한 차이가 없는 한, 이 길을 조금이라도 앞서간다 하더라도 좀처럼 의미가 없을 것입니다. 자, 이 정도 말하고, 알튀세르를 잠깐 되돌아보기로 하지요.

내 자신은 직장에 자기를 제대로 자리매김하는 것에서 안정성을 찾습니다. 『레닌과 철학』에서의 알튀세르의 학문실천의 개념에 의하면, 모든 학문은 부정의 관점에서 구성되고 있습니다. 학문은 부정의 역사이고, 따라서 지식인에 의해 재정의되는 학문실천은 그 어떤 것도 야만의 행위입니다. 난폭한 행위지요. 따라서 알튀세르에게 중요한 것은 부정의 힘이 있는 학문실천을 — 학문내부의 사람들을 — 야성의 실천(une Pratique Sauvage)으로 바꾸는 것이었습니다.

이것이 제도성 내부에서 지식인의 구체적 실천이며 그 내부에 학문이나 이데올로기 사이의 질문도 포함되지 않으면 안 됩니다. 알튀세르는 텍스트란 계속 반복적으로 질문되고, 그리고 열려있다고 말합니다. 때때로 저에게는 알튀세르란 인물에 부여된 역사적인 규제 때문에 우리들이 계기를 망각하고 특히 "이론적 실천"이라 불리는 텍스트에 자기를 자리매김하려는 것이 십상으로 보입니다. 주변을 보지 않으려는 경향, 고유한 제명을 갖기를 피하려는 것을 보지 않으려는 경향은 그 자체로 지식인의 정의 내부에 사로잡혀있음을 말하고자 합니다.

반면에 푸코는 이러한 야성의 학문 실천을 하고 있다고 생각합니다만, 현실에 대해서는 주목하지 않습니다. 그는 학문 자체의 학문화의 과정에 보다 끈질기게 주목하고 있지요. 그 점에서 마이크 데이비스(Mike Davis, 미국 사회학자 : 역자주)의 이른바 후기 미국 제국주의 구조 내부에서 강력한 계기가 그 순간 회복되고 있다고 저는 생각합니다. 즉 1953년부터 1978년까지는 서서히 권력 개념이, 지식인이 직면하지 않으면 안 될 구체적인 권력이 같은 제도로서의 권력에까지 팽창해가고 있을 때 입니다. 저는 매우 복잡한 도정을 말하고 있습니다. 그래서 푸코는 저에게는 매우 중요한 인물임에는 변함이 없지만 그를 과소평가하는 것이 될 것입니다. 그러나 이러한 같은 체제로서의 모친살해의 권력개념이 나타나기 시작할 때란 개개의 상황에 직접 대응하는 방식으로 정의되고 있는 지식인이 "보편적"(universal)인 것으로 보이기는 하지만 이에 대항해서 일종의 단독성(specificity)을 선언하고 주장하기 시작할 때입니다. 지식인이 기회주의자가 되기 시작하는 것은 바로 이때라고 생각합니다. 그 자체가 단독적이되 스스로의 이러한 단독성을 부여받지 못한 보편성에 대항해서 이루어지는 단독성에의 요구, 그러한 기회주의적 주장은 거절이 아니라 부정하는 것이라고 말할 수 있습니다. 그러한 상황에 놓여진 지식인이 자유로이 기회를 엿본다고는 생각하지 않습니다. 그 때문에 이렇게 위대한 인물들의 제자들은 실제로 순식간에 그들이 되고 싶지 않는 일종의 분수령적 지식인(watershed intellectuals), 보편적 지식인으로 변신해버리고 맙니다. 그것은 마치 그들의 욕망이 그들에게로 되돌아가 그들이 취하는 방식, 그들이 변호 받는 방식, 그들이 신경질적으로 따르게 되는 방식에서 보여주는 바와 같이 지식인 — 영/미/서구 지식인 — 은 제도의 담론 내부에 갇히게 되는 사실에 의해 그 욕망이 정의되고 있는 것으로 보입니다. 보편적인 것은 단독적이기도 하다는데 그것은 알아차려지는 일이 없이 보편적이라고 진술합니다. 그러므로 그 자신의 단독성에의 주장은 이중으로 빗나갑니다. 아주 재빨리 그들을 보편적 지식인으로 변형시켜버리는 그들의 제자다운 생각에 의해서 그들의 모든 욕망은 정의되어지고 있다고 생각됩니다.

그로즈 이 부분에서 질문이 생기는데요. 만약 지식인이 (남성이건 여성이건) 하나의 제도 내부에 점유하는 위치에 의해 부분적으로 정의되어진다면, 그 제도와 그것이 위치하고 있는 비제도적 환경과의 관계는 어떤 것이라고 생각하십니까?

스피박 사실 이 부분에서 저는 푸코로부터 배운 바가 있다고 말씀드릴 수 있습니다. 비제도적 환경이 존재한다고는 생각하지 않습니다. 제 생각에 제도란 바로 떼어서, 고립해서 존재하지 않습니다. 제도를 어느 순간 고립시킨다하더라도 고립되어 존재하지 않습니다. 그래서 우리가 정말 음미하지 않으면 안 되는 것은 제도가 더욱 더 관계성에 의해 규제되고 있다는 점입니다. 그러한 관점에서 하나의 이탈을 생각해봅시다. 17세기 이래로 서양 내부의 제도화를 예로 들 때, 이런 유의 제도화가 서양 외부에서 행해지고 있는 무엇인가에 의해 ― 바로 이러한 시대에 ― 산출되고 있다는 사실을 무시한다면, 그러면 서양 내부에서 사람의 정의의 제도화, 학문화의 내러티브란 ― 서양으로서의 서양, 혹은 서양 세계로서의 서양의 제도화의 내부에 그대로 갇혀 있으며 ― 아직은 더 많이 언급되어야 할 그 무엇이기도 합니다 ― 제도 외의 공간은 존재하지 않습니다. 바로 이점에서 우리들은 중심-주변에 접근한 공간까지도 제도의 외부는 아니라고 하는 점을 이야기 해봐야 하지 않을까 생각합니다.

그로즈 "순수한 학문"의 장으로 정의되고 있다는 그러한 정의를 지닌 제도가 존재합니다. 프랑스에는 68년 5월이래, 미국에서는 67년 이래, 그리고 호주에서는 거의 69년 이래 일부 연구자들은 베트남 전쟁의 결과로서, 그들이 일하고 있는 제도를 벗어난 다른 장소에서 그들의 정치적 관계를 지지해 왔습니다. 여기에는 항상 문제가 따르지요. 선생님은 문제점이 무엇이라고 생각하시는지요?

스피박 제 자신이 항상 그렇다는 것은 아니지만, 때때로 제도 바깥쪽에서 회복을 가능케 하는 단계를 보게 됩니다. 제도와 대결하는 것은 가능하지 않습니다. 제 의견으로는, 문화정치학 내부에 — 그리고 이것은 제가 재삼재사 사용하는 어구입니다만 — 매혹적인 공간을 창조할 수 있는 문화정치학 내부에서, 때로 "제도를 넘어" 자기 정의를 할 수 있는 새로운 제도가 번창하게 됩니다. 따라서 제도 내부의 문화 해설의 생산은 끊임없이 계속될 수 있습니다. 제 자신의 직장과 다시 관련시켜, 대단히 구체적인 예를 들어보면, 여러 해에 걸쳐 제가 알게 된 것입니다만, 학제적인 직업의 개념 그 자체가 커 나감에 따라 자연스럽지 못한 국제주의로까지 점차 타락하는 것이 있는 한편, 만일 제도 구조의 내부에서 수업받아야 한다는 요구나, 교과과정의 요구 문제에 직면한다면, 우리는 더욱 견고하고 심각한 방식에 부딪히게 됩니다. 억압적인 관용에 매우 중요한 역할이 주어지고 있는 한 사회의 내부에서, 더욱 귀속성이 강한 이해/관심이 작용하고 있어, 어떤 면에서는 다른 활동의 장이 주어지는 편이 수월할 정도 입니다. 저는 그것들을 부정하지는 않지만, 제도의 매력을 상실한 내부의 모든 것이 우리들로 하여금 이것을 넘어가도록 규정하고 있는 것처럼 생각됩니다.

제 스스로 대학인으로서 이러한 구조를 뒤흔들려 할 때, 반대 세력이 얼마나 크게 자리 잡고 있는지를 알게 될 것이라고 말씀드리겠습니다. 한 발짝 더 나아가, 순수한 학문의 장으로서의 제도의 정의는 그 자체가 고유한 것이 되기 위해 대항해야 할 보편의 정의에 거의 가깝다고 제게는 생각됩니다. 바로 몇 분 전에 말씀드렸습니다만, 서양 지식인이 보편적 지식인을 정의하고, "그러한 보편적인 것에 대해 저는 단독자이다"라고 말했을 때, 그가 이해하지 못한 것은 이러한 보편의 정의가 그 자신 단독적 생산의 부인에 의해 오염되어 있다는 것입니다. 마찬가지로 ― 물론 교육제도는 여기에서 미국과는 다릅니다 ― 만일 경제정책, 외교정책, 국제적 노동 분업, 다국적 세계, 이윤이라는 것들이 제도 내부의 실천에 결정적 역할을 맡는 여러 제도에 대해서도, 자원의 분배를 실행하고 있는 것처럼 보인다면, 저 건너편으로 갈 수 있는 순수한 학문의 장소인 기대할 수 없는 제도를 만든다는 것은 우리들이 단독적으로 될 수 있기 위해 기대할 수 없는 보편적 지식인을 만드는 것이나 같은 형태라고 생각합니다.

그로즈 선생님께서는 호주에서 데리다(Derrida)에 관해서 약간 논쟁적인 강의를 하셨는데, 그러한 논의의 맥락에서, 데리다의 학문을 어떻게 평가하실 수 있는지요?

스피박 아마도 저의 출생과 자기 형성의 우연 때문에 ― 영국계 인도인으로 태어나, 그리고 뚜렷한 선택도 하지 않았는데, 말하자면 포스트식민화의 과정에 참여하고, 그로부터 미국에서 일을 하고, 유럽, 아프리카, 사우디아라비아, 영국 그리고 지금은 호주를 돌아다니면서 저는 어느 면에서는 마스터 담론(master discourse)을 하는 사람이 되는 것을 피해왔다고 생각합니다. 제가 흥미있게 생각하는 것은, 말하자면 제가 데리다 번역자와 해설자로 널리 알려진 점입니다. 왜냐하면 해체론이라는 주류 비평제도는 저를 모호한 사람으로 느끼게 하기 때문이지요. 우선 말씀드립니다만, 저는 데리다를 주인적 존재로 옹호하는 일에 특별한 관심이 없습니다. 그런 점에서 데리다의 독자적 기획에 추종하는 것은 제게는 가능하지 않음을 흥미롭게 생각합니다. 미국 내에서의 **열광적인 푸코주**

의(Foucauldianism) 내부에는, 그러한 독자적인 기획을 쫓는 일이 많은 것 같습니다. 이렇게 말씀드리는 것은, 데리다 작업 가운데 제 마음에 드는 것이라면 자기의 학문적 생산을 묻는 지식인으로서 자신의 상황에 그가 대단히 구체적이고 개인적인 시선을 집중하고 있다는 점입니다. 그가 최근 힘쓰고 있는 일에는 그를 실제 한 사람의 지식인으로 존재케 하는 고유한 상황에서 — 대담에 응하고 강연을 요청받고, 집필을 의뢰받으면서 — 원하던, 원치 않던 간에 한 지식인이 계속 행하고 있는 이러한 모든 것을 하도록 의뢰받는 상황에서도 그가 어떤 식으로 이방인으로 정의되고 있는가를 탐구하려는 점입니다. 이것은 매우 흥미로운 일이죠. 이렇게 말씀드리는 것도, 사람이 보편적이 아니라 고유한 존재로 되기 위해 어떤 욕망을 가져야하는가 — 대변자도 아니고 대표/재현(representing)하지도 않는 것 — 에 초점을 맞추지 않고, 지식인으로 생각하고, 비판하고 찬미하고 그리고 행동하도록 그는 오히려 제도화된 타자의 지각에 초점을 맞추기 때문이지요. 데리다는 고유한 상황적 제약을 의식하고 있습니다. 그는 이론 생산이 실제로 어떤 일정한 방식으로 세계를 세계화하고 있는, 극히 중요한 실천이라고 하는 사실을 우리로 하여금 잊게 하지 않습니다. 현재 그는 헤게모니적 실천 내부에서 하나의 방법이 하나의 고유명사와 동일시되고 있다는 점을 그의 연구 기획에 신중히 관련시키고 있습니다. 서양 내부에서 분수령적 또는 보편적 지식인의 개념을 해체하려는 모든 노력에도 불구하고, 이론에 대항하는 막강한 지식인들이 하고 있는 일이란, 그러한 비판을 보편적 지식인으로서의, 보편적 인물이라는 칭찬으로 바꾸어 버리는 것입니다. 또 역사적 계기에 있어 하나의 방법을 하나의 고유명사와 동일시하는 여러 문제에, 데리다가 그렇게도 강력하게 집중하고 있는 것은 아주 유용하다고 생각합니다. 그 밖의 다른 점도 말씀드리자면, 제가 교육받은 곳에는 — 제가 최초로 데리다를 읽을 때, 저는 그가 어떤 사람인지를 알지 못했지만 그가 실제로 철학적 전통을 외부에서보다는 내부에서 해체하고 있음을 보고 많은 관심을 갖게 되었지요. 왜냐하면 제가 교육받은 인도의 교육제도에서는 철학제도의 영웅의 이름은 보편적 사람이었고, 그러한 보편적 사람의 국제화에 다가가기 시작하면 우리는 사람이 될 수 있음을 배워왔지요. 우리들을 사람이 되도록 가르쳐 준 전통을, 프랑스에서 누군가 정말로 해체하고 있음을 목격했을 때, 퍽 흥미로운 일로 생각되었습니다.

그로즈 선생님이 주장한대로, "데리다, 료타르, 들뢰즈 등을 위시한 프랑스 이론가들은 때로 서양적이 아닌 것에의 접근에 관심을 보여 왔습니다. 그들은 이러 저러한 방법으로, 천년도 넘게 보존되어온 서양의 훌륭한 형이상학을 의심하기 시작했지요. 주체 의도의 우월성이나 예견력 등등"(「국제적 틀에서의 프랑스 페미니즘」, *Yale French Studies*, No.62, 157)이라고 하지만, 그러한 프랑스 이론이 어떤 식으로 제국주의의 비판에 대한 선생님의 작업에 영향을 줄 수 있다고 보시는지요?(이렇게 질문 드리는 것은, 부분적으로는 이러한 프랑스 이론에 때로 난해하고, 엘리트적, 자기중심적이라는 딱지가 붙여진 탓도 있습니다. 그런 경우, 착취나 억압의 문제에 매달릴 때 그러한 것들의 상관성이 잘 안보입니다). 이점에 대해 어떻게 생각하십니까?

스피박 저는 지금 프랑스 지식인의 욕망 비판에 대해서는 말하지 않으렵니다. 선생님의 질문의 다른 쪽에 초점을 맞추기로 하지요. 그것은 제국주의 비판에 대한 제 자신의 일과 어떻게 관련을 맺는가하는 점인데요.

서양 지식인에게 있는 이러한 욕망에 대해 어디에선가 말했다고 생각하는데, 저는 그것을 유럽의식의 반복되는 위기를 기념하고 또 표시하는 것으로 봅니다. 그리고 "위기"라고 말을 사용할 때, 저는 좁은 의미에서의 양심의 위기를 염두에 두고 있을 뿐만 아니라 넓은 관점에서의 위기 관리이론을 생각하고 있습니다. 만일 그 방향을 거꾸로 한다면, 여기의 저는 역전과 탈위치의 매우 확립된 해체의 모델 내부에서 작업하고 있습니다만, 그것은 무엇을 말하는 것일까요? 즉 하나의 이항대립의 방향을 거꾸로 할 때, 폭력을 발견하게 됩니다. 이 이항대립의 방향을 거꾸로 할 때 비서양을 향하는 서양 지식인의 동경, 우리들의 서양화 지향, 이른바 비서양의 서양화 지향은 지상명령이 되는 것이지요. 그러한 지향은 우리 자신을 위해서 순수 공간을 견고히 하려는 어떤 동경을 충족시켜주기 위한 것이 아니라 지상명령이었습니다. 만일 그러한 지향이 없었다면 우리들은 사실 지식인으로서의 자기 삶을 유지하는 것도 가능하지 않았을 것입니다. 사람들은 이 이항대립을 역전하지 않으면 안 됩니다. 그것은 오늘날에도 서양의 순수한 타자에 대한 동경이 다시 생겨나기 때문입니다. 그것은 한편으로, 우리 포스트식민 지식인들은 마찬가지로 서양화될 수 있으며 그 점을 완전히 간과하는 것은 우리들의 서양화 지향이 하나의 지상명령에 대한 반응이라는 것, 다른 한편으로 그 타자는 어느 정도 위기 관리의 장소를 표시하려는 욕망이라는 것 때문입니다. 저의 제국주의 비판은 원리에 기초한 생산에 근거한 것이 아닙니다. 우리 자신이 학문적 생산을 하고 싶을 때 우리는 제국주의 영향 하에서 작업하고 있습니다. 여기에 맑스주의가 포함되어야 하지만, 저는 제가 할 수 있는 것이 그 외에는 없다는 것을 알게 되었습니다. 동양을 향한 유럽의식의 욕망의 내부에 제가 어느 정도 사로잡히는 것은 그것이 저를 만들었기 때문이라고 말하고 싶습니다. 하지만 저는 또 그것을 지렛대를 가지고 제거해 버리려고 합니다. 자, 이것이 또 해체적 프로젝트라면, 이 욕망의 뚜껑을 열어 서양적이 아닌 것에 대면했을 때, 제 경우에는 다만 "진정한 토착인"이고 싶은 생각을 쉽게 구축할 수 있었습니다. 제 자신을 동양인, 주변부적, 혹은 좀 고르지 못한 사람으로, 혹은 의제도(擬制度 : para-institutional)적인 존재로 정의할 수 있도록, 일종의 "순수 동양"을 "순수 보편," 혹은 "순수 제도"로 아주 쉽게 구축할 수 있었습니다. 그러나 저는 동양을 향한 유럽 욕망의 내부에, 실제로 어느 정도 사로잡혀 있는가를 보려하고 있습니다. 그러나 그것은 얼마나 이중으로 탈위치되어 왔는지요. 저의 현재의 일은, 제 작업의 도구로서의 해석 이론의 한계가 어떻게 "비서양적 소재"로 규정되는가를 드러내는 것입니다.

그로즈 어쩌면 지식인 그 자체의 문제를 떠나 페미니스트 지식인의 역할을 생각해볼 수도 있겠네요. 선생님은 제1세계의 아카데믹한 페미니스트들이 이중의 가치기준을 따른다고 비난해왔습니다. 즉 다른 여성들의 타자성을 무시하거나 축소시키고, 또는 변명을 변명으로 회피해버린다고요. 예를 들면 "우리가 (아카데믹한 페미니스트로서) 자기를 대변할 때, 우리는 개인적인 것이 정치적이라고 확신을 갖고 주장한다. 세계의 나머지 여성들에 대해 말하자면, 그녀들의 개인적인 소유주적 감각을 우리가 획득하는 것은 (불가능한 것은 아니지만) 어려운 일로서, 우리는 가장 효과적인 정보 회복이라는 식민주의 이론에 의존하고 있다. 우리가 서양에서 교육받은 정보 제공자에 의한 학회나 앤솔로지에만 의존한다면 현지의 여성들에게 말하는 것은 불가능할 것이다"(마하스웨타 데비의 「드라우파디」, *Critical Inquiry*, winter, 1981, 382). 대표/재현의 정치학을 피하는 것은 어떻게 가능한가요? 다른 여성들을 위한다든지 또는 그녀들을 대표하면서 우리들 자신의 고유성이나 차이를 내던져 버리지 않고 그녀들의 고유성, 그 차이를 어떻게 하면 보전하는지요?

스피박 저의 프로젝트는 우리들의 특권을 상실로 여기고 버린다고 하는 신중한 기획입니다. 이론의 특권화에 대항해서 실천의 특권의 관심에서 말할 수 있는 사람이라면, 누구라도 어떤 종류의 생산 능력을 부여받아 왔는가를 망각하는 것은 불가능하다고 생각합니다. 저는 미국의 제 학생들에게 "인스턴트 스프 증후"를 말하곤 합니다. 그냥 뜨거운 물만 부우면 스프가 된다, 그러면 그 힘이 어떻게 산출되는가를 자문할 필요는 없습니다. 그리고 어느 정도 고유성을 물을 수 있는 사람들은, 페미니스트 실천의 물음을 널리 알릴 수 있는 사람들은, 실제로 개인적으로 아무리 불리한 입장에 있다 해도, 긴 역사로 인해서 가능하게 되었습니다. 그리고 그러한 견지에서 하나의 고유한 질문에 대한 답변으로서만 말씀드리자면, 그 시도가 어느 편이냐 하면, 그러한 특권을 상실로 여기고 버린다는 것입니다. 따라서 그것은 혜택으로 주어지는 것이 아니며 한발 한발 신중하게 도면화하지 않으면 안 됩니다. 제가 지금 매달리고 있는 일 가운데 하나는 외부에서 볼 때 실제로 매우 복잡하고 지적 행위로 보이지만, 정신분석이나 반정신분석의 외부에서의 심리적 전기, 즉 성적 주체 구성을 위해 규제력을 갖고 있는 심리적 전기를 탐구하는 것입니다. 정신분석 또는 반정신분석의 관점에서, 여성의 문제, 특히 성적 주체로서의 여성의 문제에 대해 생각할 때, 그것이 제외시키고 있는 것은 정신분석 외부에서의 성적 주체로서의 여성의 구성입니다. 이게 바로 제가 탐구하려는 내용 가운데 하나입니다. 그래야만 여성이라는 영역이 얼마나 완벽하게 다양한가를 볼 수 있게 됩니다. 거기에서 우리는 바로 그 상황/문화–개별적인, 규제력 있는 심리적 전기에 초점을 맞추지 않으면 안 됩니다. 그리고 그러한 노력은 우리의 학문상의 전문지식을 이용하는 방식입니다. 거세 담론 시점에서의 성적 주체 구성은 사실 제국주의가 강압적으로 몰아붙인 데서 생겨난 것이 어떤 것인가를 이해하는 것입니다. 반정신분석 담론은 그 자체가 여성주체 구성을 제외시키는 하나의 영역 내부에서 작용하고 있습니다. 이 점이야말로 특권을 상실로 여기고 버린다는 제 시도입니다. 왜냐하면 실제로 지금 도처에서 행해지고 있는 것은 이러한 유의 분석적 담론이 여성에게 강제적으로 안겨지고 있다고 하는 것입니다. 또 도처에서 특권층 인종에 속하는 여성, 그 자매의 반대 측의 사람들에게 강압적으로 부과하는 것은 우리들의 주거공간과는 다른 유의 가부장제(patriarchal)/부계제(patrilinean)/신부(新婦)를 사는 사회(patrilocal societies)에서의 성적 노동 분업에 대한 일종의 찬미라고 생각합니다. 그러므로 이러한 입장에서 저의 주요한 기획은 우리들의 특권을 상실로 여기고 버린다는 것입니다. 개인적으로 어떤 불리한 상황에 처해져도 우리들은 여성의 고유한 문제를 구체적으로 밝힐 수 있다는 것, 이것이 시작입니다. 이 문제에 대해서는 할말이 아주 많습니다만, 이게 제 답변의 시작에 불과하지요.

그로즈 선생님의 출판된 텍스트들을 보면, 선생님은 가부장제하의 "보편적" 여성억압을 음핵제거(clitoridectomy), 즉 여성의 성적 쾌락의 제거라고 하는 시점에서 논하고 계시는데, 음핵제거는 여성의 사회적 및 법적 지위에 대한 환유로 생각될 수 있습니다. 이 점에 대해 자세히 말씀해주시겠습니까?

스피박 제가 말하고 있는 것은 단지 그러한 음핵제거뿐만 아니라 여성욕망의 장을 없애려는 것으로서의 상징적인 음핵제거입니다. 그러나 거기에 보편성 선택은 일종의 전략적인 선택이었지요. 제가 보편성을 말하는 것은 보편성은 여성 담론을 논할 때 또 다른 측면에서 문제가 되기 때문입니다. 보편적 해결의 탐구가 나온 이래, 사람들은 사항들을 포기하지 않고 보편성을 사용해야 한다고 생각합니다. 전략적으로 여성은 부재의 공간에 살지 않으므로, 여기에 여성이 보편적인 기표로 사용될 수 있는 하나의 항목이 있다고 제가 제안했지요. 저는 다음의 것을 자문하고 있었습니다 … 어떤 유의 페미니즘이 검토하지 않는 보편화 담론은 패권적인 공간이므로, 이것이 어떻게 해서 우리들에게 유용하게 할 것인가, 저는 그 점을 치켜들어 단지 현실에서의 음핵제거만이 아니라 상징적인 제거의 시점에서 면밀히 생각해보려고 했지요. 다른 한편으로, 제 자신의 관심은 방금 전 말한 바와 같이, 성적 주체의 다양한 생산에 있습니다. 그것은 또, 국제적 노동 분업을 인식한다고 하는 시점에서, 주체구성의 외부로 문제를 옮겨보는 것이기도 합니다. 그 점에서 서양의 자본주의가 탈근대화게 된, 구체적으로는 1971년 이래로 도시의 준프로레타리아의 구성만을 보는 것이 아니라, 주변부에 가까운(para-peripheral) 여성이나 여성간의 미조직 농노 노동력 등의 구성은 물론이고, 부족민이나 토착성을 고려해야합니다. 선생님은 크리스테바(Julia Kristeva) 전문가이기 때문에, 제가 곁에서 그 대사에 끼어들 수 있다면, 문제는 토착민과 밀접히 결부되고 있다고 말씀드리겠습니다. 객체를 다시 써넣는 것보다는 주체를 다시 써 넣는 것의 문제입니다. 여성의 주체구성도 마찬가지로 고려할 수 있다면 유용하리라고 생각됩니다. 왜냐하면 사람들은 보통 그렇게 하지 않기 때문입니다. 도시의 준프로레타리아, 주변부에 가까운 여성, 부족민, 토착민의 구성에 대해서 말할 때의 여러 담론 말이죠. 그것들은 매우 견고하고 고전적인 맑스주의, 원리주의 이야기이거나 일종의 타자의 찬미에 그치고 말지요. 이러한 심리적 전기의 관점에서 저는 탈근대 자본주의에 의해 학대받고 있는 여성들을 문제로 삼는데 관심이 있습니다. 나아가서 그녀들을 그녀들의 주체적 구성 관점에서 문제 삼는 쪽에도 관심이 있지만, 그것은 정신분석 혹은 반정신분석 내부에 사로잡힌 상태에 도전을 하는 것입니다. 저의 제국주의 비판이 어떤 식으로 서양의 타자에 대한 프랑스 지식인의 시선에 관련되는가에 대한 선생님의 질문에 답하는 것, 그것이야말로 제가 말씀드리고 싶었던 것입니다만, 그들의 이론의 한계는 서양의 타자의 물질성과의 만남에 의해 분명해진다고 하는 것, 제가 의미하는 것은 이것이지요. 그것은 한계 가운데 하나입니다. 그러므로 저는 기본적으로는 그러한 다양성에 관심을 갖고 있지만, 그 계기에 있어서 제가 보편적 담론을 선택한 것은 제 자신을 보편성을 거부하는 것으로서 규정하기보다 ― 보편화, 최종 결정(finalisation)은 어떤 담론에 있어서도 환원될 수 없는 계기이므로 ― 다시 말해서, 보편보다 오히려 고유한 것으로서 저 자신을 규정하는 것은, 보편적 담론에 있어서 무엇이 유용한 것인가를 살펴보는 것, 또 그 영역 내부에서 그러한 담론의 한계와 그 도전이 어디에서 만나는가를 탐구하는 데로 나아가야 한다고 느꼈기 때문입니다. 저는 전략적으로, 보편적 담론이 아니라 본질적 담론을 또 다시 선택해야한다고 생각합니다. 해체론자로서 저는 ― 지금 제 자신에 꼬리표를 붙였지만 ― 사실 손을 씻고 "나는 고유하다"라고 말 할 수 없다고 생각합니다. 저는 때로 제가 본질주의자라고 말하지 않을 수 없습니다. 예를 들면 오늘날 반성차별주의자의 작업에는 생식기주의적 본질주의(genitalist essentialism)를 전략적으로 선택하는 일이 있습니다. 그것이 제가 말하고 있는 타자의 일에 어떻게 관계하고 있는가 하는 점으로, 아직은 잘 이해할 수는 없어도, 저의 탐구내용입니다. 일관성의 탐구가 아니어서, 음핵 담론에 관한 질문에 그와 같이 답변하는 것입니다.

그로즈 이러한 질문을 어떻게 따라가야 할지 정확히 잘 모르겠습니다만, 반드시 이런 유의 개념에 전반적으로 관여할 필요 없이도 전략적으로 보편주의, 본질주의 등을 어떻게 사용해야 하는지에 관심이 있는데요.

스피박 자, 선생님이 그것을 인정하든 않든 간에 이러한 개념에 선생님은 실제로 관여하고 있습니다. 수사적으로 거기에 관여하지 않는다는 것이 절대적 목표라고 생각합니다. 거기에다 보편성이라는 관점에서 생기는 — 고전적 독일 철학이건 백인 상류계급 남성이건 — 본질주의, 보편주의 담론에 저항하는 입장을 취하는 것도 절대적 목표가 된다고 생각합니다. 그러나 전략적으로는 우리들에게 불가능합니다. 우리들이 페미니스트 실천이나, 이론에 대한 실천의 권리만을 말할 때도 우리들은 보편화하고 있습니다 — 일반화뿐만 아니라 보편화하고 있지요. 본질화, 보편화, 존재–현상학적(onto-phenomenological) 질문에 "그렇다"라고 말할 수 있는 계기는 환원 불가능한 것이므로, 적어도 현재로는 그것으로 자리매김해두면 안될까요? 그것을 거부한다고 하는, 전면적으로 반–생산적인 제스쳐를 취하는 것보다는, 될 수 있는 한 우리들 자신의 실천에 대해 신중하게 그것을 사용토록 해보지 않으시럽니까? 거기에서 야기되는 문제는 사람이란 이론가로서 스스로의 순수성을 포기해버리는 것입니다. 그렇게 되면 이미 저의 이론이 다른 사람들의 이론에 대항한다고는 할 수 없게 됩니다. 이러한 의미에서 실천은 이론의 기준이 됩니다. 그것은 사람이 때로 본질주의자이기 때문입니다. 따라서 그러한 입장에서 서양의 고급 페미니즘(high feminism)의 편리한 시점에서 사람들이 선택한 보편적인 것이 바로 음핵입니다. 반성차별주의의 관점에서 보편주의는 우리들을 생식기적으로 규정하면서 우리들에게 다른 한 면을 부여해 줄 것입니다. 우리들은 그렇게 부여해준 보편성을 골라냅니다. 그렇게 할 때 내던져 버린 것은 이론적인 순수성입니다. 그러므로 반보편의 위대한 후원자들은 그로 인한 거대 내러티브, 즉 착취의 내러티브를 위해 행동할 수밖에 없게 되고, 그들 자신은 어떤 것에도 관련하지 않음으로써 스스로를 깨끗하게 보존하고 있습니다. 사실 그들은 본질주의를 부정함으로써 자신들의 이론적 순수함을 지키는 데 분주하면서도 하나의 거대 내러티브에 의해 그 쪽으로 몰리고 있습니다. 저 같으면 그 상황을 이렇게 설명하지요.

그로즈 선생님은 페미니즘과 반성차별주의를 구분하셨습니다. 제가 볼 때 반성차별주의는 가부장제의 지배적인 형태에 대한 부정적인, 비판적인 제스처입니다. 반면에, 페미니즘은 훨씬 더 긍정적으로 생각됩니다. 이점을 상세히 설명해주시지요?

스피박 그러지요. 우리들이 내던져진 상황을 앞에 두고 말한다면, 반성차별주의는 반동적입니다. 페미니즘의 개념이 생식기적 차이로 이해되고 있는 성차의 관점에서 자리매김 되고 있다고 하더라도 반드시 동의하지 않을 것입니다. 그것은 페미니즘의 전면적인 환원이지만 반성차별주의가 반동적인 것이므로, 거기에서야 말로 사람은 성차별주의 그 자체의 역(逆)의 정당성을 만들어내지 않으면 안 된다고 저는 생각합니다. 다만 선생님 자신을 반성차별주의자로 규정한다면 실제로 성차별주의를 정당화하는 것이 되고 맙니다. 저는 상관없습니다만, 말씀드린 대로 제가 반본질주의자로 계속 순수하게 남는 것에 저는 관심이 없습니다. 저 자신의 가능한 이론적 우수성이 그런 식으로 오염된다면 어떠한 상황적 실천이 저의 이론의 기준이 되는가 하고 생각하게 합니다. 자, 성차별주의자 담론과 대결한다고 하는 행동을 취함으로써 성차의 문제를 정당화하는 것이 아니라, 그 문제를 벗어남으로써 그러한 의미에서 순수하다는 것도 제가 선택했다면, 저에게 얻어진 것은 다만 이론적인 순수성뿐이라고 생각됩니다. 모든 점에서 그 자체가 제게 의심스러운 것입니다. 그런 까닭으로 반성차별주의의 임무는 모든 층위에서의 임무입니다. 여성의 종신고용권 획득뿐만 아니라 여성 병원에서 행해지고 있는 일, 노동조합의 여성부에 있어서 의사 법적(para-legal) 임무 — 이것은 여성의 종신고용권 획득이나 평등한 대표권을 얻기 위한 회의의 구성과 같은 반성차별주의입니다. 미국에서는 이러한 적극적인 고용촉진법안(Affirmative Action)은 페미니즘과 함께 싸워 나가기 위해서 많은 힘을 쓰고 있습니다. 그렇다면 무엇을 해야 할까요, 철퇴일까요? 만일 물러나지 않는다면 다만 수정을 위한 논의에 그치고 마는데, 문제는 실천적 논의입니다. 이렇게 말하는 저는 반수정주의 논쟁이 탈근대 자본주의의 맥락에서 물신화되고 있다고 생각하기 때문입니다. 따라서 이 같은 입장에서 수정주의자에 대항해서 순수주의자가 되는 것을 선택하는 것은 있을 수 없습니다. 이러한 맥락에서 볼 때, 사람들이 주체구성을 탐구한다는 의미에서의 페미니스트뿐만 아니라 반성차별주의자가 됨으로 해서 — 여성간의, 그리고 여성들 사이에서 구별하는 등 — 스스로의 미덕을 오염시키고 있다는 게 저의 생각입니다.

그로즈 반성차별주의의 문제를 말하지 않는 페미니즘은 유토피아주의에 처할 위험이 있습니다.

스피박 그런 일이 발생하고 있지요. 예를 들면 저를 크게 괴롭히고 있는 일인데, 약 2, 3주전 울비노에서 해체론 회의에 참석했을 때입니다. 저는 데리다에 있어 성차별의 문제, 또는 범주의 법칙의 중요성이 미리 딱 정해져 있다고 하는 데 대해 일어서서 말했습니다 … . 매우 불안한 것은 여성으로 해체론의 간판을 내걸고 있는 사람들이었지요. 그녀들은 반성차별주의에는 전혀 언급하지 않기 때문입니다. 그녀들은 이론적으로 순수한 해체론자들이 아니라는 점을 다시 한번 알아차렸기 때문이지요. 게다가 가장 두드러진 것은 그 불안이었습니다. 문명과 그 불만에 대한 이야기였지요. 자, 프로이트 텍스트의 독일어판에서 그 말은 실제로는 불만이 아니라 불안입니다. 그리고 바로 그대로 보았지요. 그녀들은 앞줄에 앉아 있었습니다. 우리들이 사춘기 기억을 더듬어보면, 신경질적인 쓴 웃음을 30분 동안 지속하기가 얼마나 괴로운지 아시겠지요. 이 여성들이 그저 앉아서 쿡쿡대는 것은 어느 속류 반성차별주의자가 그 자리에 있다고 느꼈기 때문입니다. 하지만 저는 그 곳에서 "속류 반성차별주의자"는 아니었지요. 왜냐하면 제가 말하고 있는 것은 신체 설명을 하고 있는 것이 아니라 해체론의 주류 비평제도에서 전유되고 있는 것을 말하고 있었기 때문입니다. 그래도 그녀들은 자기들의 다른 측면을 재정의하고 있었는데, 그것은 속류 — 반성차별주의자였지요. 그 말은 여성신체주의(gynegogy)였습니다 . 그녀들은 그것을 그녀들의 반대측면으로 재정의하고 있었지요. 순수 해체론의 페미니스트가 되기 위해서 말입니다. 반성차별주의를 방기한 순간, 이런 일이 발생했지요.

그로즈 이것은 저의 다음 질문에 관계되는데요. 선생님은 두 텍스트『전위(轉位: displacement) ― 데리다와 그 이후』(ed. M. Krupnick)와 「국제적 틀에서의 프랑스 페미니즘」에서 논쟁을 제기해왔는데 제가 인용하겠습니다. "나는 … 해체론에 있어 철학 실천의 "여성화"(feminization)를 발견한다. 그래서 나는 그것을 남성이 자기 주장의 도구로 여성을 사용하는 또 하나의 예라고는 생각하지 않는다. 나는 데리다의 남근중심주의(phallocentrism) 비판에서 배운다. 그러나 그것과 더불어 어딘가 다른 장소로 가야하지 않을까?"("Displacement and the Discourse of Women," 173). "어딘가 다른 장소"란 어느 곳인지요?

스피박 선생님의 이 질문에 대한 답은 부분적으로는 이미 대답한 내용입니다. 그러나 작은 것들을 함께 뭉뚱그려 봅시다. 이것은 일종의 회답입니다. 철학의 여성화라는 산물은 데리다의 작업 내부에서 변용하였다고 처음으로 말하지 않을 수 없습니다. 데리다에 있어 "여성화"(devenir-femme)의 방향은 설정되지 않았습니다. 또 지적하지 않을 수 없는 것은, 데리다가 적극적 해체론이라고 부르고 있는 것은 남근중심주의비판 그 자체의 변용입니다. 그것은 자연과 철학의 인간화(anthromorphism)를 비판하는 면이 큽니다. 텍스트가 자연과 철학의 인간화를 추방했을 때 어떻게 텍스트가 그 자체 생산했던 이야기를 구성하고 있는가라는 방향으로 추구해나갈 수도 있습니다. 이러한 방향으로 주류 해체론은 진행되고 있습니다. 거기에서 **앤스로포스**(anthropos)

는 사람(human)으로 정의되고 있습니다. 그래도 데리다의 나중의 작업의 방향으로 **앤스로포스**가 "남성"(man)의 역사를 갖지 않은 기호로 정의되고 있는 것을 볼 수 있습니다. 따라서 데리다는 그 다음에 "여성"(woman)이라는 기호의 역사에 관심을 보이기 시작했지요. 그래서 그는 잊혀진 주체의 재발견을 반복하는 철학이나 이론의 주류 제도의 문제로 나아갑니다. 그리고 이점에서 저는 존경심을 보이면서도 이러한 증후는 잃어버린 객체의 재발견을 반복하는 『성의 역사』에서도 보인다고 말씀드릴 수 있습니다. 이 점이 여성문제와 혼동되고 있는데, 데리다의 무대에 변화가 있었던 것이지요. 그래도 제가 말하는 "어딘가 다른 장소" ― 저는 그것이 무엇인지 잘 모르겠습니다만 ― 를 그냥 설명하도록 하지요. 제가 말하는 어딘가 다른 장소의 하나는 해체론적 방법의 순수성에 대항하고 있다는 식의 반성차별주의입니다. 데리다 자신은 생식기주의적으로 그려지는 여성을 여성상, 여성문제, 장르의 법칙 등에서 신중히 구별하고 있습니다. 그 점에서 저는 다르게 생각해보는데 반성차별주의자라는 것은 중요합니다. 저의 두 번째 방법은 프로이트적 담론 내부에 머물면서 어떻게 상실된 객체의 재발견의 철학의 산물을 명확히 하고 있는가를 음미하는 것뿐만 아니라, 규제력이 있는 심리적 전기가 여성을 다른 방식으로 구축하며, 외부의 어떤 장소를 찾는다는 것입니다. 세 번째로, 국제적 노동 분업에 대한 문제는 해체론적 고려의 내부에 전혀 존재하지 않습니다. 그것은 그 밖의 어디에도 존재하지 않습니다. 제가 반복해서 주장하는 점의 하나는 17세기 내지 18세기에 있어서 제국주의의 인식의 폭력(epistemic violence)의 계기는 실제 거의 고찰되고 있지 않으므로, 오늘의 국제적 노동 분업은 제1세계의 싸움의 장에 있어서 "외국인 노동자"(guest workers), 혹은 제3세계의 사람들의 상황에서 상징화되고 있지만, 실제로는 보다 큰 문제와 별로 관계가 없다는 점입니다. 그래서 계급구조의 구성, 여성의 내부 또는 여성간의 계급구조의 새로운 재구성을 문제 삼는 것은, 그러한 구성이 주체구성의 문제에 의해 혼란스러워 질 때 해체론의 투기장의 내부에서는 장소를 갖지 않는다는 것입니다. 그리고 마지막으로 할 작업은 자기 자신의 특권을 상실로 여기고 버리는 것입니다. 데리다는 이를 행하고 있습니다. 그러나 그가 다루고 있는 것은 별개의 특권입니다. 제 생각에 사람들은 자기의 "어딘가 다른 장소"가 어디인지를 알 수 없는데 그것은 사람들이 이 장소의 내부에 사로잡혀있기 때문입니다. 그 장소는 이 질문의 맥락에서는 데리다의 담론이지만, 저로서는 그것이 무엇인가 단지 막연한 암시를 반복할 수밖에요.

그로즈 마지막으로 하나만 묻겠습니다. 선생님의 작업은 해체론, 맑스주의 또 페미니즘 분야에 걸쳐 있습니다. 이 세 분야가 긴장관계는 아닐지 언정 어색한 관계인데, 그것들 사이에 어느 정도의 화해가 가능하다고 보십니까?

스피박 푸코는 최근 대담에서 단절의 개념에 그가 관여한 것을 부정하면서 자신을 단절의 철학자라고 정의하는 것은 『말과 사물』의 오독이라고 시사하였지요. 제가 이 말을 여기에서 사용하려는 것은 ― 아주 낡은 표현을 빌린다면 ― 제가 실제로, 지금 공시적으로 그것을 생각하고 있기 때문입니다. 저는 사실 본질주의자들의 전략적 선택에 대해 이것저것 말씀드렸습니다만, 환원될 수 없고 불가능한 일은 페미니즘, 맑스주의, 해체론의 담론 내부에서 단절을 고수하는 것입니다. 저는 여기에서 이미 질문과 답변 형식으로 그것이 어떻게 "맑스주의자"의 이름을 억지로 붙임으로써 그것을 지워버릴 수 있는가, 그리고 "해체론자"의 이름을 붙임으로써 그것을 어떻게 지워버릴 수 있는가를 알아냈습니다. 제가 무엇인가를 배웠다고 한다면, 그것은 사람들이 한국의 통일교회(Unification Church)의 방향으로는 나아가지 않는다는 점입니다. 이 교회는 너무도 깊이 식민주의의 영향의 계기를 보이고 있고 일관된 전지구적 규모의 해결을 만들고 있습니다. 또 실제적인 유효성을 위해, 차이에 대한 일종의 연속주의적인 정의(continuist definition of the differences)도 될 수 있는 한 피하지 않으면 안 된다고 생각합니다. 얻는 것으로 말하면 적개심뿐이기 때문입니다. 60년대의 미국의 좌파 맑스주의, 또는 영국의 신좌파의 등장 이래 생겨난 일이라든지, 프랑스나 다른 유럽 공동체의 당 구조의 동일성을 말하면, "맑스주의는 성차별주의다"라는 표어가 이러한 적의를 띠고 있습니다. 그것이 매우 다양하게 사용되고 있음을 이해하지 못합니다. 다른 한편으로, 미국에 있어 『텔로스』(Telos)지의 폴 피코네(Paul Piccone. 신좌파 비평가로 『자본의 파라독스』의 저자 : 역자주)와 같은 강력하지 않은 인물들이 페미니즘을 우리 시대의 사회 정의에 가장 반대되는 운동이라고 선언하고 있습니다. 물론 해체론은 ― 우리들은 선생님의 이 질문에서 그 일부를 이미 연습했습니다만 ― 다만 텍스트주의이며 난해하며 자기 확장에만 관심을 갖는다든지, 허무주의라는 등등의 말을 듣습니다. 페미니즘, 맑스주의, 최근 해체론의 형태학의 방대한 자원을 활용하는 데에 관심 있는 사람들이나 집단의 역할은 단절을 보존하는 일이라 생각합니다. 궁극적으로는 그것은 불가결한 일이라고 저는 말씀드립니다. 왜냐하면 최종적 완성은 그 자체가 불가능하지만 환원되지 않는 것입니다. 멋진 일관성을 찾는 것이나 결과로서 적의를 낳게 되는 연속주의의 담론을 산출하기보다는 그러한 단절을 그러한 의미로 보존하는 것입니다. 그것이야말로 제가 하고 싶은 일이라고 생각합니다.

그로즈 뭔가 마지막으로 말씀해 주시죠?

스피박 실제로 이 대담을 하는 동안 말씀드리고 싶은 것이 있었습니다. 만일 저의 호주 체험이 ― 이곳에서 저에게는 2주 동안 16번의 강의가 주어졌습니다 ― 지금까지의 저의 활동의 의미내용을 끝까지 생각하게 하지 않았다면 이러한 답변의 많은 부분이 불가능했다는 겁니다. 그리고 어느 의미에서 지도상의 호주의 위치는 매우 문제적인 곳입니다. 호주는 아시아에, 또 아시아의 장래에도 관계하게 될 것입니다. 이 장소는 서구나 영미와도 관련성이 있어 자기구성을 하고 있는 것처럼 생각됩니다. 아시아 출신으로, 미국에서 일하고 있으면서 서구나 영국에 있는 것과 같은 자기 동일성을 지닌 저는 재고품 목록을 조사하고, 그리고 자신이 하고 있는 것을 엄밀히 살펴보지 않으면 안 된다고 하는 사실의 극한까지 밀려나버렸다고 생각합니다. 그래서 고맙게 생각합니다.

2

포스트모던 상황 : 정치의 종언?

2장

포스트모던 상황 : 정치의 종언?

이 대담은 1984년 「소리들」(Voices)의 특집 방송 "위기에 처한 지식"의 초대 토론자인 제프리 호손, 가야트리 스피박, 론 아론슨, 존 던과의 토론 내용을 기록한 것이다.

호손　계몽주의시대 이래 서양사상은 자연의 리얼리티나 우리들 자신의 본성의 리얼리티를 직접적으로 그리고 개입 없이 인식하는 것이 가능한가 하는 쪽으로 신념을 몰아붙였습니다. 진보가 의미하는 것은 이성의 적용이나 리얼리티에 대한 지식을 자연력 또는 사회적 악의 극복이나 인간 해방으로 유도하는 것이었습니다. 헤겔의 말로는 우리가 세계에 더욱 더 정통하고 더 편안하게 되었다는 것이겠죠.

　　그러나 독일 철학자 위르겐 하버마스(Jürgen Habermas)와 같은 열렬한 현대의 지지자들까지도 이러한 근대의 기획이 미완이라고 인식하였고, 게다가 일반적으로도 그렇게 느꼈습니다. 우리에게 현대란 혼란의 시대여서 처음에는 보편적인 전통이나 확신이 설령 견고해서 믿을만하다 해도, 더 이상 같은 보증을 해주는 것은 아닙니다. 우리는 세계에 정통하고 더 편안해진다는 것과는 여전히 거리가 멀게 생각됩니다.

다른 사람들은 우리가 그럴 수 있으리라고 믿는 것 자체가 터무니없는 것이라고 주장하게 되었습니다. 그들은 비트겐슈타인의 후기철학, 미국의 철학적 실용주의, 니체(F. W. Nietzsche) 등 다양한 방향에서 우리 자신의 본성의 직접적 지식이란 얻을 수 없다고 주장하고 있습니다. 우리는 세계의 어느 사물과도 결코 원활하게 관계를 맺을 수가 없습니다. 우리는 그 사물과 관계를 맺을 수 있는가 아닌가는 결코 알 수 없습니다. 우리가 알 수 있는 것은 말하자면 우리가 세계에 대해 말하는 것입니다. 우리의 말, 문장, 담론, 텍스트의 외부에는 아무것도 없고, 여분의 텍스트도 없습니다. 이러한 텍스트에 선행하는 전(前)텍스트도 없습니다. 다만 보다 많은 텍스트가 있을 뿐입니다. 실제 이러한 주장 자체가 또 하나의 텍스트에 불과합니다.

또 이들에 의하면 근대 기획의 오류는 단지 철학적일 뿐 아니라, 도덕적이며 정치적이기도 합니다. 20세기의 이 시점에서 진리라는 이름을 내건 무수한 이론의 이름 하에 너무 많은 살상이 행해져왔다는 것은 분명합니다. 또 하나의 이성에 적용함으로써 자연을 지배하고 사회를 개혁하려는 시도는 점차 문제를 안고 있습니다.

그들은 역설적이고 모순적이며 점차 통제하기 힘든 현상을 내 팽개쳐 왔습니다. 현대 세계의 공포나 핵에 의한 절멸의 두려움, 생태학적 위기, 체계적으로 응용된 전체주의는 근대 기획의 산물입니다.

그 계승자인 포스트모던의 기획은 기타 다수의 그것과 같이 파리에서 그 극에까지 추진되어 왔습니다. 1968년 이래 "후기구조주의자"로 애매하게 명명된 파리 사상가의 일군인 미셸 푸코, 자크 데리다, 질 들뢰즈 등등은 인간성, 지식, 합리성이나 진보에 대한 편안한 전제를 둘러싸고 번거로운 검증을 행했습니다.

그러나 이러한 검증의 특징은 이들이 보다 명백한 진리에 도달하기 위한 과학이나 이성을 사용하는 대신, 진리 개념 그 자체를 대단히 의심스러운 것, 해체해야 할 것, 재구축해야할 것으로 간주해 왔다는 점입니다. 그들은 세계에서 진로를 찾으려는 모든 "거대 내러티브"와 자기 자신에 대해 말하고 있는 일체의 과장된 말에 대항해서 해체론적 싸움으로 도전하였습니다. 과학적 합리성, 지식의 통일, 인간성의 해방 말입니다.

　　대표적인 후기구조주의자 장 프랑소와 료타르는 최근 저작인 『포스트모던의 조건』에서 포스트모던 시대의 중요한 특징은 바로 근대주의의 거대 내러티브에 대한 신념을 상실했다는 것이라고 논하고 있습니다.

　　그런데도 우리는 또 정치적 진보를 상상해야 할까요? 만일 그렇게 해야 한다면 합리주의와의 관련이나 신념을 어느 정도 요구할 것인지요?

　　오늘 저녁 후기구조주의가 명료한 입장을, 만일 명료하다면 수용가능한, 그리고 수용가능하다면 살아남는 입장을 제공하는지의 여부를 논의하기 위해 데리다의 가장 저명한 저작을 번역한, 텍사스 대학의 영문과 교수이자 대표적인 해체주의자이며 또 해체론, 페미니즘이나 맑스주의에 관한 근간서의 저자인 가야트리 스피박 교수를 모시게 되었습니다. 그리고 캠브리지 대학의 정치학과 교수이며 사회주의 정치학에 관한 근간서인 『미래로 향하는 서양 정치사상』의 저자인 존 던(John Donne) 교수를 소개합니다. 이 책에서 그는 우리들의 생활의 기초가 되고 있는 정치 사상의 많은 것을 의심하고 있습니다. 또 로널드 아론슨(Ronald Aronson) 교수가 와 계십니다. 그는 디트로이트의 웨인 스테이트 대학의 인문학부 교수이며, 최근 저서인 『파국의 변증법』에서 20세기의 역사적 살육장에 직면해서 무엇이 가능한가를 묻고 있습니다.

스피박 선생님, 먼저 질문을 드리지요. 우선, 해체론 운동은 거대 내러티브에 대한 선전 포고입니까, 아니면 승리의 축제일까요?

스피박　저 자신은 그것을 힘없는 급진적 수용으로 생각합니다. 그랑 레시(grands récits)란 거대 내러티브이며 이 내러티브에는 목적이 있습니다. 사회 정의를 어떻게 달성해야 할까를 가르치는 기획입니다. 후기구조주의자들을 제가 바르게 이해하고 있다면, 그들은 하나의 내러티브가 구축될 때 뭔가가 뒤에 남는다는 것을 연이어 상상하고 있다고 생각합니다. 하나의 목적이 정의될 때 다른 목적은 거부되고 그러한 목적이 무엇인가를 우리는 잘 알지 못합니다. 그러므로 후기구조주의자들이 행하고 있는 것은 도대체 무엇을 뒤에 처지게 하는가 하는 물음을 제기하는 일이라고 저는 생각합니다. 우리들에게 무엇이 남는가? 우리는 그것을 이해할 수 있는가? 우리들은 내러티브를 미래와 사회 정의의 도래를 위해 해결로서 확립하는 것이 아니라 오히려 내러티브의 한계를 알지 않으면 안 됩니다. 그것은 어느 정도 선전포고보다도 그들이 이해될 수 없는 것을 이해의 범위 안에서 작업할 수 있게 하기 위해서입니다.

호손　제가 이해하기로는 그들이 내러티브를 산출한다고 하는 생각 그 자체에 반대하는 것은 아니라는 겁니다. 그들은 말하자면 산출해야 할 내러티브의 주변에서 비판적으로 춤추고 있습니다. 그러한 각각의 내러티브의 갇혀진 침묵이나 내러티브가 없는, 묘사되지 않는 다른 내러티브를 가리키면서 말입니다. 그들 자신은 내레이션, 그것을 중지시키는 일에는 관심이 없습니다.

스피박 데리다와 료타르를 이처럼 함께 뭉뚱그려 말한다면 그들은 우리들이 말한 것 외에는 말할 수 없다고 생각합니다. 그러므로 내러티브에 선전 포고를 한다는 문제가 아니라 내러티브의 충동이 세계의 여러 문제의 해결에는 도움이 되지 않는 것을 그들은 이해하고 있습니다. 그들은 내러티브의 한계를 제대로 알고 "이것이 역사다"라고 이야기를 만들어 내거나, "이것이 사회정의를 초래하는 기획이다"라고 내러티브의 이야기성(narrativity)을 우리들이 제대로 인식해야 한다는 점에 관심을 갖습니다. 그들은 그것을 어느 일정한 방법으로 해결의 징후를 보이는 것으로도 간주하고 있습니다. 그러나 여러 문제가 발생하는데, 예를 들면, 하나의 내러티브에 있어 그 내러티브를 우리가 따라감에 따라 그 내러티브에 관성이 붙게 되어 우리는 리얼리티를 말할 수 없는 것으로 보게 된다는 것이죠. 우리는 그것을 내러티브라고 하는 것이 아니라 사물의 모양이라고 말합니다.

호손 프랑스 해체론자들이나 영미의 추종자들이 염두에 두고 있는 뭔가 특별한 내러티브란 게 있는 것인지요? 그들이 해체를 원한다고 생각합니까?

스피박 글쎄요. 이 영역에서는 다양한 사람들이 다양한 사물을 해체하고 있습니다. 그러나 그들이 모두 조사 대상으로서 동의하고 있는 내러티브란 선생님이 처음 말했던 내러티브로, 인식 주체의 합리주의적 내러티브라고 생각합니다. 타자에 대해 일종의 자애심을 가득 지니고, 그 자신이 그 말을 이해하면서 타자를 기꺼이 받아들이려 하고 있습니다. 그리고 저는 그 고유명사를 조언받는 대로 사용합니다. 그런 이유로 그들도 해방되어 가능한 최고의 세계에 살게 되는 것이지요.

그러한 과정을 겪으면서 그들은 그러한 정의된 세계에서, 그리고 합리주의 철학의 기준에서 자애로움이 충만한 창시자들로 계속 남아 있다는 겁니다. 더 말씀드린다면, 딱 맞는 말은 아니지만 그것은 하나의 방법이고 조사대상입니다. 그러나 중요한 말은 또 남근중심주의입니다. 이러한 시나리오에는, 다시 말해 이러한 내러티브의 주인공은 지금까지는 서양인이라고 말하는 일종의 이해가 존재합니다. 이것도 지금까지 다루어졌던 문제입니다. 그렇지만 이는 거대 내러티브에 대한 마이너스 평가입니다. 전혀 이야기되고 있지 않은 것은 거기에 대항하는 해체론의 철학자가 존재하여, 후기구조주의의 실체를 파괴해 버린다고 하는 것입니다. 거기에 대항해서 말한다고 하는 본능, 기원이나 목적을 고려하려는 본능, 우리 모두가 나누어가지려고 하는 이론이라고 하는 인식은 결코 이야기되고 있지 않습니다. 그렇지만 그것은 진리에 이르는 길이라기보다는 하나의 필요라는 것을 인정하고 있습니다.

그러한 이유로 이는 대단히 적은 차이입니다마는 중요한 차이이지요.

호손 그런데도 그들이 좌절하지 않고 그렇게 하는 데는 어떤 권위를 확보하고자 하는 것인데, 그러기 위해선 우리를 설득해야 합니다. 설득력 있는 표준적인 방법의 하나는, 논의를 사용하는 것입니다. 논의의 표준적 방법의 하나는 이성에 호소하는 것입니다. 그리고 합리적 논의를 행하는 표준적 방법의 하나는 증거에 호소하는 것, 사물을 지적하는 것입니다. 그렇지만 그들이 산출하고 있는 논의의 최종 지점은 부재(absence)라고 생각합니다. 그래서 그들의 논의를 논의로 해석해야 하는 점에 저는 약간 당혹감을 느낍니다.

스피박 그것은 매우 낡은 용어로 의식의 변용, 말하자면 변용하는 정신 구조와 같은 것을 요구하고 있습니다. 다시 말하면, 그것은 그러한 의미에 있어서 이데올로기적 기획입니다. *그것*은 담론이 발언방식에 의해 급진적으로 파괴되어 버린다는 사실에 우리의 신경을 곤두세우는 것을 허용하지 않는 정신 구조를 발전시켰지요. 그러한 변명을 한 다음에 평상시대로 행하는 것이 아니라, 실제로 모든 실천의 매우 친근한 문제를 우리에게 들이대어 근사한 해결을 하고, 그것 이외의 모든 것이 제거되도록 하는 하나의 분석을 산출하는 데 이는 중요치 않습니다. 중요한 것은 이것을 고려하는 실천을 산출하는 것입니다.

호손 선생님께서 의미하는 바를 저도 정확히 이해합니다. 그래도 평상시의 방법에는 진리가 되는 주장을 확립하려고 하는 것, 그리고 그것을 그릇된 주장과 구별하고 있는 문제를 안고 있다고 하는 곤란함이 있습니다. 던 선생님, 진리와 오류에 관한 이러한 함의의 의미내용을 어떻게 보시는지요.

던 인간 체험의 어떤 특징도, 나타나고 있는 것에 대한 어떠한 발언도 필연적으로 선택되는 것이며, 어느 의미에서는 편집까지 된다 하더라도 이는 충분히 납득이 가는 이야기입니다. 그렇지만 그 다음에 뭔가 대단히 중요한 것이 생길 것인지는 분명치 않습니다. 특히 17세기 이래의 서양철학이, 인간의 지력이 효력을 발휘할 것인가 쪽으로 이해를 시도하고 있는데 후기구조주의가 뭔가 두드러시게 진리인 것을 끌어 낼 수 있을지 여부는 저 자신도 잘 모르겠습니다.

스피박 자본주의 폐단은 이것저것 할 것 없이 전부가 국제적 노동 분업의 또 다른 측면에서 지속되어 왔는데, 여기에 일대 문화적 해석이 나오게 된 것은 이러한 이론의 생산을 통해서였습니다. 그러므로 학문적 이론가들에게 대단히 중요한 것은 강의실에서 나의 저서를 통해 특정 기획을 묻는다고 하는 점입니다. 그리고 제가 말씀드리고 싶은 것은, 이데올로기 생산이나 이론 생산이라고 불리는 영역에서 비판이 일고 있다는 점입니다. 그것은 희망이 있다는 징조입니다.

후기구조주의의 독자는 던 선생님이 의심하지 않고 단순히 글의 수사적인 일부에 불과하다고 하는 것에 집중한다고 할 수 있지요. 뒤에 남는 것에 뭔가 중요한 것이 있는지 없는지 저도 잘 모르겠습니다만 그것은 중요합니다.

그와 같은 불확실한 것에 우리들은 시선을 집중하고 싶습니다. 뒤에 남은 것을 찾아봅시다. 그러면 적극적 해체라고 불리는 것과 그러한 불확실의 본성이 무엇인가 하는 것을 생산적으로 결부시킬 수 있지요. 그러나 실제로는 그렇게 하고 있지 않습니다. 그 해결을 제게 묻는다면, 말씀드린바와 같이 제가 "우리 자신의 생산구조를 고려해보자"고 말한 것은 "우리의 발언에 있는 어떤 수사적인 제스처를 고려하자"는 말과 같습니다. 던 선생님께 동의하고 싶지만 그 대신 이 같은 특정한 질문을 드리고 싶습니다.

호손 아론슨 선생님, 선생님은 그러한 의견에는 꽤 익숙해있다고 생각되는데요.

아론슨 하나의 거대 내러티브를 통해 여러 가지 목소리를 제의하는 문제로 돌아가 봅시다. 맑스주의가 거대 내러티브의 하나라고 언급되는 것은, 일정한 목소리로 어느 일정한 담론을 제외하고, 어느 일정한 것을 주변에 두고, 또 어떤 것을 중심에 놓기 때문입니다. 하지만 거대 내러티브라고 하는 것보다는 지적 제도야말로 진리에 대해 요구를 하고 역사에 대한 구조적 감각이나 경제적 생활의 구조적 감각, 이 모든 것이 시간 안에서 어떻게 전개해 가며 작동하고 있는가에 대한 구조적 감각을 지니고 있는 것으로 생각됩니다. 그런 까닭으로 일정한 목소리를 제외하고 다른 것을 들여오는 것을 선택합니다. 그것은 모든 인식 형태가 구축되고 있는 전제 그 자체이기 때문입니다.

따라서, 포스트모더니즘의 내부에서 사회 정의에 대해 말하고 싶다면 사회적 억압을 위해서가 아니라 사회 정의를 위해 말하기 위한 어떠한 기반이 그 내부에 있다고 생각하는지요? 맑스주의에서는 그것이 인식형태 자체에 들어가 있으며, 맑스주의의 입장과 얽혀 있어서 피억압자 계급과 연대하고 있습니다. 게다가 그것은 최초의 대단히 명료한 인식론적, 정치적 선택입니다. 우리들은 어떻게 그러한 선택을 하는 걸까요?

스피박 우리들은 선택을 합니다. 저는 우리들이 말하고 있는 사람들의 텍스트에 될 수 있는 한 접근해서 가깝게 말하고자 합니다. 인간은 낡은 규칙에 따라 선택을 합니다. 데리다를 인용하자면, 이 규칙 이외에는 없습니다. 하지만 중요한 것은 료타르나 데리다가 규칙에 대해 말한다 해도, 그들은 이 규칙이 규칙이라는 점, 진리는 타당성의 문제라는 점, 그리고 이러한 사항은 규칙이라는 것을 알고 있습니다. 그것들은 보편화할 수 없으며, 이 시점에서 맑스의 담론은 사회적 정의에 관심을 갖고 있다고 스스로 말할지 모르지만, 우리들은 경우에 따라서는 거꾸로의 것을 산출하기 위해서 다름 아닌 맑스주의의 이름을 사용하는 것이 가능하다고 알고 있습니다.

호손 그에 대한 아론슨 선생님의 반응은 어떻습니까? 만일 선생님이 그 점을 받아들인다면 맑스주의에 훨씬 더 우발적이며 잠정적인 성격을 부여합니다.

아론슨 예, 그렇습니다. 분명히 대부분의 맑스주의자들은 적어도 흐루시초프의 비밀연설이나 그 이전의 많은 연설 이후, 맑스주의가 절대적 진리는 아니라고 하는 것, 혹은 모든 상황에 있어 추종해야 할 일련의 법칙은 아니라는 점을 분명히 알아차릴 수 있습니다. 또 그 때문에 맑스주의는 국가 이데올로기로서 이데올로기 비판으로 사용할 수 있으며, 또 지금까지 사용되어 온 것입니다. 후자(이데올로기 비판)는 실제로 그 급진적인 에너지를 안고 있는 독자적인 급진적 출발점이라고 생각합니다. 어떤 면에서 후기구조주의와도 공통점이 있습니다. 그렇지요. 이는 완성된 사회적 현실의 "내막을 투시하는" 노력이기는 하나 그러한 형성을 이해하려 하고 적대적이며 억압적이라고 판명된 사회적 생산 과정에 있는, 그러한 근원이나 창조를 이해하려는 노력입니다.

그렇지만 저는 맑스주의에 의한 보편주의의 강조를 잠시 언급하고 싶습니다. 플라톤주의나 기독교와 같은 보편적 진리에서가 아니라 맑스주의 내부에서 주장되고 있는 것은, 자본주의 그 자체나 구조가 세계적으로 보편화된 것이라는 점, 나아가 맑스주의는 이러한 구조를 반영하고 그것들의 작동을 반영하고 그리고 그렇게 함으로써 그 목적/대상을 제시한다는 점, 그리고 자본주의가 제국주의가 된다고 하는 점입니다. 또 맑스주의는 여러 다양한 방식으로 간극을 만들면서 목적/대상의 흔적을 더듬어 추적하며 근접합니다. 이러한 과정이 보편적인 한, 그 때문에 스스로가 보편적이 되는 것입니다. 그 정도에 한해서 입니다.

호손 던 선생님은 맑스주의에서 해체론의 의의에 대한 이 대화로 미루어 볼 때, 정치적 이론을 많건 적건 현상 그대로 두자는 입장이십니까?

던 글쎄요, 그것이 어떻게 정치적 이론에 크게 유용했는가는, 저 자신도 잘 모릅니다. 맑스주의는 정치적 이해를 위한 도구로서 자기의 한계도 실로 교묘하게 선전해왔습니다. 게다가 인간해방에 대단히 확고하게 관련되어 있지만, 그것은 다양한 정치적 문맥에 있어 매우 극적으로 악용되어 왔다는 것은 사실입니다. 물론 20세기의 이러한 상황에 있어서 여전히 악용되고 있습니다. 그렇지만 맑스주의의 중요성은, 제 사견입니다만, 정치적 이해의 도구로서의 그 잠재적 공헌력입니다. 이러한 입장에서 보아, 장점과 단점도 뭔가 음미할 수 있는 것이며 그것은 18세기의 합리주의적 기획에서 분명 계승된 것입니다. 또 그것은 1960년 이후의 파리의 문학비평의 도구를 사용하지 않더라도 이러한 관점에서 보다 잘 음미할 수 있는 뭔가가 있다는 것이지요.

호손 새로운 방법보다 낡은 방법에서 보다 잘 음미할 수 있다고 말하시는데 어떤 이유에서입니까?

던 그 이유는, 정치를 이해하는 데 중요한 것은 무엇이 실제로 문제가 되는가, 무엇이 진행되고 있는가를 아주 단순화하여 분석하는 능력입니다. 이렇게 말하는 것은 정치에 있어 항상 중요한 점은, 지금 문제의 초점이 무엇인가, 다시 말해 이제부터 어떤 일이 발생할 수 있는지의 여부를 판단하는 것입니다. 여기에 인과관계라는 것이 포함됩니다. 우리들이 정치에 대해 판단을 시작할 때 인과관계로 생각하는 이외의 방법은 없습니다. 게다가 그것은 분명 모든 시대나 모든 장소에서의 정치적 현실을 대면하는 매우 적절한 태도이기도 합니다. 다른 사람의 발언에 대한 커다란 의혹은 그 자체가 정확한 인과론적 판단에 공헌하는 것처럼 내게는 보이진 않습니다.

스피박 우리들은 인과 관계로 생각하는 것을 중지할 수 없습니다. 그렇지만 후기구조주의 언어로 소개하자면 그것은 수사적인 언어로, 니체가 말한 "메타렙시스(metalepsis)," 즉 하나의 수사를 또 하나의 그것으로 치환하는 방식입니다. 사람이 인과관계로 생각할 때, 실은 결과를 원인과 관련해서 사용하는 것으로, 인과론적 사고에는 그 자체의 한계가 있다는 것을 알아차리는 방식입니다. 인간은 인과론적 사고 없이는 판단될 수 없습니다. 하지만 후기구조주의는 분석을 위해 확립한 원인을 근거로 해서 확정하는 것에 의문을 갖습니다. 후기구조주의자라면 일반적으로 원인은 결과의 결과로 산출된다고 말할 겁니다. 이는 약간 복잡한 논의이기도 하지만, 만일 관심이 있다면 그 점에 대해 서로 이야기 하도록 하지요.

호손 던 선생님은 이를 어떻게 생각하십니까?

던 글쎄요, 제 생각에 후기구조주의자는 사람들이 세상사를 어떻게 이해하는가 하는 문제에 있어, 일반화된 신경증을 보이지만, 다른 어느 누구든 자기이해뿐만 아니라 후기구조주의자들의 자기이해도, 해가 된다고 생각하지 않습니다. 저는 그것을 실천하는 사람들이 존재하는 것에 반대하지 않습니다. 제가 회의를 표명하는 것은, 진행 중인 것을 정치적으로 이해함으로써 그것이 어느 정도 실제로 도움이 되는가 하는 것이며, 또 실천하는 것에 좋은 사상인가 하는 것입니다. 더 나아가 유용하다고 생각되는 것은 이러한 입장에서 어떤 지속력이 있는 비판이나, 또 다른 실천의 급진적 비판철학에 항거해서 그것을 눈높이 되는 정도에 갖다놓는 것이지요.

저는 스피박 선생님이 처음에 언급하신 후기구조주의란 약함의 급진적 수용이라고 하는 명제로 되돌아갑니다. 처음에 그것이 대단히 매력적으로 들리는 것은, 사실 우리들은 약한 자이므로 될 수 있는 한 용감하게 그 사실에 대면하지 않으면 안 되기 때문입니다. 그렇지만 후기구조주의의 감수성으로는, 우리들의 약함의 정확한 차원을 찾아내는 일, 우리가 직면하는 실로 직접적인 위협의 폭을 음미하는 일, 또 우리의 실천을 어떻게 이끌어갈 것인가를 물어 보는 일을 입증하는 편이 가능할 겁니다. 이는 매우 실제적인 문제인데다 우리가 살아가고 있는 매우 무거운 세계에서 어떻게 이러한 위협에 대해 저항을 시작하면 좋은가, 그것을 어느 정도 보다 훌륭한 것으로 판단할 것인가를 묻는 쪽이 낫다고 생각합니다.

스피박 저는 우리들이 대규모의 기획적인 해결방식으로 이러한 종류의 사항을 산출할 수 있다고는 생각지 않습니다. 이해의 관심을 위해서는 내러티브 편이 훨씬 유용하지만 내러티브는 한정되어 있는데다 구제할 수 있음과 동시에 죽이는 것이기도 합니다. 또 어느 정도까지 후기구조주의는 내러티브의 전개에 따라 이러한 일을 우리에게 상기시킵니다.

던 그것은 적어도 사람이 움직여 나아갈 때 계속 각성시키기 위한 일반화된 격려겠지요?

스피박 그렇지만 누구에게나 똑같이 적용되는 것은 아닙니다. 이를 분명히 짚고 넘어가야지요.

아론슨 저는 이 토론에 나오면서 핵의 위협을 고민하고 있었습니다. 특히 구체적인 위협이라고 부를 수 있는 것, 그러나 보편적이고 일반화가 가능한 위협 때문에 고민했습니다. 그리고 이 위협을 파악하고 이해하기 위해, 그것을 해체하기 위해, 그리고 해체한 후에 어떠한 도구를 필요로 하는가를 자문하면서 왔습니다. 해체론은 지적인 것이 아니라, 정치적인 것이 아니면 안 됩니다. 선생님이 전개하고 있는 방향잡기가 이 위협에 저항하는 일에 어떤 도움을 줄 수 있는지, 저는 확신할 수 없습니다. 저는 다른 사상 체계인 맑스주의에 기울어 적어도 그러한 위협의 몇 가지가 주요한 차원에 접근하는 것을 허용해 주는 특정의 구조화된 방법을 쫓을 수도 있습니다.

그러나 우리가 직면하고 있는 것의 압도적이며 거대한 외상적인 성격을 생각하면 이러한 위협과 대등한 힘있는 사상체계가 필요합니다. 선생님이 제시한 후기구조주의는 이제야 매우 겸허한 것으로 생각됩니다. 제가 후기구조주의를 읽을 때 그것이 자기를 제시하는 것을 보면, 실제보다 훨씬 많은 것을 자기의 것인 양 꾸미는 것처럼 생각됩니다. 선생님이 이미 인용한 바와 같이, 전 세계를 텍스트로 하려는 것처럼 생각됩니다. 그것은 텍스트를 넘어선 어떤 이해라는 것을 추방해 버린 것처럼 생각됩니다. 그것이 저에게는 매우 곤란한 문제로, 세계의 자기 소외로 보이며 세계 내의 모든 담론적 세계, 언어의 세계, 텍스트의 세계로 흡수하려는 것으로 보입니다. 그리고 제가 자각하고 있는 대부분을 차지하고 있는 세계에 대한 위협에는 관심이 없다는 것입니다.

던　텍스트만 존재한다고 하는 견해는 터무니없는 것이지요. 저는 그것을 터무니없다고 듣고 있습니다. 만일 사람들이 지금으로부터 반시간 후에 스스로 멸망한다면, 그것은 분명히 텍스트가 될 수 없지요. 그것도 지금, 실제로 가능한 것이지만 말입니다. 그것들은 결말에 가서는 전부 죽게 될 것입니다. 아론슨 선생님이 말하고 있듯이, 텍스트성에 대한 급진적인 주장은 어떠한 의미에서도 도움이 되지 않습니다. 우리가 정치적으로, 경제적으로, 그 밖의 면에서 직면하고 있는 주요한 실제 문제를 생각해볼 때 어떠한 명백한 의미에 있어서도 도움이 되지 않습니다. 그렇지만 의사권위적인(pseudo-authoritative) 담론에 대한 이러한 회의는, 물론 많이 존재합니다만(저는 의심 없이 그 일부를 보여 왔습니다), 그러한 문제를 앞에 두고, 그것이 어떻게 해서 우리들에게 도움이 되는 것인지 저는 그 점을 이해하고 싶습니다.

스피박　텍스트를 언어의 텍스트와 동일시하는 것 그리고 "텍스트"라고 하는 말이 우리가 화제로 삼고 있는 철학자들에 의해 사용된다는 것은 유감입니다. 그것은 또 제가 말한 취약점이기도 합니다. 그들이 사용하고 있는 언어가 하나 있지요. 어려운 말로, 명사해석학(paleonomy)이라고 합니다. 즉, 언어가 짊어지는 짐입니다. 청결하게 보이는 새로운 말을 주조하지 않는 편이 낫겠지요.

분명히 데리다나 료타르가 이해하고 있는 식의 텍스트는 적어도 언어의 텍스트에는 없습니다. 이 문제를 생각하는 데 두 가지 방법이 있습니다. 그들이 정치철학이나 역사철학, 아니면 실제 언어로 쓰여진 것들을 읽을 때, 그들이 이러한 것이 언어로 산출되어 있는 것을 보여주고 싶어하는 것은 언어로 산출되고 있는 점을 우리가 망각하는 경향이 있기 때문입니다. 그 점에서 그들은 텍스트란 언어로 이해되고 있다고 말하지요. 그렇지만 텍스트만 존재한다고 말할 때, 그들은 하나의 네트워크, 하나의 짜임에 대해 말하는 것입니다. 거기에 이름을 붙이자면, 정치적-심리적-성적-사회적인 짜임이라 할 수 있지요. 그것을 이름 붙이는 순간, 그것보다 넓은 네트워크가 될 수 있습니다. 그리고 이것은 어느 정도 가까이하지 않는 종말을 가진, 보다 커다란 텍스트/조직/짜임의 내부에 있는 결과라고 하는 개념 모두가 언어라고 하는 말과는 매우 다릅니다. 나아가 우리들이 다음 5분 이내에 절멸된다면 그것은 텍스트적인 사건입니다. 이렇게 말하는 것은 여기에서 장시간 우리가 토론하고 있는 역사 없는 텍스트적인 사건이 생기지 않기 때문입니다. 만일 그것이 텍스트가 아니라면, 그 어떤 것도 텍스트는 아닙니다.

그러한 입장에서 텍스트 개념은 언어의 텍스트에 지금까지 길들여온 것입니다. 따라서 언어학적으로 심술궂은 장난에 불과하다는 것도 이해될 수 있지요. 그렇지만 실제는 그러한 것이 아닙니다.

호손 자, 여기서 잠시 휴식 시간을 갖도록 한 후 곧 재개하기로 하지요.

호손 아, 어서 오십시오. 아론슨 선생님, 휴식에 들어가기 전에 선생님은 정치적 과제에 있어 몇 가지의 매우 긴급한 사항을 시사하였습니다. 또 선생님의 저서에서도 시사하고 있습니다. 객관적 분석이나 행동을 위한 확고한 기획에서부터 우리들이 이 프로그램의 전반부에 들었던 종류의 이론적 회의주의에 그 내용들이 아주 긴요한 것으로 생각됩니다.

아론슨 제가 시사하고자 하는 우리들의 눈앞의 위험은, 그 연유야 어떻든 이전에 일어난 대학살이나 스탈린주의와 같은 파국과 다소 결부되어 있습니다. 더구나 우리들에게는 이러한 재해나 위험에 대한 꽤 객관적인 분석 능력도 확실히 있습니다. 우리가 지금까지 일어난 일을 면밀하고 신중히 바라볼 수 있고, 이해하려 하고, 그리고 대충 그 이유에 대한 이해에 객관적으로 도달할 수 있다는 것, 또 눈앞에 있는 위험을 방지하기 위해 이러한 이해를 사용할 수 있다는 것이 제가 시사하는 바입니다.

호손 그 분석은 어떤 것이죠?

아론슨 우선 금세기를 대략 살펴볼 때, 우리들은 매우 평범한 담론으로, "그것은 광기였다. 나치즘은 광기였다. 스탈린주의는 광기였고, 핵위협은 광기다"라고 말할 겁니다. 그렇지만 20세기의 핵심에는 극도의 비합리가 존재하고 있었지요. 오늘날 정치적 실천에서도 여전히 존재하고 있습니다. 그래서 저는 그러한 심한 비합리를 파악하고 이해하는 최상의 방법은 사회분석을 통한 방법이라고 생각됩니다. 그것은 사회의 제계급 간의 역동적인 사회구조적 분석입니다. 예를 들면, 나치 독일이나 소련에서는 우리들이 음미할 수 있는 사회 계급의 모순을 조건지우고 있다는 사실이 시간적으로 동시에 존재하고 있는 것이 아니었다는 것, 말하자면 공시적인 사회계급은 아니었다는 것입니다. 몇 가지 경우에서 사회계급은 과거의 계급으로서 현재에 대항해서 폭발하고 있습니다. 다른 경우에 사회계급은 미래의 사회 계급으로서, 사회의 다른 부분을 미래로 몰아세우려는 것으로 여겨질 수 있습니다 ― 소련이지요. 또 여러 가지 일로 20세기 특유의 폭발도 있습니다.

그것은 베트남전에서의 미국이나 핵위협의 경우처럼, 사회적 모순이 테크놀로지로 환치되는 것으로 저는 졸저에서 "과잉발전"이라고 불렀습니다. 이런 유의 이탈은 마치 사회 문제를 해결하기 위해 마귀에게 의존하는 것처럼, 속수무책입니다. 병 속에서 나와, 돌아가지 않는 마귀인 핵무기지요. 해서 이러한 분석을 통해 그것을 토의할 수 있고, 뭐가 진실이고 허위인지를 판단할 수 있는 것으로서 사람들이 찬반을 취할 수 있다고 생각합니다. 전부가 객관성의 영역입니다.

던 20세기의 맨 마지막 단계에서, 저는 현재 진행되고 있는 것에 대해 본질적으로 맑스주의적 발상이 조금이라도 만족할 만한 것으로 판명될 수 있을지 어떨지, 그 여부가 의문스럽습니다. 우리가 어떻게 행동해야 할 것인가, 좋지 못한 사태가 발생할 가능성을 감소시키고 우리가 살고 있는 사회의 인간적인 삶의 질을 개선하도록 계도하는데 맑스주의적 발상이 충분한가 아닌가 정말 궁금합니다. 이러한 것들은 스피박 선생님이 이미 지적하였듯이, 매우 다양한 사회로 그 모두가 스스로의 내부에서, 그리고 다양한 실제적 상황에 있는 인간들에 의해서 구성되고 있지요.

근데, 저는 스피박 선생님이 사용한 하나의 명제를 밀고 나가고 싶습니다. 그것은 사회계급으로, 과거의 계급이나 미래의 계급에 대해서 말하는 것입니다. 제가 해석하는 맑스주의의 정치적 신념의 핵심은, 자본주의 이전이나 자본주의 시대의 인간의 역사가 사회적으로 억압적이지 않으면 안 된다 하면서도 억압적일 필요는 없다는 것, 그리고 맑스주의적 시점에서 그것을 억압적이지 않은 것으로 만드는 것은 미래의 계급인 프롤레타리아의 정치적 승리일 것이라는 신념입니다. 저 자신은 이러한 견해가 항시 일관성이 결여되고 또 어리석은 견해라고 생각합니다. 거기에다 20세기 현실의 역사를 앞에 두고 볼 때, 그것이 진정으로 지속될 수 있는 견해인지 사실 잘 모르겠습니다.

스피박 계급 전쟁은 사람들을 동원하기 위해 매우 중요한 표어라고 생각합니다. 무엇보다도 저는 이점을 분명히 해두고 싶습니다.

가령, 전미철강노동조합의 노동자들이 최근 파업 기간 중에 아시아의 경쟁상대로 이용된 경우를 생각해 보십시오. 1980년대 고도의 자본주의하의 노동계급을 프롤레타리아로 보편화하는 것은 후기구조주의 글읽기에서는 순순히 허용하지 않을 잘못이라는 점을 알 수 있지요.

우선 앞서 말씀드린 바와 같이, 그것은 또 남근중심주의 비판이기도 하기 때문에, 우리는 프롤레타리아 개념 자체가, 어떤 유의 서술화나 배제에 바탕을 두고 있다는 사실에 시선을 집중하고자 생각합니다. 사실 자기의 육체 이외에는 가진 것이 없는 인간은 여성밖에 없습니다. 자기의 노동을 파는 남성을 프롤레타리아라고 할 때, 여기에는 완전히 부정되어 버리는 어떤 것도 있습니다. 이 점에 우리는 어느 정도 시선을 집중하고 싶습니다.

또, 페미니스트 분석의 시점에서 볼 때 계급투쟁은 많은 것을 억제했다고 말씀드리고 싶습니다. 세계적으로 많은 농민운동이 일어나고 있는데, 이 경우 계급투쟁의 개념은 때로 강요 될 수 있다는 것입니다. 그리고 그러한 시점에서 맑스에게서 혁명 이후의 사회개념은 특히 후기의 저술에 명백히 드러나지 않기 때문에 사용가치적 사회개념이 매우 문제가 많다고 말씀드리고 싶습니다. 이러한 것이 후기구조주의 글읽기에서 가능성의 계기로서 발견하고 있는 회의의 계기입니다.

우리가 완전한 분석을 추구할 수 없다는 것은 우리가 추구하고 있어 취약하다는 표시입니다. 그것은 거대 텍스트란 완전한 내러티브를 생산하는 권위에서가 아니라, 말하자면 우리들 사이에 있다는 겁니다. 그와 같이 해서 우리는 이러한 텍스트와 우리 자신의 취약함을 나누어갖고 그리고 움직일 수 있기 때문입니다. 우리가 질문을 시작하고 싶은 대목이 바로 이 지점이라고 보입니다.

이 점에서 제가 맑스주의의 주체 비판에 대해 말한다면, 그 특정의 통찰, 역사의 동인은 사회에 의해 구성된 개인이라는 것, 그리고 맑스주의에서 우리가 찾아온 것은 개인이 아니라 집단성으로 향하는 움직임입니다. 주체의 비판은 이러한 방향에서 이해될 수 있습니다. 그것은 최악의 경우 당 노선이 되고, 최고의 경우 동원하려는 순수한 욕망이 되어왔습니다.

반면에 후기구조주의적 글읽기에서 보면 개인의 또 다른 한편에 뭔가가 있습니다. 즉, 주체에는 최종적으로 처방된 모든 목적으로 유도하지 않는, 극대적 해결(macrological solutions)로 끌고 가는 집단이 아니라, 이데올로기적 또는 역사적 생산의 텍스트성의 내부에 사로잡힌 또 하나의 측면이 있습니다.

그러므로 우리가 고찰하는 것은 여성 주체와 주변부 주체이며, 이들의 공간이나 구성으로 보아 그들이 발견될 수 있는 공간에 있어서의 주체입니다. 그리고 포드 자동차 공장의 노동자는 내일의 프롤레타리아라는 그릇된 생각을 해서는 안 됩니다. 그것은 합리주의적인 말의 서술을 담당하는 자들끼리 나눠 가지고 있는 모종의 지배 이데올로기적인 구성의 내부에 존재합니다. 따라서 개인의 관점에서 볼 때, 후기구조주의는 헤겔에서 나온 주체의 맑스주의의 비판, 그것은 칸트에게서 나온 주체의 비판이기도 하지만, 이 비판과 관련해서 집단성보다는 오히려 개인 쪽으로 사람들을 유도할 겁니다.

호손 만일 인간을 또 한편의 개인 쪽으로 끌고 간다면, 그것은 정치적 사고나 정치적 실천에 있어서 무엇을 의미하는 것일까요? 인간은 실제 무엇을 하고 어떻게 자기가 행하고 있다는 것을 생각해낼까요?

스피박 글쎄요, 인간은 오랜 규칙에 따라 자기가 하고 있는 것에 대한 발상을 하게 됩니다. 그렇지만 그것이 어떻게 인간의 실천을 변화시킬 수 있는가하는 시점에서 볼 때, 그것은 좋은 목적을 지닌 명제가 있으리라는 신념과는 무관할 겁니다. 만일 기획이 적절히 표출된다면 말입니다. 이렇게 말하는 것도 사실 실천에 있어 내러티브의 적절한 표상이란 있을 수 없기 때문이지요.

호손 던 선생님, 적절한 정치적 기획이라는 발상 그 자체가 자기 패배적이지요? 모든 인간 존재의 주체성을 인정하는 점에서, 저는 지금까지 의심할 바 없이 업적에서가 아니라 의도에 따라 해왔습니다. 그러나 무엇을 해야 할 것인가의 문제는 선생님이 낡은 규칙이라고 부르는 것에 비중이 크다고 생각합니다.

만일 할 수 있다면 저는 좀 낡은 규칙을 밀고 나가려고 생각하고 있습니다. 실은 이렇게 말하지만 그 동안 노력한 데 비해 그다지 성과를 올리지는 못했습니다. 제가 낡은 규칙을 어느 정도 변호한다는 것은 정치적 실천과 관련하여 뭔가 좋은 점이 있지 않을까 하는 의미에서 입니다. 또 그것은 이런저런 좋지 않은 일을 해 왔을지도 모릅니다. 지적인 사업과 매우 명백한 연관이 있는 것은 말할 것도 없고 뭔가의 방법에서 인과적으로 핵무기의 발견에 관련되고 있는 것은 과장된 말이 아닐 것입니다. 지적 사업은 어느 의미에서 그것이 유용하다고 하는 사실에 의해 우리에게 부여된 것입니다. 따라서 그것이 왜 그렇게 되지 않으면 안 되는가는 우리에게는 의문입니다. 그리고 왜 그것이 그렇게 하는지의 여부를 가능한 한 이해하려고 하는 것은 중요합니다.

제가 정치적 실천과 관련해서, 정직이라고 하는 도덕적 미덕이나 인간의 사고에 있어서 규율, 즉 논리적 규율의 역할 강조, 그리고 인간의 인식이 왜 작용하고, 작용하지 않는가를 될 수 있는 한 소박하게 이해하려고 하는 것을 강조하는 것은 분명히 잘 고찰된 정치적 목표를 형성하기 위한 전제조건이며, 또 인간적 관심이라고 하는 아주 가지각색의 연합을 하나로 하기 위해서, 이러한 목표를 향해서 함께 가기위한 전제조건이기 때문입니다. 이 연합의 각각의 구성원이 결국 그러한 독자적 주체성을 갖고 있지요.

스피박 저는 이것을 해결이라기보다 오히려 문제라고 생각합니다. 저는 우리가 다른 모든 주체를 고찰하지 않으면 안 된다고 말하는 것은 아닙니다. 제 말은 우리들이 그 밖의 모든 주체를 고찰할 수 없다고 하는 생각, 산출되고 있는 말에 대한 자기 자신의 주체적 투입을 음미할 필요가 있지 않을까 하는 점을 생각해 보자는 것이지요. 계속 반복해서 말하자면, 이는 다른 사람에 대해 매우 자비로워야 한다고 하는 권유가 아닙니다.

던 글쎄요, 그건 저에게 근사한 해결로 보이지는 않네요. 그럴 수 있다면 정말 좋겠습니다. 사견입니다만 선생님이 말하고 있는 것은 이러한 시도된 정치적 협력의 양태가 모든 종류의 무서운 사건을 은폐하려고 하는지도 모릅니다. 제가 말하고 싶은 점은 다만 그럴 필요성이 없다고 하는 것이며, 그리고 그것이 하고 있는가 하고 있지 않는가의 문제는, 그것이 하고 있는가 아닌가를 관찰함으로써 대답하지 않으면 안 된다고 하는 것입니다. 인류역사상 지금까지 항상 그와 같이 대답하지 않으면 안 되었던 것처럼 말입니다. 저는 단순히 그것이 그릇된 주장이며 수사(修辭)의 강제력의 과대평가의 결과로 생각합니다. 합리적으로 인간사회를 이해하려는 기획이 어떤 것이건 단호한 억압형태로 사람들을 실제적인 정치적 협력에 관련시키는 것은 잘못된 주장입니다. 제게 그러한 관계는 보이지 않습니다. 특정한 사람들과 관련해서 우발적인 관계가 있을지도 모릅니다만 세계는 혼란스러운 장소여서 인간은 사실 어떤 사건의 공범 관계에 곧잘 휘말려 듭니다. 만일 그러한 양상을 분명히 지적한다면 그들은 약간 움찔할 겁니다. 그렇지만 명백히 이해하려고 하는 기획과 악행에 관련되어 있는 것 사이에 뭔가가 있다고는 생각되지 않습니다. 저는 그러한 필연적 관계의 존재를 부정합니다. 그것은 전부 우발적인 사항이며, 우리는 다만 그것들을 고찰해서 우리들에게 가능한 의미를 이끌어내지 않으면 안 됩니다.

스피박 예, 저는 모종의 반영 이론이 합리주의적 기획과 세계에서 말없이 자행되고 있는 무수한 범죄와 동일한(isomorphic) 형태의 관계성이 있다고 시사하는 것은 아닙니다. 그 반대이지요. 제가 시사하는 것은 타자가 피해를 받고 있는 형태가 아니라, 우리들이 그것을 산출하는 형태, 합리주의적 기획에까지 관찰을 확대하는 것입니다. 저는 그러한 기획이 여러 기획보다 훨씬 커다란 텍스트성의 내부에서 산출되고 있다는 것을 보도록 하는, 검증하는 주체를 위한 권유라고 말하고 싶습니다.

우리는 그것을 필연으로는 생각하지 않습니다. 그렇지만 매우 다양하고 차이 있는 분야에서 다르다고 하는, 하나의 관계와 같은 것이 존재합니다. 인간은 끊임없이 관찰하지 않으면 안 됩니다. 그리고 합리주의적 기획은 그 같은 시선에서 자유로워서는 안 됩니다.

던 물론 그래서는 안 되지요. 그것이 모든 기획들로부터 자유로워야 한다고 하는 것 등은 제창해서는 안 되었던 것입니다. 즉, 자기이해의 개념은 합리주의자의 기획의 내부에서 나온 중요한 인간적 선의 하나입니다. 따라서 합리주의자의 기획이 구체적으로, 역사적으로 악행과 공범관계가 되어 실천에 있어 산출되고 실제로 그렇게 형성되어 온 한, 그것은 자기 배반을 해 왔던 것입니다.

스피박 그렇지만 그 사상은 자기이해가 불가능하다고 인정하지 않았기 때문에 실패했지요. 그것이 문제였습니다.

던 가령 자기이해가 불가능하다고 인식해봅시다. 정치적으로 그러한 통찰을 기초로 해서, 우리는 무엇을 해야 할까요?

스피박 제가 시사해온 것이 바로 그겁니다. 우선 서양의 이론적 제도는 전지구적으로 해결을 산출하는 데 지불 유예기간(moratorium)을 취해야 한다고 생각합니다. 이는 이미 우리가 이야기해 온 것으로 생각됩니다. 그 때문에 서양 형이상학 비판은, 후기구조주의자들에게 서양 형이상학으로서 그렇게도 중요한 것입니다. 광고 언어에서 사람들은 이렇게 말하겠죠. 시도해 보십시오. 당신은 그것을 마음에 들어 할지도 모릅니다. 당신이 주변의 일부인 것처럼 해 보십시오. 당신의 특권을 상실로 여겨 버리십시오 라고 말입니다. 그것은 매우 소박한 방법이며 후기구조주의의 작업에서 우리들이 끌어내어 배울 수 있는 내용일 겁니다.

던 그것은 정신적으로 매우 유익하게 들립니다. 하지만 그것이 인식상 유용하리라고 하는 것은, 선생님의 발언만 가지고는 잘 이해되지 않습니다. 게다가 실제 서양의 지적 제도가 어떤 것이건 간에, 현재의 전지구적 해결책을 가득 지니고 있다고는 생각되지 않습니다. 그것은 기를 써서 도움을 구하는 것처럼 보이네요.

호손 그러나 아론슨 선생님께서는 엄밀하게 전지구적 해결책은 아닐망정 상당히 스케일이 큰 해결책을 갖고 계신 것 같은데, 이 대화를 들으면서 조금 전에 우리가 말한 것이 어떤 의미를 갖는다고 생각하십니까?

아론슨 영국이나 미국에서는 아마도 당파에 관계없는 맑스주의자는 아주 소수라 생각됩니다. 선생님이 좀 전에 언급하신 대로 그들은 노동계급에 권리를 부여하려고 하는 사람들입니다. 오히려 19세기 후반 이래 우리는 제국주의의 발전이나, 그 이전의 노예제도의 여러 형태나, 인종차별주의, 식민주의, 제국주의의 여러 형태, 20세기의 폭발적 사건, 여성

운동의 물결, 인종차별주의에 대한 공격 등 여러 볼거리들을 직접 목격해왔습니다. 바꿔 말해, 점차 세계적 시스템으로 되어 온 것 가운데는 억압의 여러 층위들, 매우 다른 종류의 억압, 사람들이 그 명료함을 파악하려고 지금까지 싸워 온 다양한 투쟁의 형태가 보입니다. 그리고 우리는 그 전체적인 명료함을 그림으로 그릴 수 있다고 생각됩니다. 그것은 사람들이 단념해 버린다든지 아니면 모든 것에 국한된다든지 다양해야 한다고 하는 문제가 아니라, 오히려 그러한 다양한 현상을 다양한 지역에서 야기해 온 세계적 질서가 여태껏 존재하리라고 제게는 생각됩니다.

   우리가 이 역사를 관찰하고, 그리고 충분히 과거로 거슬러서 현재에 이른다면, 우리의 미래에 대한 절망적인 비전이나 부정적인 전망보다, 핵의 작동이 일어나지 않는 경우에 보다 적극적인 비전을 가질 수 있을지 모르죠. 우리는 이러한 투쟁이 적어도 스파르타쿠스(Spartacus)까지 거슬러 올라가 계속 일어나고 있음을 보아 왔기 때문에, 또 인간은 존엄을 위해, 인간답게 생활하기 위해, 권력을 위해, 자유를 위해, 민주주의를 위해, 그들 자신의 존엄을 위해 싸움을 계속해 갈 것입니다. 게다가 이러한 투쟁은 쟁취할 수 있을 때까지 계속되므로 어디에서 멈출지 알 수 없는 일입니다.

호손   어느 의미에서 아론슨 선생님은 해체론자의 논의를 그 자체에 되돌려주고 있습니다. 그가 진술하고 있는 것은 사실 말해야 하고, 재차 말해져야 하는 거대 내러티브, 축적되거나 우리에게 일어나고 있는, 때로 권력 쟁취 운동이 더욱 더 강한 감각을 부여하는 내러티브가 존재한다고 하는 것입니다. 거기에서 권력 획득을 못한다 하더라도 여전히 배후에는 하나의 교훈이 남아있습니다.

스피박 어느 정도까지 후기구조주의의 기획은 역사를 일련의 잔혹한 사실로서가 아니라 하나 혹은 그 이상의 내러티브로서 관찰하려한다고 생각합니다. 데리다의 언명에는, 해체론이 서양의 역사적 내러티브의 기본적 개념의 탈구성이라고 하는 대목이 있습니다. 사소하기는 하나 그것은 쉽게 오해를 불러일으킬 수도 있는데, 아론슨 선생님의 말로는 저항의 역사란 스파르타쿠스에서 시작된 것입니다.

아론슨 난 "적어도"라고 했는데요.

스피박 좋습니다. 그래도 그것은 존재합니다. 그 점에서 뭔가 생각해 볼 것이 있습니다. 중요한 점은 상실된 의식을 회복하는 것이 아니라, 피에르 마슈레(Pierre Macherey)(프랑스의 좌파 비평가. 저서로『헤겔 또는 스피노자』가 있음: 역자주)를 인용하자면, 침묵의 길이 보입니다. 자, 그것은 사람들이 관찰하고 있는 것입니다. 그래서 그러한 입장에서 볼 때 우리의 역사관은 아주 다른 견해를 갖고 있습니다. 그것은 축적적이지만 거기에서 보이는 길은 그 내러티브가 서로 경쟁해서 하나가 상승하면 다른 것은 하강하고 침묵하며, 또 회복보다는 침묵의 길을 가고 있습니다. 그 밖에도 우리는 우리 자신이 말할 운명에 있다는 것도 압니다. 그 때문에 저는 료타르의『포스트모던의 조건』에 있는 내러티브를 인용하였지요. 따라서 전쟁을 일으킨다고 하는 것과 우리가 다소 무관하다고 생각해서는 안 됩니다.

아론슨 만일 우리가 미국에서 그러한 말을 하게 될 때 예를 들면 교실에서 누가 철도를 만들었는가 하는 질문을 한다면 학생들은 먼저 록펠러

집안이나 해리만 집안이라 대답할 겁니다. 그리고 그 다음으로는, 글쎄요, 아일랜드인이나 중국인이라 말하겠지요. 우리는 확립한 비전, 즉 역사가 산출한 지배적인 비전에서 시작해서 약간 색다른 방법으로 산출하고 있는 역사의 비전을 향하는, 그러한 과정을 통과해 갑니다. 그러다가 토론 끝에는 누가 철도를 건설했는가를 알았습니다 라고 말하면서 자리를 뜰지도 모릅니다. 제게는 그러한 결론은 선생님의 방법이 허용해 줄 결론이 아니라고 생각됩니다.

스피박　그것은 그들이 실제로 철도를 건설하지 않았기 때문이겠지요.

아론슨　하지만 우리는 거기에서 자본과 노동과 공업의 다양한 힘의 관점에서 철도의 건설을 분석해서 "결국 우리가 알고 있는 한에서 객관적으로 보아 적절한 수준에서 철도의 건설은 다음의 방법으로 행해졌다"고 결정할 수 있습니다. 그리고 다양한 힘 사이의 다양한 관계를 함께 몰아보고 객관적인 해석을 파악하게 되는 것입니다.

스피박　이것이 고작 우리가 구축할 수 있는 유일한 내러티브라고 말 할 수 있는 게지요. 그것은 객관적 분석이 아니라 우리가 한계 내에서 작업하고 있다고 것을 이해하도록 해주는 것입니다.

아론슨　그러나 이것은 가능한 가장 충실하고, 가장 적절한 이야기라고 하고 싶지 않습니까? 자, 저는 선생님을 객관성의 문제로 밀어붙이고 있습니다.

스피박   지금 말입니까?

아론슨   물론이지요. 찬성하지요?

스피박   메어리 오브라이언(Mary O'Brien)(대표 저술로 『생산과 재생산』이 있음
: 역자주)이 하는 질문이 생각납니다. 낮에는 비평가이고 밤에는 어부지
만 우리는 낮/밤의 어느 편이 어떻게 되었는지 누가 어린 아이를 돌보고
있는지를 까맣게 잊고 있습니다. 그런 까닭으로 지금까지 어느 정도 많
은 질문들이 있었다는 것조차 사람들은 모릅니다. 우리는 토론을 마무
리하고 싶지 않는 상태에 있어야 합니다. 우리는 누구나 이런 것을 말할
수 있어야 합니다. 자, 저는 자기의 관심사를 신중하게 테이블 위에 늘
어놓습니다, 우리의 눈앞에 있는 바로 이 자리에서 끝내야 합니다. 이
점에서는 주고받을 이론(異論)이 없지요?

던   그렇지요. 물론 토론을 마무리해서는 안 됩니다. 그것은 매우 훌륭한
합리주의자의 계몽 원리입니다. 그러나 우리는 여전히 하나의 상황에 관
해 어느 정도 강한 일치를 보지 못하고 있습니다. 제 의견으로는 아무튼
우리는 교육자로서 꼭 다른 견지에서가 아니라도, 그에 관련이 있다는
겁니다. 그 견지란 과거의 위대한 텍스트는 감추어지기도 하고, 흘러가
기도 하기 때문에 우리에게 말을 걸어오는 텍스트라고 하는 것입니다.
그리고 제가 보기에 여전히 과거의 위대한 텍스트가 우리에게 말해야
하는 이유란 그것이 텍스트에 포함되어 있는 인식상의 숙달된 부분 때
문이지요. 인류의 역사적 유산, 다시 말해 축적된, 지적인, 합리적으로
재고된 유산은 우리의 현재에 대해서 생각을 도모하는 모든 수단입니다.

하지만 그것을 활용하는 것을 그만둘 결심을 하거나 또는 그것을 이용하려는 우리의 시도를 마비시켜 버린다고 하는 생각은 사실 온건한 설득력이 없습니다. 이렇게 말하는 것은 우리가 그것을 설령 최대한 사용한다 하더라도 도달점을 모르는 어려운 문제이기도 하지만, 우리가 틀릴지도 모르므로 그러한 설득을 받아들이지 않으면 안 된다고 하는 생각은 정치적으로 조금도 온건한 설득이 아닙니다. 우리는 실로 많은 상황에 대해 잘못될 수가 있습니다. 사람들이 우리를 소탈하게 역사적으로 또 축적적으로 관찰하게 된다면, 우리는 잘못을 저지르고 있을 터이니까요. 우리들은 항상 상황을 제대로 파악하지 못합니다. 그러나 우리가 인간의 사고의 가장 체계적인 요소에, 될 수 있는 한 체계적으로 의거하려고 해서는 안 된다는 생각은 실제로 교육적으로 볼 때 온건한 설득이 아닙니다. 왜냐하면 그러한 생각이 인간의 억압의 역사와 관련될 수 있는지도 모르며, 또 그러한 역사에 얽혀 온 것이 틀림없고, 확실히 그렇게 되어 왔다고 여겨지기 때문입니다. 이 점에서 우리는 결국 정말로 진정한 일치를 보았다고 생각합니다.

스피박 그렇다면 좋습니다. 제가 말씀드리고 싶은 것은, 우리가 교사로서 일할 때 일정한 계약을 맺고 있는 모종의 제도의 내부에서 가르치고 있다는 점입니다. 제가 토론을 마무리하지 않도록 하자고 말씀드렸을 때, 저는 앞서의 진리의 제도는 인간에게 들어오는 것을 허용하지 않거나 우리는 그것을 들을 수도 없다는 점을 분명히 하자는 겁니다. 저는 지금 선생님의 동료로서 말씀드리고 있습니다.

이 상황에서, 우리가 가진 최고의 수단, 그러한 합리적 사고의 수단들이 존재하지만 그것들이 제가 이미 말씀드린 바와 같이 생활조합에서 파는 진리에의 입장권이라기보다는 하나의 증후적인 것으로 말할 수 없는 것은 하나도 없다고 생각됩니다. 그 점에는 어떤 해도 없다고 생각합니다. 특히 그러한 종류의 아카데믹한 제도에 있어서는, 이미 말씀드렸지만, 산출되고 있는 어떤 것도 우리들에게는 온건하다고 생각됩니다. 또 그것들은 이해관계가 없는 지식이기는 하지만 산출 중에 있는 어떤 타자를 침묵시킬 문화적 해설이라고 생각합니다.

그러한 침묵주의(mutism)의 관점과 다른 페미니즘의 맥락에서 말씀드린다면 "여성이란 무엇인가, 여성이기 때문에, 아니면 나는 누구인가"라고 묻는 것은 남성/인간이란 무엇인가라는 물음을 반복하고 있음에 지나지 않습니다. 선생님이 말한 바와 같이 여성에게는 이러한 역사적 설명 외에는 다른 설명이 없어서 역사의 주체가 되는 것을 지금까지 허용하지 않았던 점에 대한 진지한 물음이란 있을 수 없습니다. 그러므로 "그러한 역사의 텍스트를 산출하는 것을 강요당한 인간이란 누구인가"하는 질문에 어느 정도 동의하리라 생각합니다. 이상입니다.

던   글쎄요, 그건 큰 문제이지 않습니까?

스피박   저는 역사를 다양한 내러티브의 생산으로 되돌아보고 내러티브가 마무리 되도록 객관적 분석이 되는 사고를 제공하지 않도록 해야 한다고 봅니다. 그것은 인간이 말 그 자체의 내부에 사로잡혀있기 때문이지요.

던   하지만 자연과학의 근대철학자들까지도 내러티브의 최종 객관적 분석이 나오리라고는 생각하지 않습니다. 누구도 그렇게 생각하고 있지 않습니다. 제가 지금까지 의견의 일치를 이룰 수 없다고 생각하는 것은 선생님이 어떤 인간적인 인식 기획도 타자를 침묵시키는 문화적 해설에 도달해 버린다고 말씀한 점 때문입니다. 제 의견입니다만 선생님은 어떤 특정 인간의 인식 기획도 타당성이 없는 결론으로 끝내는 한에 있어서만 진리라고 합니다.

스피박   제가 말하려는 것은 인간의 인식 기획이 아니라 모종의 제도적 강제의 내부에서 말하고 있다고 하는 사실입니다. 우리는 제도 하에서 가르치도록 교육받아 왔습니다. 제도란 제가 가르치고 있는 곳입니다. 저는 지금 선생님의 동료로서 말하는 즐거움을 허용 받고 있습니다. 그런 특정한 틀 안에서 이론이 생산되면서, 제1세계에서 제가 말하는 문화적 해설이 생겼다고 생각합니다. 그러므로 다시 말씀드린다면, 제게 일반화될 언명은 아니라고 해도 확실한 인식의 즐거움은, 그 점에서 료타르와 칸트, 푸코의 경우처럼 증후적으로 말해 불가능이 아니라 가능성을 가져다준다는 점입니다. 설령 불가능하다 해도 물러설 정도의 불가능은 아닙니다.

호손   분명히 말해, 인간은 토론을 마무리 지어서는 안 됩니다. 그러나 우리는 프로그램의 상황을 포함해서, 제도적인 맥락 내부에서 생활하고 일하고 있습니다. 그러므로 유감스럽지만 이러한 특정의 토론도 끝내지 않으면 안 되겠군요. 다만 저는 그것이 가능성을 가져다주는 것이 되기를 바랄 뿐입니다.

　　모두 대단히 감사합니다.

3

전략, 자기동일성, 글쓰기

3장

전략, 정체성, 글쓰기

이 대담은 1986년 8월 17일에 호주의 캔버라에서 행해진, 3시간에 걸친 내용을 편집, 기록한 것이다. 참가자는 존 휴트닉, 스콧 맥콰이어, 니코스 파파스터기아디스, 그리고 가야트리 스피박이다 (*Melbourne Journal of Politics*, Vol. 18, 1986/1987).

MJP 어느 의미에서 대담의 끝을 염두에 두면서 시작하지요. 이 대담에서 권력 구조에 대해 무엇을 말씀해 주시겠습니까?

스피박 이 대담에 대한 평을 하란 말씀인가요? 지금 이 방에서 말입니까? 글쎄요, 이러한 상황에서는 헤게모니란 비교적 분명한 것입니다. 몇 가지 대답을 기대하고 있는 사람들과 다른 질문자들이 있습니다. 또 그러한 질문과 대답이 정통적 방식으로 되어진다면 대답하는 사람들이 힘을 갖게 됩니다. 다른 한편으로, 이것은 기록되어 출판되고 사람들 손에 들어가므로 패권적 상황을 그리 쉽게 밝힐 수는 없지요. 이는 비판받고 있는 사람들이 질문에 답하는 사람들이므로, 대답하는 사람들 측에서는 일종의 신경과민에 빠집니다. 실제로 글을 쓰거나 가르친다고 할 때는 이러한 상황이 되지 않습니다. 역설적이긴 하지만 저의 힘은 강의할 때나, 글쓰고 있을 때보다도 대담 상황에서 훨씬 약해진다고 할 수 있지요.

MJP 글쓰기와 말하기의 구별에 보다 구체적으로 초점을 맞추어 주시지 않겠습니까?

스피박 이 구별은 이해가 걸린 구별이겠지요. 데리다에서 알 수 있듯, 발화(speech)는 통상 비자연발생적인 것이어서 죽어 버린 것으로 격하되어 버린 글쓰기의 구조에 따라 구조화되어 있습니다. 발화는 사실 제도나 이전부터 존재하는 코드가 없었다면 이해될 수 없습니다. 어떤 살아 있는 현재를 발상하기 위해서 주체/주어는 자기의 죽음을 이해하지 않으면 안 됩니다. 발화의 흐름에서 살아 있는 현재의 발화는 우리들 앞에 '현재'가 있었다고, 특히 우리들 뒤에 '현재'가 다가온다는 것을 이해시켜 줍니다. 말하기로서의 대담의 지속성이나 자연발생성에 대해 생각해 보자면 화자는 이전과 이후의 자기의 부재를 환원될 수 없는 구조적 방식으로 상정하지 않으면 안 됩니다. 발화가 자연발생성에 접근할 때 그것은 실제로는 글쓰기와 동일한 구조에 의해 지배를 받고 있지요. 데리다가 관심을 끌어내는 것은 이러한 입장입니다. 발화란 화자의 부재에서 작용하는 코드에 의해 작동하고 있지요.
　　그렇지만 이러한 이론적 입장의 내부에서조차 사람들은 좁은 의미에서 발화와 글쓰기를 구별하지 않으면 안 된다고 생각합니다. 왜냐하면 정치적으로 볼 때 발화와 글쓰기는 구별되기 때문이지요. 또 이렇게 저 자신이 일정한 권위를 갖고 있는 이 방에서 선생님에게 말을 걸 때와, 선생님의 학술지가 출판되어 읽히는 제도적 맥락에서 대담을 개시하는 것과의 사이에 더욱 조잡하고 훨씬 철학성이 적은 구별이 놓여 있습니다. 따라서 상황은 보다 복잡해집니다.

　사람들은 가끔 출판된 텍스트란 사후처리적(transactional)이라는 점을 잊고 있습니다. 하지만 글쓰기와 말하기 사이의 구별은 종류보다는 정도의 차이지요. '즉흥적으로' 말하는 것까지도 심리-사회, 윤리-경제, 역사와 이데올로기적인 모든 기준에 의해 꼬이는 조건에 처해 있습니다. 이렇게 구별하는 형태에는 필요하면 구성상 많건 적건 간에 심하게 제외되는 것이 있습니다. 폭력과 담론 간에는 공범 관계가 있지요. 데리다에게는 어떤 시점에서 ― 쓰이지는 않는다 할지라도 ― 인식상의 현상과 폭력의 다른 구조 사이의 관계에 대해 질문이 주어지고 있습니다. 한편으로, 글쓰기는 일종의 일반화된 폭력제도를 가져옵니다. 다만 글쓰기의 폭력에 환원될 수 없는 폭력 구조가 이 세계에는 존재합니다. 데리다가 제 마음에 와 닿는 바를 진술하였는데 그것은 이러한 두개의 폭력 구조와 여하간 이론적이라고 부를 수 있는 것 사이에는 일관된 교섭이 있다고 하는 것입니다.

MJP 이러한 교섭은 자주 우리의 무의식적인 실언에서 튀어나오는 것인지요 ……

스피박 예. 대담에 좋은 점이 있다면, 대담은 저 자신에 대해서 뿐만 아니라, 제가 생각했던 것에 대해서도 뭔가 가르침을 준다는 데 있지요. 그러나 제가 말하려고 하는 것을 꼼꼼히 뜯어보면 그런 일은 잘 일어나지 않습니다. 자기 자신의 실언이나 잘못 빠져든 함정을 살펴본다는 것은 항상 재밌는 일이지요. 이러한 일은 다른 상황에서는 잘 일어나지 않습니다.

그것은 자기를 '타자화'하는 멋진 방법이지요. 저는 제 자신을 대담에 내맡겨 버린다고 말씀드릴 수 있습니다.

MJP 멜버른에서 선생님의 최근 논문에 대해 토론했을 때 선생님은 지식 생산에서의 참여에 대해 흥미로운 질문을 유발할 만한 비평을 하셨습니다. 선생님은 이렇게 말씀하셨지요. "만일 여러분이 제 논의에 결함을 발견한다면, 만일 여러분이 어떤 종류의 문제를 발견한다면, 제발 그것을 사용해 주십시오. 제발 여러분 자신을 지렛대로 해서 들어올려 주십시오 …… 하지만 여러분이 저를 진단할 수 있다는 식으로는 생각하지 말아 주십시오."

스피박 그렇습니다. 그것이 멜버른에서와 같은 그러한 모임에 가는 기쁨 중의 하나입니다. 청중 가운데 일어서서 저의 발언에 대해 뭔가 문제를 제기하면 그것은 대단한 것이지요. 그런 상황에서 저도 공부가 됩니다. 동시에 누군가 제가 1986년에 했던 대담에서, 아, 1976년의 제 발언과 다른 뭔가를 읽었다고 말한다면, 저는 단지 '유감'이라고 말하게 되죠. 그거죠!(웃음)

'저를 강제하려고 하지 마십시오. 누구도 강제하지 마십시오. 그러면 제가 무리하게 공격적이 됩니다'라는 말이 제가 할 수 있는 말이겠지요. 결함만을 지적하는 사람들에게 저는 흥미를 갖지 않습니다.

MJP 선생님은 푸코와 같은 사람에게 지식이란 경쟁하는 것이라는 생각을 항상 하고 있습니다. 시장에 가서 서로 거짓말을 할 때면, 어떤 종류의 의사소통도 없거니와 일종의 지식 공동체 또는 협동 생산을 구하려는 시도도 하지 않습니다. 그러나 선생님의 경우는 훨씬 많은 것을 암시하지요.

스피박 주체의 비판에 관해 제가 한 이야기, 그러한 특정 영역에서의 일례에 선생님이 주의를 하셨으니 기쁩니다. 누군가 틀린 것을 지적해 줄 때는 매우 흥미롭습니다. 이것은 분명 저로서는 불가능한 일이지요. 저는 제 텍스트에서 제가 감당할 수 없는 뭔가를 누군가 다른 사람들로부터 부여받았습니다. 진정한 비평은 사실 타고난 재능이며 그러한 비평은 우리의 태도를 바꿀 수 있게 함으로써 학문 영역 안에서의 우리 자신의 입지를 강화하도록 해줍니다.

MJP 선생님은 여러 가지 학문 제도를 둘러보는 데 대부분의 시간을 보내고 계십니다. 여행은 선생님의 일에 어떤 영향을 미치고 있다고 생각하시는지요?

스피박 글쎄요, 한동안 여행을 그만둘까 하고 생각했습니다. 저는 이 순회 서커스에 묶여 있었지요. 그것은 제 몸에 달라붙기 시작한 엄숙한 태도를 어느 정도 없애 버렸기 때문에 긴 여행을 계속할 수 있었습니다. 사람들이 여행을 하다 보면 각 대학이 스스로를 얼마나 중요시하고 있는가를 알아차리게 됩니다! 이 대학 저 대학으로 움직이며 전 대륙을 여행해 볼 때 강한 인상을 받는 것 중의 하나는 각각의 장소가 지적 우주의 중심이라는 것이지요!(웃음) 보다 훌륭한 다른 장소의 관점에서 자기의 장소를 정의하고 있을 때조차도 강조되는 것은 자기가 속한 장소 자체의 중요성입니다. 그게 제게는 훌륭한 일화이지요. "내가 세계를 구하겠다"고 하는 의미에서, 제 자신을 중요시하는 것을 저는 더 이상 할 수 없습니다. 그러한 태도는 중년의 연구자들에게 침투하기 시작하고 있습니다. 다른 사람들이 자기들의 이야기를 듣고 싶다고 생각할 때 말이지요. 그렇지만 저는 여행하는 것을 그만둘까 생각 중입니다.

MJP 생활이나 저술을 '여행하면서' 하신다고 하는데 선생님은 그러면서 자기가 누구인가를 더 잘 보게 되었습니까?

스피박 인간은 항상 여행하고 있다고 할 수 있지요. 그 점에서 저는 홈 베이스(home base)를 가져 본 적이 없습니다. 이 편이 제게는 좋았는지도 모릅니다. 사람들이 한 장소에 뿌리를 두고 있는 것을 느끼지 않는 편이 중요하다고 생각합니다. 따라서 저는 어디에서도, 어떤 의미에서 여행하고 있다고 느낍니다. 그것과 결부시켜, 제가 영어도, 벵골어도 다같이 대단히 노력하지 않고는 쓸 수 없다는 사실을 말씀드립니다. 영어나 벵골어 중에서 저는 어느 편이 자연적 언어이고 어느 편이 인공적 언어라고 인식할 처지가 못 됩니다. 저는 모국어에 깊이 빠져있지만 그 것을 자연스럽다고 생각할 수는 없습니다. 왜냐하면 어느 정도까지 인간은 결코 자연스럽지 않으며 …… 결코 편안할 수 없기 때문이죠.

　우리는 언어나 장소에 딱 들어맞는 단순한 정체성 개념을 경계할 필요가 있습니다. 저는 어떤 결정론적인, 혹은 실증주의적인 정체성의 정의에 큰 의문을 갖고 있습니다. 이것은 글쓰기 문체에 대한 저의 태도에도 반영되어 있습니다. 우리는 운명지어져 있다는 것을 적당히 모방할수는 없습니다. 그 때문에 우리에게 주어진 문제와 해결책은, 우리가 글을 쓸 때 이런 종류의 모방을 하는 체하지만, 이런 모방은 더 이상 좋은 것이 아니라는 점을 인식하면서 뭔가 조치를 취해야만 한다는 것입니다.

MJP 선생님은 선생님의 저작에서 자신의 문장을 자주 인용하고 계십니다. 그러한 전략에 대해 자리 매김을 한다면 어떤 자리 매김이 가능한지요?

스피박 때로 저는 "그래, 그것은 다른 논문에서 훨씬 잘 말했다"고 생각해서 제가 쓴 논문을 인용합니다. 그 이상이죠. 많은 이종 혼합이나 단절도 있습니다. 만일 거리를 두고 자기의 행위를 음미한다면, 다른 누구와 마찬가지로 저 역시 완전히 다원적이라는 인상을 갖게 됩니다.

　제 말은 일반적인 의미에서입니다. 동시에 저는 어느 일정한 역사를 이어받고 있습니다. 벵골의 대도시에서 태어나 식민지 이후의 교육을 받고 유럽의 사정에도 숙달하고 맑스주의자이며, 또 그렇게 되었습니다. 유럽의 사정에 관해 유럽인보다 더 유럽적이 되었지요. 그것은 살아남기 위한 필요성에서 식민지 후의 모종의 자부심과 교차되었기 때문입니다. 독립 후의 젊은 지식인 첫 세대이며, 제1국제화 물결 이래 서서히 변천해 온 맑스주의 교육 일체를 몸에 배게하고, 출국해서 처음에는 학생으로, 다음에는 교사로서 등등, 미국의 60년대를 살았습니다. 저는 여태껏 매우 많은 것을 배우고, 배움으로써 제가 일찍이 썼던 내용들을 새로운 방법으로 해석할 수 있게 되었습니다. 이런 일은 누구에게나 일어날 수도 있겠지만 다른 사람들의 저작에서는 눈에 띄지 않습니다. 이런 식으로 저 자신을 되풀이함으로써 항상 움직이고 있다는 것, 항상 뭔가의 방법으로 인용 가능하다는 것을 알 수 있습니다. 좁은 의미에서 그것은 스스로의 인용가능성(citationality)의 장소를 표시하는 것입니다.

MJP 그렇다면 자신의 문장을 인용하는 것은, 어떤 특정의 대표/재현 공간으로 들어가는 표지인 동시에 그 공간을 지시하는 것이라는 말씀이시지요?

스피박   제 말은, 이렇게 전체 운동, 배우고 또 버리고 하는 과정의 여행이 저를 매개로 해서 과거 역사를 인용하게 합니다. 또 저는 정치적 문맥에 따라 다른 측면을 강조하고 싶습니다. 힌두교도의 브라만 계급(Brahmin)(인도의 계급 가운데 최고위의 승려 계급 : 역자주)의 출신으로, '인도' 독립을 경험한다는······ 제 말은 역사상 커다란, 가시적인 중요한 징표를 갖는 계기로 인해, 저는 자기의 지적 내지 정치적 생산 가운데 나타난 자아라고 하는 조그마한 감각에 매료되어 스스로를 인식하기 시작한 것이지요.

MJP   '인도'가 선생님에게 어떤 중요한 의미를 갖는지 또 선생님의 인도 배경에서 그 내부의 차이화를 확대해서 말씀해 주시겠습니까?

스피박   저는 '인도'의 일은 별로 쓰고 있지 않습니다. 하지만 그것이 여기에 인용 부호 속에 놓인다는 것만으로도 매우 행복합니다. '인도'는 저 같은 사람들에게는 정말로 국민 주체를 형성할 수 있는 장소는 아닙니다. 이렇게 말하는 것은 지금까지 '인도'는 항상 인공적인 구성물이었기 때문이지요. '인도'는 '유럽'이라고 말할 때의 '유럽'과 조금은 비슷한 데가 있습니다. 예컨대, 유럽의 정체성에 대해 말할 때면 그곳 사람들은 미국에 대해 분명히 저항하고 있습니다.

MJP   아니면 '제3세계'나 '아시아'라고 말할 때도 그렇지요.

스피박 그렇습니다. 그리고 '인도성'(Indian-ness)은 실재하는 것이 아닙니다. 예를 들면, 산스크리트를 읽는다고 해서 인도적이라고 부를 수는 없습니다. 왜냐하면 결국 인도는 그냥 힌두(Hindu)가 아니기 때문이지요. 그리고 '인도적'(Indic)인 것이 인도는 아닙니다. 인도라고 하는 이름은 알렉산더 대왕이 실수로 붙인 이름이었지요. 힌두스탄(Hindustan)이라는 이름은 이슬람 정복자들이 지은 이름입니다. 바라트(Bharat)라는 이름은 여권에 적혀 있긴 하지만 실제로 거의 아무도 사용하지 않습니다. 그것은 신화 속의 왕을 기리려는 것으로 우리 인도인이 어떤 존재인가를 생각하게 하는 장소는 아닙니다. 우리들이 그 밖의 다른 주장에 대항해서 반동적 전선을 제시한다면 혹시 모르겠습니다. 실은 그 자체가 모순입니다.

예를 들면, 제가 인종 차별에 반대해서 인도인으로서 자기를 구성한다면, 저는 스스로에게서 상당한 거리를 두고 있는 셈입니다. 만일 인도인이 저를 누구냐고 물으면 저는 벵골인이라고 대답합니다. 하지만 그건 전혀 다르지요.

MJP 인도는 흔히 서양의 '타자'로 위치 지워지는 것 같습니다.

스피박 예, 그러나 저는 그것에 만족하지 않습니다. 저의 작업의 일부는 이른바 서양의 타자들 사이에 어떤 구별이 있었는가를 인식하는 것입니다. 저는 법률의 성문화(成文化)의 예를 들었지요. 그러한 상황에서 이슬람법이 진짜 법으로 수용되었는데, 그것은 일신교의 법이었기 때문이었습니다. 그러나 그것은 옳지 않는 것으로 간주되었고, 힌두교의 법이 진짜 법으로 수용되었지요. 그것은 인도-유럽의 법의 내부에 있었기 때문이지요. 그것은 무서운 존재가 되었습니다. 다신교적이기 때문에 다양한 유럽법과 영연방을 통해 수복되지 않으면 안 되었던 겁니다. 그리고 힌두도 무슬림도 아닌 민족들, 예를 들면 토착민족 등, 또 더 넓은 맥락에서는 비이슬람, 아프리카나 호주의 토착민들(Aboriginals)은 법을 갖고 있지 않기 때문에 마법과 물신화의 장소가 되었지요. 이러한 맥락에서 우리는 실제 제국의 실천에 있어서 서양의 타자의 타자화를 음미하지 않으면 안 됩니다. 서양의 타자란 이러한 패권적 실천에 있어 단순한 인종 차별에 종속된 것은 아니었습니다. 그것은 또 여러 가지로 다양합니다.

　서양도 또 차이 있는 것으로 음미하지 않으면 안 된다고 생각합니다. 저는 양측의 균질화(homogenization)를 위한 논의는 별로 달갑게 생각지 않습니다.

MJP　아쉬스 난디(Ashis Nandy)에 의하면, 힌두교의 정신 구조의 특징 중 하나는, 동일화(assimilation)가 아니라 차이를 회수하는 능력입니다. 이 말은 모든 문화는 균질화된 것이 아니라 상호 공존할 수 있고, 또 그러한 기본적인 역동성을 감소시킴이 없이 상호 작용한다고 하는 의미를 포함하지요.

스피박　아쉬스와 저에게는 힌두교의 19세기 판의 산물이 매우 크게 자리 잡고 있습니다. 그것은 어떤 일정한 방법으로 문화 제국주의와 더불어 발전되었지요. 힌두교의 정신 구조 등에 관해서 말하는 것은 어렵다고 느낍니다. 제가 힌두교인으로 태어나 누구로 구성되고 있는 방식, 그것은 저의 이해를 넘어서는 일이지요. 만일 힌두교에서 이런 식으로 동일화할 수 있는 것이 존재한다면 그것은 중심화된 초점을 결여하여 산재해서 남아 있기 때문이지요. 이러한 다원적인 힌두교의 측면은 매우 흥미롭다고 느낍니다.

그렇지만 저 자신은 민족주의의 19세기 판이랄 수 있는 힌두교의 정신성의 정의에서 뒷걸음치게 됩니다. 저 자신처럼 인도인들이 오늘날 내놓는 힌두교에 대한 변명에서 주목해야 할 점은, 인도와 미국에서 정치적으로 험악한 현상의 하나가 힌두 근본주의라는 점입니다. 그러므로 이러한 특이한 관점에서는, 이른바 '포스트 계몽주의적 기독교 휴머니즘'보다 힌두교 방식이 보다 더 나을 것이라는 것은 전략적으로 뒤떨어지는 일입니다.

다른 한편으로 저는 여성을 중심상(中心像)으로 하는 칼리(Kali)종파 교육을 받고 자랐지요. 하지만 사람들이 칼리를 라깡에 도입하는 것이 가능하다면 ─ 이렇게 말하는 것은 칼리가 패권을 지닌 여성이기 때문이죠 ─ 페미니스트 정신분석을 적용할 수 있다고 하는, 프랑스 페미니스트의 정신분석학적 제안을 달가워하지 않습니다. 정말 그러한 분석에 진력났습니다. 그럼에도 저는 다른 사람들의 분석에서 도움을 받아, 저 자신이 칼리파가 정상이라고 하는 여성의 폭력의 도식에 깊이 연루되어 있음을 알았습니다. 이러한 적극적인 여성상이 나온 곳이 칼리 종파라는 말은 들어왔지만 별로 기쁘지 않습니다. 그러나 여기에 고착되어 자기를 정의한다면 "이데올로기적으로 호명된" 샤크토(shakto) ─ 샤크토란 칼리파에서 나온 사람들로, 샤크티(shakti)는 명사입니다 ─ 라고 규정할 수 있습니다. 제가 제 자신을 뭔가의 방법으로 정의하지 안 된다고 한다면 말이죠.

MJP 흔히 선생님과 결부시켜 생각해 볼 때, 선생님이 지금까지 저항하게 된 유일한 말은 주변부라고 하는 것입니다. 선생님의 주변부성(marginality)에 대한 입장을 상세히 논해 주시겠습니까?

스피박 주변부였으면 하는 저에 대한 요구는 항상 흥미롭습니다. 저는 지금까지 말해 온 바와 같이, 이산자(exile) 신분으로 살아왔는데 이젠 진저리가 나 있습니다. 왜냐하면 여기에는 긴 전통이 있고, 또 이 신분에 제 자신을 동일시할 수 없기 때문입니다. 그렇지만 문제는 보다 복잡한 것이지요. 어떤 의미에서 중심적인 것은 없다고 생각됩니다. 중심은 항상 그 자신의 주변성의 관점에서 구성되고 있습니다. 그렇지만 그러한 말을 해 봤자 패권적인 역사적 내러티브의 관점에서, 지금까지 항상 다른 사람들이 중심적이라고 정의되어 온 것처럼 어떤 인종들은 주변에 정신을 집중하도록 요구되어 왔습니다. 저는 이러한 두개의 구조 사이를 타협하면서 때로 다른 사람들의 눈에 주변부적으로 내비쳐지지 않으면 안 되었지요.

그러한 상황에서 저에게 유일한 전략은 아무래도 자기를 중심으로 제시하려는 것입니다. 이것은 이론적으로는 틀린 얘기입니다. 그러나 제가 해체론에 대해 언급하려는 것 가운데 하나는, 해체론의 예 가운데 그 어떤 것도 해체론 담론과는 어긋난다고 하는 점입니다. 제가 이론적으로 손을 더럽히지 않고는 어쩔 수가 없다고 칩시다. 그렇다면, 주변부였으면 하고 남들이 바랄 때 왜 제가 중심을 선택해서는 안 되는 겁니까? 저는 인도에서는 결코 주변부로 정의되지 않습니다. 이 점을 확실히 말씀드릴 수 있습니다.

MJP 선생님은 저술에서 젠더의 역할이 구성되는 매개가 되는 남근 중심적인 비유에 도전하셨지요. 그리고 가끔 구속력을 갖고 있다고 보이는 정형화된 입장을 의문시하셨지요.

스피박 글쎄요, 잘 모르겠습니다. 이러한 수용의 정도는 곧잘 과장될 수 있습니다. 예를 들면, 우리가 모순투성이의 상태에 있다고 해서 그 때문에 그 자신이 너무나 남근 중심적인 것은 아니지요. 선생님은 자신의 질문이 전부 서로 얽혀 있다고 말씀하시지만 제 답변도 그렇습니다. 인간이란 지식을 생산하지 않을 수 없으므로, 아마 순간순간 비유적인 상황을 깨끗이 청소하지 않으면 안 된다고 생각됩니다. 즉 어떤 종류의 집요한 방법으로 말입니다. 지식에 의한 전유(appropriation)의 묘사를 파악하려는 데는 많은 것이 수반됩니다. 사실 단순히 그러한 전유의 묘사에 대해 생각한다면 그것은 여성적인 비유입니다. 여성은 전도사같은 입장에서 "남성의 허벅지를 움켜잡습니다" ─ 저는 예이츠(Yeats)의 희곡에서 인용하고 있는데, 거기에서 한 미친 여자가 정치적 순교자의 인간적 현실을 파악할 수 있는 능력이 자신에게 없음을 노래하고 있는데, 그런 능력이 없는 것을 "남성의 허벅지를 움켜잡는" 일을 할 수 없는 것으로 표현하고 있지요 ─ 저의 경우는 지배적 이성애주의의, 페미니스트 입장에서입니다 ─ 인간이 이러한 똑같은 비유를 다시 기록할 수 있어 ······ 그것을 그저 침투시킬 수 있는 방법을 생각해 본다면 어떨까요?

MJP 우리는 비유를 없앨 수 없을까요?

스피박 아뇨, 그것은 이를 닦는 것과 같은 것이지요. 자, 사람들이 한 번만으로 이를 다 닦았다고는 할 수 없지요. 그러나 이를 닦는 것이나 건

강유지 등은 책을 쓰는 것과는 다릅니다. 우리들은 이런 것들을 딱 잘라서 할 수는 없습니다. 그러므로 우리는 끈질기지 않으면 안 됩니다.

MJP 그래서 정치적 실천은 집안일과 같은 것입니까?

스피박 게다가 이 실천을 모르는 사람들이 있을까요? 최종적인 이론적 해결을 갖고 학문적인 것에서 생각하고 있는 정치적 이론가들만 모르지요. 요는, 정치적 실천이란 가사보다 더 복잡하지만 경기장의 예에 비유하자면, 둘 다 비슷한 끈질긴 노력을 요하고 있습니다. 제가 이렇게 말하는 것도 상속된 어휘 속에 짜 넣어져 있어서 이성애주의 페미니스트의 비유를 삽입하는 것은 중요하지만 충분한 것은 아니지요. 우리는 다른 일에 종사하고 있는 동안에도 이것을 의식하지 않으면 안 됩니다. 다만 우리의 언어를 계속 응시하는 것만이 우리의 중심적 목표가 될 수는 없습니다.

MJP 선생님은 여성이 회의하는(questioning) 주체의 입장으로 되돌아가는 중요성을 말씀하시고, 또 "남성의 욕망의 여정이 그러한 텍스트를 만들고 있는 인간/남성이란 무엇일까?"라고 물음으로써 "여성이란 무엇인가?"라는 낡은 문제로 전환할 것을 제안하셨지요?

스피박 근데, 이 대담 상황에 대해 맨 처음 받았던 질문에 또 대답을 하라는 말씀이군요. 우리가 되고 싶은 것은 회의하는 주체입니다!(웃음) 여러분은 여기에서 회의하는 주체입니다. 따라서 권력 상황에 관해 앞서 말한 대목으로 돌아갑니다.

MJP 그래서 도전은 내용이나 범주의 순서를 뒤엎는 것뿐만 아니라 구조의 형성을 묻는 것입니다.

스피박 어떤 의미에서는 그렇지요! 제가 여성을 회의하는 주체의 입장에 두는 것에 대해 말했을 때, 실제로 제 머리 속의 생각은 오히려 남근중심주의의 맥락에서였습니다. 그것은 남성에 의해 산출되고 정의된 여성 담론에 대한 비판이었지요. 만일 우리가 단순히 "여성으로서 나는 누구인가?"가 아니라 산출된 텍스트의 관점에서의 남성에 대한 질문, 즉 회의하는 주체의 입장을 스스로 취할 수 있다면 보다 흥미로울 것이라 기대합니다. 그렇지만 그 후, 저는 여기에서 조금 전진했지요. 또 이렇게 제가 말하는 것도 조금 더 넓은 의미에서의 실천의 장에 대해 생각하고 있기 때문입니다. 실제로 이러한 특정의 회의하는 주체의 입장을 "되찾는 일"에 종사하려는 여성들은 오늘날 지정학적 도시에서 매우 특권적인 입장에 있는 것처럼 제게는 생각됩니다. 따라서 그러한 견지에서 저의 특정의 적(敵)은 보다 더 특권적인 서양 전통에 있는 남성 지배 제도라는 것을 여성으로서 말씀드리고 싶지 않습니다. 그들은 제가 대담을 하는 집, 제가 가르치고 있는 장소 등등에서 저의 적이기는 하지만 세계의 집은 이러한 작은 집보다 훨씬 큽니다. 저는 거기에 들어갈 수 있었습니다. 그리고 거기에서 저는 입장을 획득하는 일에 대해 말하지 않으면 안 됩니다.

　그러나 저는 또 지금, 여성으로서 훨씬 자기를 중요시할 수도 있습니다. 그것은 제가 분명히 지는 싸움을 했다는 그러한 투쟁 인식에서 곧바로 벗어나게 된 이후의 일이죠. 인간은 특정한 맥락에서, 회의하는 주체의 입장을 되찾는 투쟁을 의식하지 않으면 안 됩니다. 그러나 만일 제가 무한한 특권을 가진 사람으로 관련되어 있는, 세계의 보다 넓은 여성 지지자들의 관점에서 생각해 보면, 이러한 넓은 맥락에서 제가 실제로 배운 것은 제가 일컬어 온, 자기의 특권을 상실로 여기고 버리는 것입니다. 인간은 다른 구성체들에게 귀를 기울여야 할 뿐 아니라 그러한 다른 구성체들에게도 중요시되는 방식으로 말하기를 배우지 않으면 안 됩니다. 나아가 이론 내부에서의 말하는 주체의 입장을 인식하는 것은 그것이 타자에게 실제로 대답할 수 있기를 바랄 때에 역사적으로 강력한 입장이 될 수 있지요. 여성에 대해 관심을 두는 페미니스트로서 그것은 저를 한층 흥미롭게 하는 입장입니다.

MJP 이것이 마하스웨타 데비(Mahasweta Devi)의 작품 서문에서 선생님이 "만일 우리가 서양의 교육을 받은 정보 제공자에 의한 학회나 앤솔로지에 완전히 의존한다면, 우리는 그 세계 밖에 있는 여성들에게는 말을 걸 수가 없다"는 대목입니다. 선생님은 무엇을 구축하고 있다고 생각하십니까? 새로운 발언의 장입니까?

스피박 이러한 특정의 문제에 대해 제가 말하려고 하는 것이 무엇인지 잘 모르겠습니다. 제게는 충분히 구체적인 특정한 답은 없습니다. 제게는 길이 분명하게 보이지 않습니다. 왜냐하면 사람들이 역사를 그렇게 쉽게 부정할 수 있다고는 생각지 않기 때문입니다. 이것은 대단히 어려운 일로 잘 풀릴 것 같지 않습니다. 반면에 여기에서 제 자신을 백인 남성 학생과 비교합니다. 그들은 이 이상 발언할 수가 없다고 불평하고 있지요. 제가 그 학생들에게 하는 말은, 허용되어 온 발언 가능성을 그들에게서 빼앗아 버린 역사에 대한 분노를 키워 나가야 한다는 점입니다.

어느 정도까지, 그것은 일반 여성의 맥락에서 사람들을 속박하고 있지요. 저는 발전시켜야할 이론적 모델이 없습니다. 이렇게 말하는 것도 이것이 제 문제이기 때문이에요. 저는 모종의 페미니스트의 대표로서 저 자신을 말하고 있습니다. 하지만 저의 문제는 여기에서 매우 중요한 문제는 아닙니다. 따라서 만일 제가 새로운 발화의 언어를 산출한다 해도 제가 생각하고 있는 사람들에게는 실제로 아무런 소용이 되지 않을 것입니다. 어느 정도까지 이러한 일의 해결은 다른 어딘가에서 나오겠지요. 저는 그 선매권을 얻으려고 하지는 않습니다. 왜냐하면 저는 너무 쉽게 그것을 전유할 수 있었으니까요.

MJP 그렇다면, 검증하는 주체의 권위와 역할을 어떻게 문제화할 수 있습니까?

스피박 이 문제는 여러 가지 상황에 따라 다르다고 생각합니다. 검증하는 주체의 제도화란 통상 모든 점에서 같지 않습니다. 그리고 사실 새로운 입장이 이전에 주변적이었던 것에 대해서 확보되어 있는 일은 흔한 일입니다. 그래서 저는 어떻게 문제화하는가에 대해 포괄적인 답을 드릴 수 있다고는 생각하지 않습니다. 저는 그것을 일반적으로 대답할 수는 없다고 말씀드렸으므로 유일한 방법은 특정한 주체의 입장의 역사적 제도화를 탐구하는 것이라고 생각합니다. 역사가 말해 온 방법이 항상 어떤 종류의 주체의 입장을 확보하고 있지만, 그것은 모종의 영역을 주변화 하는 것으로 예상됩니다. 해체론의 중요성은 그러한 전략적인 배제에 대한 관심입니다. 예컨대, 어떤 류의 해체론적 '비평'에 있어 배제되고 있는 것은 과거에 내용이라고 불려진 것입니다. 만일 이것을 해체론적으로 음미한다면, 해체론은 결국 경험주의와 같은 문제에 부딪칩니다. 이로 인해 우리는 일종의 '자각'이라는 속임수에 의해 겨우 구별되고 있다고 데리다가 시사하는 이유를 알게 될 것입니다. 이항 대립의 한 쪽에다만 맞춰서는 안 된다는 것은 알고 계시죠? 주체의 입장의 관점에서 보면 여기서 끊임없이 후퇴적인 입장만을 취할 수는 없지요. 왜냐하면 이경우 우리가 무시하고 있는 것은 다른 한 쪽이기 때문입니다. 사실 인간이 내용 지향의 모든 문제를 배제하고 있는 것은 그것들이 충분히 철학적이지 않기 때문입니다. 그야말로 그 점에서 주체적 입장의 이야기화나 제도화에의 역사적 탐구는 매우 중요합니다.

그것은 무한 퇴행(infinite regression), 즉 이론적 형태를 최종적으로 근거지우려고 하는 일이 결코 이루어질 수 없다고 하는 문제를 철저히 고찰하려고 하면서 본질 문제를 검증해 가는 방법입니다. 이것은 제가 지금 단절(interruption)이라고 부르는 것의, 실제 우리들의 본질적인 일의 주변에는 무한 퇴행이 있다는 것을 돌연 인식하는 것이지요. 그것은 본질적 관심과 단절되고 있는 점에서 순수한 단절이기는 하나, 그 자체 본질적인 검증에 자기를 되돌아가게 함으로써 단절되고 있지요. 이것은 모든 "인간이란 지금 존재하고 있는 곳에서 시작하지 않으면 안 된다"고 하는 또 하나의 방법이겠지요.

MJP 어떻게 이 단절의 이론을 매일 실천에 관련시킬 수 있는지요?

스피박 우리는 이런 식으로 실천 주체에 대해 말하고 있는데, 그것이 매우 추상적으로 들리지만, 만일 이러한 방법으로 이 일을 시작한다면, 그것은 훨씬 포괄적인 방법으로 일체를 계속 움직여 나간다는 것을 알 것입니다. 한편으로 관련도 없다고 간주된 본질의 부분을 잘라 없애거나, 다른 한편으로 본질을 무시하고 우리들의 실천의 구조에만 집중하는 일이나, 또 이러한 구조를 끝까지 본다는 것이 불가능하다는 점에 기대를 거는 것입니다.

이론은 항상 실천을 규정합니다. 말하자면 사람들은 실천할 때 이론을 구성하고, 환원할 수 없는 식으로 실천은 이론을 규정합니다. 간접적인 이론적 적용의 예가 되는 것은 별로 없습니다. 지금 제가 보다 관심을 갖는 것은, 이론에 의한 실천의, 실천에 의한 이론의, 급진적 단절입니다. 그리고 어느 정도까지 제가 속단할 수 없는 이유는 그것이 진정한 단절이기 때문입니다. 만일 제가 색다른 페미니스트의 실천의 관점에서 생각하고 있는 것이 진정한 단절이 아니라면, 그렇다면 저는 그것을 화해시켜 묶어 주고, 전유하고, 정의하고 새로운 언어의 모델을 산출할 수 있게 하는 등등, 본거지에서 자유로울 수 있지요. 그렇지만 단절의 본성은 실제로는 전체 상황을 방해하는 것이라 할 수 있지요. 그것은 순수한 불연속입니다.

MJP 이것은 정치적 기호론적 프로그램에, 또 선생님이 말하는 기호 체계의 혼란에 어떤 식으로 관련되어 있습니까?

스피박 우리가 하고 있는 것은 기호 체계의 생산을 음미하는 것이며, 또 제가 흥미롭게 느끼고 있는 것은 데리다가 일찍이 말했듯, 우리들이 기호 구조에서 떨어질 수가 없다는 것입니다. 그 때문에 우리는 그 구조에 묶여있었다는 것을 음미하지 않으면 안 됩니다. 그것이 문제입니다.

MJP 『하위주체 연구』(*Subaltern Studies*)(인도의 주변 연구 시리즈로 제4권에 스피박이 「역사 편집의 해체론」이라는 논문을 쓰고 있음 : 역자주) 제4권에 실린 선생님의 논문에서 선생님은 데리다를 인용하고 계십니다. "해체론의 기획은 항상 어떤 일정한 방법으로, 그 자체의 작업의 희생물이 되어 있다"라고요. 선생님은 "이것은 해체론의 최대의 선물"이라고 덧붙여 말하고 계십니다. 이 두 개의 판단과 겉보기의 모순에 대해 말씀해 주시겠습니까?

스피박 제가 그것이 최대의 선물이라고 한 이유는, 제가 해체론을 특정하게 사용해도 저는 해체론자는 아니라는 말씀입니다. 사람들이 해체할 수 있는 유일한 방법은, 비평대상의 구조를 자기 자신의 구조로 삼음으로써 가능하다고 하는데, 선생님이 일단 알아차리니까 하는 얘기입니다만 도피 그 자체의 한계를 알 수 있습니다. 제가 해체론을 활용하는 방법은 이러한 이론 전위주의에 대한 단호한 태도에서 나옵니다. 만일 사람들이 최후에 도피해버리면 지는 것이지요. 지금까지 이론적 생산의 최대의 문제는 그것이 옳다고 하는 감각이었다고 생각합니다.

MJP 이러한 모순은 데리다가 실증적인 학문에 종사하고 있는가 비실증적인 학문에 종사하고 하고 있는가가 기본적으로 애매하다고 하는 말인가요?

스피박 예, 그리고 제게는 성숙한 데리다가 실증학문에 진저리를 느끼고 있음을 말하고 있다고 생각되고, 또 해체론은 실증학문이 될 수 없으므로 철학자나 비평가나 정치적 인간이나 이론가가 종사하지 않으면 안 되는, 일종의 비평적으로 누적된 짐을 낳는다고 생각됩니다. 해체론이 반복해서 우리에게 말하고 있는 것은, 실증적인 학문만으로는 가능하지 않다고 하는 점입니다. 다른 한편으로, 그것은 항상 풍부할 정도로 가능합니다! 인간은 비본질주의자가 될 수 없으므로 본질주의자가 될 수 있는 방법을 음미하여 대표적인 본질주의자의 입장을 부각시키고 거기에 수반된 위험을 생각해 내면서 낡은 규칙에 따라 정치를 행하는 방법을 음미하면 어떨까요? 그것이야말로 해체론이 우리에게 부여하고 있는 임무입니다. 즉 우리가 행하기를 강요받고 있는 것, 또 정성스레 행하지 않으면 안 되는 자각은 궁극적으로 볼 때 좋지 않지요. 하지만 이것은 정치적 이론이 아니며 또 그렇게 될 수도 없었습니다. 따라서 제게는 이 것이 모순으로 보이지는 않습니다. 또 만일 그것이 모순이라면, 그것은 우리에게 해결을 부여하는 모순이지요.

MJP 그 말씀은 해체론이란 결코 최종적이며 전체적인 입장을 보여주는 척 할 수만은 없다는 것을 자각하고 있다는 말입니까? 만일 그렇다면, 우리는 왜 이에 변명하지 않으면 안 됩니까?

스피박 글쎄요. 저는 변명하고 있지는 않습니다. 하지만 해체론은 자각하고 있음을 의문시하는 종류의 사고입니다. 즉 자각이란 모든 종류의 다른 상황에 대해 방어하기 위해 일종의 증후로서 산출되는 것이지요. 따라서 해체론의 영향을 받은 저는 이점을 의식하고 있는데, 특히 이렇다 할 확신이 서지 않는다는 점을 말합니다. 여하튼, 해체론은 정말로 최종적이며 구체적인 입장을 제시하고 있습니다. 왜냐하면 그것은 최종적이며 전체적 입장을 피하는 것이 가능치 않기 때문입니다. 예컨대 사람들이 자기의 논의에 앞으로 반시간 동안 집착하고 싶다면, 이 경우 전제로 하는 입장은 최종적이며 전체적인 입장이 될 것입니다. 그러나 "그것들을 보편적으로 해서는 안 된다"고 하는 일종의 안전판은 있습니다.

MJP 그것은 선생님 자신의 퍼스펙티브(perspective)에 어떤 최후성을 강제하는가의 문제이지요.

스피박 글쎄요, 저의 뇌리에 들어오는 진짜 문제는 "퍼스펙티브란 무엇인가?"라는 것이지요. 그러한 "눈"의 비유는 많지요! 퍼스펙티브는 유리입니다. 그것은 이른바 물건을 볼 수 있는 안경과 같습니다. 하지만 우리는 또 사람들의 입장에 대해서도 말하고 있지요. 퍼스펙티브는 사람들이 언명하지 않으면 안 될 그 무엇입니다. 예를 들면, 저의 정치적 입장에서 볼 때 우리들은 우리들을 위한 대표/재현 공간을 열지 않으면 안 된다고 말하지요. 왜냐하면 우리가 어떤 장소에서 말할 수 없다고 하는 것은 있을 수 없기 때문입니다. 거기에 "이것은 다만 페스펙티브적(perspectival)이다"라고 말함으로써 그것을 처리해 버릴 수는 없기 때문입니다. 이것은 사실 그러한 퍼스펙티브적인 것을 최종적으로 경쟁할 수 있는 것으로 생각하지 않으면 안 됩니다. 그렇지 않다면 현명하지 못한 것입니다. 인간은 자유롭게 유희할 수 없습니다. 이것은 해체론이 또 우리에게 가르쳐 주는 것 중의 하나입니다. 정말로 자기 의식적으로 자유롭게 유희하기 시작하면 말하기가 적절하게 철학을 대표/재현할 수 있다고 생각하고 매우 결정론적인 잘못을 다시 저지르게 됩니다. 그것은 조금 자유로운 유희를 함으로써 해체론의 개념을 완전히 모방할 수 있다고 생각한 것입니다. 우리가 "자유롭게 유희한다"고 상정해도 우리는 우리가 말하고 있는 장소인 상황을 최후화하고 있는 것이지요. 데리다의 말 중에 ― 출판된 것은 아닙니다 ― "해체론이란 잘못을 폭로하는 것은 아니다. 그것은 우리가 항상 진리를 낳을 의무가 있다고 하는 사실을 경계하는 것이다." 자, 이것이 해체론에 대해 주목해야 할 일이지요. 그것은 세계에 그 어떤 것도 본질적인 것이 없다고 하는, 어떤 종류의 부정적인 형이상학의 짓궂은 유희는 아닙니다. 그것은 우리가 진리를 낳고, 긍정적인 상황을 낳는 것을 강요하고 있다고 하는, 결말에 이르러야하고, 퍼스펙티브는 일반화되어야 한다는 등의 …… 사실을 반복해서 검증하는 것입니다.

MJP 선생님은 해체론이란 정치적 기획의 토대를 제공할 수는 없다고 썼습니다. 그러나 선생님의 글의 여러 각주에서는 이러한 "정치적 기획"의 자격을 부여하고 있습니다. 예를 들면, "이러한 애매한 텍스트 (데리다의 "철학에 있어서 최근의 묵시록적 어조에 대해서")에 있어서 열린 결말/목적(the open end)을 지닌 실천 정치학을 읽는 것은 가능하다고 생각한다"라고요. 어떤 뜻입니까?

스피박 글쎄요. 그 마지막 발언은, 적극적 해체론에 대해 제가 여러 군데에서 진술한 것과 일치하지는 않지만 설명해 드리지요. 1980년에 데리다의 작업에 관한 한 회의에서 매우 감동적인 말이 나왔습니다. 데리다는 생존 인물이므로 찬사를 할 수 없지만, 데리다의 면전에서 그가 하는 일에 대해 매우 외경심이 있는 멋진 말들이 나왔지요. 그러자 데리다는 그 이야기 끝에 일어서서 말했지요. 지금 제가 다루고 있는 것과, 선생님이 대단히 신중하게 묘사하고 있는 것 사이에는 차이가 있습니다. 그는 자기의 최초의 작업에서는 '가르데 라 께스띠옹'(garder la question), 즉 의문을 생생하게 하는 데 흥미가 있었다고 말했지요. 뭔가 일어날 때는 언제나 질문할 수 있다는 것을 잊어서는 안 됩니다. 하지만 제가 지금 하고 있는 일은, '아뻴라 뚜또트르'(appel a tout-autre), 즉 그것은 완전히 다른 것에 대한 말 걸기여서 그것은 문제를 생생하게 차이화하여 보전하는 것과는 다릅니다. 그리고 제가 지금까지 느끼고 있는 것은, 1974년 경, 성적 차이의 문제에 그가 관심을 가질 무렵, 이러한 변화가 일어나고 있었다는 게지요. 『다이아크리틱스』(Diacritics)에 발표된 『우편엽서』에 대한 논문에서, 저는 여성성이 어떻게 데리다에게 작동하고 있는가에 대해 말했습니다. 그가 적극적인 해체론에 들어갈 무렵, 그가 인식하기 시작한 것은, 사람들이 행하고 있는 어떤 적극적인 일에서도 '아니오'라고 말하지 않으면 안 된다는 것이 아니라 '의문을 생생하게 보전한다는 것'이라고 생각합니다. 그렇지만 그러한 해체론은 사람들에게 전부 '예'라고 말하지 않으면 안 됩니다. 인간은 자기의 기획을 방해하는 것에도 '예'라고 말하지 않으면 안 됩니다. 그러한 관점에서는 인간이 무엇인가 '아니오'라고 말할 수 없는 정치적 기획을 가질 수는 없습니다. 그래서 정치적 기획은 적극적 해체론에 토대를 둘 수 없습니다. 그렇게 하면 그것은 과거에 있었다고 하는 물음에 대한 다원론(pluralism)과 비슷해지기 때문이지요. 다원론은 정치적 기획으로는 특히 미국에서 그 어두운 측면을 이미 보여주었다고 생각합니다. 만일 적극적인 해체론이 정치적 기획에 종사한다면, 그렇게 된다고 저는 생각합니다. 다른 한편으로, 사람들은 정치적 기획의 내부에서, '예'(yes)라고 하는 가능성을 선택하는 것은 이론의 전위주의에 분명히 종언을 가져다줍니다. 그것이 그 각주에서 제가 말하고 싶었던 것이지요. 그것은 자기에게서의 타자의 흔적에 대한 책임입니다. 하지만 그러면 자기 스스로를 적극적 해체론에 기초하고 있는 것은 아닙니다. 정치학은 비대칭적, 잠정적이며 우리들은 이론을 타파했습니다. 그리고 그것은 사람들이 정치적이 될 때 짊어져야 할 짐입니다.

『이중의 모임』에는 문학에 대한 조그마한 각주가 있는데 거기서 데리다는 이렇게 말합니다. "그렇지만 물론 사람들이 문학과 다른 것과의 차이를 구별할 수 있는 방법은 없지요. 왜냐하면 사람들의 반론 가운데 어느 부분은 경쟁할 수 있는 것이 아니기 때문이죠." 다른 한편으로, 그에 의하면 '해체론이 된다'는 '어떤 방법'은 모든 종류의 반대를 중립화하는 것입니다. 그 때문에 사람들이 음미해야 할 점은 어떻게 해서 어떤 것들이 역사적으로 문학으로 불려져 오고 또 어떤 것은 그렇게 되지 않았는가 하는 점입니다. 다음으로, 사실 인간은 해체적이 아니라 비대칭적이 되어 기획을 깨뜨려 왔습니다. 해체론의 기획에 추종될 수는 없습니다. 그것은 거기에서 지식의 힘의 한계를 표시하는 것으로 남습니다. 그것은 그 자체가 지식 생산을 위해 반(反)기획적인 것은 아닙니다.

MJP 글쎄요. 그레그 얼머(Greg Ulmer)는 『응용 문법학』에서 교육학이나 사제(師弟)관계를 확립하는 방식에 대해 크게 도전하고 있는데 선생님께서는 이 저서를 어떻게 생각하시는지요?

스피박 책이 흥미롭더군요. 하지만 사제 관계를 문법학을 통해서 타파해 버리는 데는 문제가 있지요. 출발점으로서 이미 그 토대에 부정적 형이상학을 갖고 그리고 해체론이 거기에 원료를 공급하는 상태에 있다는 점에서 커다란 문제가 있지요. 왜냐하면 이러한 시각이 연쇄를 이루고 그것의 폭발력이 완화되면 이미 전체로 흡수되어 버리지요. 마이클 라이언(Michael Ryan)(미국 비평가. 『데리다와 맑스』 등이 있음. : 역자주)이나 테리 이글튼(Terry Eagleton)의 손에 들어가면 그것은 이데올로기 비판에 유사해지기도 하고, 또 자유로운 유희의 열광주의자의 손에 들어가면 부정적인 형이상학을 닮기도 합니다. 동시에 그것은 존경심을 갖고 말씀드리는데 얼머가 제출하였던 교육학의 기획은 1960년대의 소년 소녀가 함께 하는 놀이의 참가를 위한 예의범절과 닮은꼴입니다. 이러한 종류의 게임은 실제로 매우 특권적인 상황 이외는 작동할 수 없지요. 그래서 그것은 제가 가장 두려워하는 종류의 상황입니다. 말씀드리듯이, 진정한 반동주의자들이 자리잡고 있는 또 다른 측면에서 배우면 그것은 또 하나의 태도로 처리해 버릴 수 있는 명백한 방식들이 있기 때문입니다. 해체론의 형태가 교육학적 상황에서 사용할 수 있는가 없는가를 크게 결정하는 것은 사람들의 구성체와 권력 노선, 학생 인구의 인종적 구분이 그러한 제도적 공간 가운데 어떻게 나눠지고 있는가를 식별하는 데 있습니다.

MJP 그래서 선생님이 실제로 비판하고 있는 것은 특정한 맥락에 상관없이 그것을 규범화하는 것입니까?

스피박 예, 그리고 특히 그것이 진보적 교육을 닮으면 그것은 사제관계를 파괴해 버리지 않기 때문입니다. 제가 멜버른에서 2년 전에 말씀드렸듯, 분수령적 지식인(watershed intellectuals)에 대한 담론은 실제 분수령적인 지식인에 의해 부여된 담론으로서 지금까지 다루어져 왔습니다. 사제관계를 이것저것 끊어 버리는 것은 상당히 쉽지 않습니다. 우리는 비사제관계의 사제를 갖기 시작하고 있습니다.

MJP   선생님은 지금 무엇을 하고 계신지요?

스피박   제가 지금 어디 있는가? 글쎄요, 저는 「주인 담론, 토착 정보제
공자 : 글읽기의 복무에서의 해체론」이라는 원고를 개고하고 있는 중입
니다. 저는 책을 쓰는 사람이 아닙니다. 제가 마침내 책을 쓴다고 하는
죄를 범하게 된 것이 매우 불행한 일이지만 그렇게 되어 버렸군요.

MJP   그러나 그것은 고의적인 전략입니까? 책을 쓰는 사람이기보다 에
세이스트라고 하는 것인지요?

스피박   그게 고의적인 전략일지 저도 모르겠군요. 저는 필요성을 미덕으
로 바꿔치기 한 적은 있습니다. 제가 책을 쓴다는 것이 두려운 것은 자
기의 마음이 시종 변하는 것을 보아 왔기 때문이지요. 저는 특히 제가
쓰는 글을 좋아하지 않으니까요 …… 허나, 그럼에도 불구하고 뛰어들
때가 왔다고 생각합니다. 그리고 더 나쁜 것은 ― 곧 논문 모음집이 출판
됩니다 ― 저의 오래된 에세이들이지요. 거창한 제목이 붙어 있는 『다른
세상에서 : 문화정치학에 관한 에세이들』이 출판됩니다. 오랫동안 저는
데리다에 관한 책을 써 왔고, 여기에 7, 8장을 마쳤었지요. 그게 조만간
에 완성될 겁니다. 그 후는, 글쎄요, 무엇을 하고 싶은지 알 수 없군요.
저의 진짜 기획을 지금까지 말씀드렸지만 그것이 학문적인 맥락에 어떻
게 적용될 수 있는지 저도 모릅니다. 저는 더욱 더 인도 쪽으로 기울고
있는 저 자신을 의식합니다. 제가 홍콩에서도 종종 일했습니다만, 인도
에서는 더 많은 일을 합니다. 제가 인도에서 국제적 노동 분업의 측면이
있는 아카데미에 참여하고 있기 때문이지요. 그러나 저는 인도인이어서

좀 귀찮기도 합니다. 사람들은 도움이 될 거라 생각하지만 저 자신은 '조국'이 아니면 오히려 좋은 것이지요.

저는 마찬가지로 긴 시간이 걸리는 하나의 기획을 염두에 두고 있습니다. 그것은 이산(diasporic) 인도인의 구성에 관한 것이지요. 왜냐하면 미국에 사는 인도인의 상황은, 이들이 두뇌 유출을 통해 들어올 수 있는 유일한 유색인종의 공동체인데다 지금은 소수 민족의 적극적 고용 촉진 정책을 위한 알리바이로 사용되고 있어서 아프리카나 카리브 연안의 인도인 이산 사회나 영국의 인도인 사회와는 매우 다른 것입니다. 분명히 말씀드리자면, 제가 하고 싶은 일은 제 이론적 관심의 관점에서 그것을 하고 싶다는 것이지요. 하지만 그것은 또 오랜 기획이기도 합니다. 지금은 약간 제대로 풀리고 있지요. 저는 오랫동안 가르치고 쓰고 했습니다. 12월에는 신역사주의에 대한 포럼을 해야 합니다. 지금 몇 가지 할 일이 보입니다. 1월부터 6월까지 인도에서 가르칩니다. 7월에는 캘커타에 있는 어느 그룹과 헤겔을 읽습니다. 또 7월에는 정말로 재미있는 일이 기다리고 있습니다. 영연방 국가의 영어 교사들에게 영국의 캠브리지에서 이야기를 한다고 하는 것입니다. 그것은 물론 우리의 피부 색깔이 거무스름한 우리 형제들의 일로, 제1세계 이론의 최근의 발전에 대해서입니다. 이렇듯 기묘한 일들은 생기지만 이야기할 만한 거창한 기획은 없답니다. 여기서 이만 마치지요. 감사합니다.

4

문화적 자기재현의 문제

4장

문화적 자기재현의 문제

이 대담은 1986년 가야트리 스피박과 월터 애덤슨(Walter Adamson) 간의 내용으로 *Thesis Eleven* (No. 15)에 게재되었다. 질문은 필리파 로스필드(Philipa Rothfield)와 스네자 기뉴에 의해 작성되어, 월터 애덤슨에 의해 제출되었고 이를 로스필드가 편집하였다.

애덤슨　선생님은 작가의 "독자적 비전"을 회복시키는 것보다 읽기 전략에 관심을 갖고 계신데 선생님의 방법을 "독자 반응 방법"이라 할 수 있을까요? 독자 반응 이론에 관한 선생님의 태도는 어떤 것인지요?

스피박　이곳 미국에서 유행하고 있는 일종의 독자 반응 이론은 독자 공동체의 사회적–정치적 생산을 일부러 고찰하지 않거나, 패권적 공동체라는 개념에 의문을 갖고 있지 않는 것처럼 보입니다. 사람들이 제 "관심"을 독자 반응과 구별하도록 요구하면 저는 독자란 누구인가 하는 문제를 제시합니다. 독자 반응에 대한 저의 입장은 반동적인 것으로 정치적 요소가 독자와 텍스트 사이의 거래에 의해 생기기 때문입니다. 독자의 정치학이나 독자 비평가는 될 수 있는 한 꼼꼼히 토론의 대상이 되어야 한다는 점을 가장 강조하고 싶습니다. 텍스트 비평은 미리 상정된 공동체에 의한 공평무사한 글읽기를 기초로 해서 판단될 수는 없습니다.

애덤슨 현대의 독자 반응 이론에 대한 선생님의 비판은 그 자체의 공약에 어울릴 수 없다고 하는 것에 대한 비판처럼 들립니다. 선생님 자신의 정치적 글읽기는 텍스트의 정치학을 음미한다고 하는, 보다 전통적인 전략뿐만 아니라 독자 반응비평도 포함할 수는 없을까요?

스피박 예. 사실 독일에는 여러 독자 반응 이론이 있으므로 이것을 고려해 보려고 합니다. 그렇지만 "독자 반응 이론"이라는 말이 이 곳 미국에서는 우리가 통상 관심을 가졌던 정치적 글읽기의 문제에서 떠나버리게 됩니다.

애덤슨 책과 저자나 개인과 역사 같은 이항 대립의 제시에서 우리는 왜 본질주의를 포함시키는 문제로 나아가지 않는지요?

스피박 책과 저자라는 최초의 대립항에서 우리가 관계 맺고 있는 것은 책이지 저자는 아니라고 말하게 되면 저자는 죄를 면할 수 있는 것처럼 생각됩니다. 혹은 그러한 대립은 저자의 역사의 초월성을 증명하기 위해 작동할 수도 있습니다. 그것이 최초의 대립이지요. 다음으로 개인과 역사 사이의 대립항은 지금까지 분열되지 않은 의식으로서의 개인의 역할, 비판받는 일이 없는 형식적 역할을 주장하기 위해 사용되어 왔거나, 혹은 다른 뭔가가 문맥을 이루는 곳에서 그러한 의식을 텍스트로서 분리시키기 위해 사용되어 왔거나, 그 어느 편입니다. 제가 여기에서 이항대립과, 그것들을 전략적으로 사용하고 있다고 말씀드릴 때, 저는 이것들이 일반적으로는 이러한 이항대립이 사용될 때 생기는 본질적 문제임을 인식하기 때문에 그렇게 말한 겁니다. 그러나 담론의 내부 어디에서도 본질화를 면하는 것은 불가능합니다. 본질주의나 본질화의 계기는 환원 불가능하지요. 해체론적 비평 실천에서 사람들은 본질화하려든다는 점을 자각하지 않으면 안 됩니다. 그렇게 되면 전략적으로 본질주의를 있는 그대로의 묘사로서가 아니라, 뭔가의 비판을 산출하기 위해 수용하지 않으면 안 되는 어떤 것으로 음미할 수 있지요. 이럴 때 비평가측의 제스처는 두 개의 다른 방법으로 두 개의 대립에 관련되고 있습니다.

책-저자라는 대립을 둘러싸고 비평가가 손에 뭘 묻히지 않은 채 단순한 징후적 글읽기를 행하면서 진단하는 것은 단순한 역전을 피하고 싶어서지요. 우리가 스스로 책의 영역 내에 머물면서 경의를 표할 때, 어디까지 나아갈 수 있는가를 보게 됩니다. 개인과 역사라고 하는 두 번째 경우에서 우리들은 개인의 의식을 주체의 중요한 부분으로 간주하고 싶어합니다. 그 자체는 사회-정치적, 정치-경제적, 심리-성적인, 보다 큰 구조의 일부입니다. 그런데, 이러한 요소 전부가 서로 단절되어 있으므로 이를 쉽게 옮겨 놓을 수가 없지만 거기에는 여전히 이러한 모든 존재와 부재의 짜임을 반영하고 있는 내러티브로 조직되어 있지요. 그 결과, 사람들은 무엇인가를 끄집어내거나 뭔가를 지배하고, 뭔가를 소유한다는 자신감을 상실합니다. 이런 관점에서 전체, 즉 총 네트워크가 무엇인가 하는 질문은 보편화하는 인식 주체라고 하는 맥락에서만 적절하지, 그 맥락을 벗어나면 더 이상 적절한 질문이 아닙니다.

페리 앤더슨(Perry Anderson)(영국의 좌파역사가. 저서로 『고대부터 봉건시대까지』 등이 있음 : 역자주)이 최근 후기구조주의를 비판한 『사적 유물론의 궤적』이 그 좋은 예입니다. 그는 은연중에 그러한 보편화하는 주체의 입장을 취하면서 하나의 계속적인 짜임으로서 텍스트상의 네트워크를 음미합니다. 다음에 후기구조주의는 구조주의에서의 필연적 발전과 두 개의 운동인 주체와 구조, 개인과 역사가 서로 필요로 하는 관계임을 제시하여 증명합니다. 우리는 이것을 파악 가능한 전체 네트워크에 비추고 일종의 필요한 궤도로 봅니다. 그 저서의 관련된 장은 질문이 바로 답이라고 하는 주장으로 끝을 맺습니다. 이는 우리가 회피하려고 하는 위험, 즉 본질주의의 위험의 증후가 됩니다. 거기에서 보다 큰 구조 내부의 일체의 요소는 인식 주체가 통제할 수 있는, 일종의 계속적인 배치 상황으로 바뀌게 됩니다.

애덤슨 다음의 단순한 질문은 선생님 자신의 비평 과정에 대한 견해를 충분히 말씀해달라는 것입니다. 페미니스트 관심을 가진 글읽기로 향하는 과정을 어떻게 진전시키는가를 묻는 것입니다. 분명히 이러한 질문에는 페미니스트의 수에 필적할 만큼 많은 답변이 있을 텐데, 선생님에게는 어떤지요?

스피박 페미니스트가 무엇을 추구하고 있는지는 저로서는 알 수 없지요. 저의 텍스트에 관한 몸짓은 어느 정도까지는 매우 고풍적인 것입니다. 비평가가 맨 먼저 할 일은 텍스트를 충실히 추구하는 것이라고 생각합니다. 말하자면 저 자신이 텍스트 추구를 제자리걸음을 하는 식으로 한다는 것이 불가능하다고 알면서도 그렇게 말해 보는 것입니다. 이렇게 말씀드림으로써 지금의 저의 관심을 어느 정도까지 다음과 같이 봐주었으면 하고 덧붙이고 싶습니다. 즉 젠더가 어떤 방식으로, 어떤 맥락에서, 어떤 인종이나 계급적 상황 하에서, 어떤 상황들을 은폐하기 위해 어떤 기능으로 사용되느냐 하는 것입니다. 그것은 실제로 텍스트를 충실히 추구하는 데서 생기는 발견이지요. 그래서 저는 텍스트와 실제로 대결하는 프로그램을 정하는 일에 조금은 신중합니다. 비평가의 준비는 어느 정도까지 텍스트와의 대결과 동시적인 것 못지않게 그 이전에 되어진다고 생각하지요.

애덤슨 선생님이 비평 과정을 보는 방법은 지금까지 발언한 내용을 보면 비평가의 독자 교육 못지않게 비평가 교육이라고 생각합니다. 선생님은 문학비평이 독자에 대한 일종의 페미니스트적인 문학적 게릴라전으로 생각하십니까?

스피박 그러리라고 봅니다. 하지만 그렇다고 해서 사람들이 마치 여성들을 역사를 초월하는 사람들처럼 여겨 일종의 "보호주의" 입장(kneecapping position)을 취할 필요가 있을까요? 물론 거기에는 일종의 찬사가 들어 있습니다. 그래도 저는 장기적인 명제로서 그것을 깨끗이 씻어 흘려버려서 지금은 없다고 생각하지요. 게릴라전은 게릴라전을 행하는 곳에 생깁니다. 그리고 그것은 학문적인 문학비평은 아닙니다.

애덤슨 분쇄된(franctured) 기호의 분야라고 하는 선생님의 개념으로 가보지요. 어떤 의미에서 세계는 기호적 영역입니까? 그리고 분쇄한다는 것은 무슨 뜻인지요?

스피박 세계가 기호적 영역이라고는 생각하지 않습니다. 기호적 영역이라는 것을 저는 다음과 같이 단순한 어떤 것으로 말하고 싶었습니다. 즉,

집합 가운데는 그 집합 내부 사람들의 입장에 따라 공리를 모으는 것이 있습니다. 그리고 이러한 공리는 결코 세계 속에서 통일되는 것은 아니지요. 작가가 글을 쓸 때 그저 영어나 불어로 쓰는 것이 아니라 이른바 기호 체계 가운데서 글을 쓰고 있는 것입니다. 이러한 의미에서 사람들은 집합과 기호의 영역을 생각하지만, 이는 매우 다양한 집합으로 볼 수 있습니다. 분쇄라는 개념에 관해서 제가 말하려는 것은 문화적 자기재현의 문제입니다. 기호의 영역이 문화적 자기재현을 위해 요구되는 방식은, 사용하고 있는 공리와 이데올로기적 생산의 억압이라는 숨겨진 의제를 구성하는, "문화"에 포함된 문제들 사이의 차이를 실제로 늘 은폐해버립니다. 매우 넓은 의미로 말하자면, 분쇄란 유토피아주의의 방향으로 나아가든지, 또는 황금시대의 콤플렉스의 방향으로 가든지, 둘 중의 하나지요. 가장 좋은 예를 축제에서 볼 수 있습니다. 7월 4일의 미국 피크닉을 보면, 이는 결국 마이크로일렉트로닉 자본주의로서 독립적인 상품 생산에 종사하고 있는 것의 자기재현의 양상을 보여 줍니다. 그것이 제가 분쇄된 기호론적 영역이라고 부르는 것입니다. 그렇지만 사람들이 뭔가 기호론적 영역이라고 말하면, 그것은 그저 텍스트, 언어, 또 언어와 의미일 뿐이라고 시사하는데 저는 빈틈없는 현실을 기호로만 환원하려고 하지는 않았습니다. 제가 말하고 있는 사실은 미학이라고 이름 붙여진 범주의 틀 내부에서 정의되는 재현의 실천 내부에서 사회-경제적인 것을 추적하는 하나의 전략이라는 것이지요. 어떤 방법으로, 또 어떤 분쇄의 은폐를 통해서 기호론적 영역이 요청되고 있는가를 느끼기 때문입니다.

애덤슨 선생님은 빈틈없는 현실을 기호론적 영역 내부에서 의미의 생산과 동일시하고 싶지 않다는 말씀이군요. 동일시하는 데서 뭘 잃을까 두려워하고 있는지요?

스피박 저는 집요한 비평 실천에 관심이 많습니다. 제 생각에 사람들이 무의식적으로 전체화하려는 본능을 갖게 되면 자신들의 학문 실천에 특권을 부여하는 것으로 끝나 버릴 가능성이 있습니다. 그렇다고 저는 거기에 반드시 보다 정연한 현실이 존재한다고 시사하려는 것은 아닙니다. 실은 그 반대로 그것은 슬로건으로 날조되었다고 주장하고 싶습니다. 하지만 그러한 현실을 기호의 생산과 동일시하고 싶지는 않습니다. 뭔가 더욱 다른 것도 진행 중에 있을지 모릅니다. 결국 기호의 개념 그 자체는 일정한 학문 실천의 내부에 생긴 무엇입니다.

애덤슨 "맨(man)"이라고 하는 기호는 불안정하게 떠 있는 것뿐만 아니라 그 이상의 일을 한다고 생각합니다. 그것은 "휴먼(human)"이라는 기호의 문제성이 없는 덮개 밑에 숨겨져 있습니다. 철학적 인간화나 역사적으로 독립한 것으로서 "맨"의 개념에 대해 말씀해주시지 않겠습니까?

스피박 데리다가 사르트르에 의한 하이데거의 인간화된 글읽기를 비판할 때 그 비판은 두 가지 방식으로 다루어지고 있지요. 그리고 우리는 과거 20년 가까이 그것이 해체적 주류 비평 제도 내부에서 두 방향으로 행해져 왔음을 보아 왔습니다. 그 하나는 비평가가 "텍스트 내에서 인간의 이야기가 아니라 텍스트 그 자체의 텍스트성이나 이야기성의 구성을 탐구하라"는 대목입니다. 또 하나는 데리다의 궤적에서 찾아볼 수 있는데, "기호나 앤스로포즈(anthropos)에는 역사가 없는 것 같다"라는 대목입니다. 아마도 그 때문에 데리다는 사람들이 단순히 "인간을 해체하라, 그리고 텍스트 그 자체의 내러티브의 구성을 보라"고 말하는 것보다도, 기호나 여성을 음미하는 쪽이 좋다고 말했던 것입니다. 데리다는 그 시점에서부터 여성이라고 하는 기호에 대해서 고민하기 시작했지요.

애덤슨 이데올로기와 문학비평과의 관계에 대해, 또는 이데올로기와 사회의 관계에 대해 의견을 들려주시겠습니까? 둘 다 지배를 위한 싸움터로서, 그리고 문학비평가에 의한 비평적 글읽기와 관계로서 말입니다.

스피박 이데올로기 비평가가 진단적인 입장을 취한 채 자신이 구조적 생산의 내부에 갇혀 있음을 잊어버리면 진짜 문제가 발생한다고 생각합니다. 분명 알튀세르의 망령이 나타날 것입니다. 비평가의 진단적인 입장과 반대되는 측면은, 징후적인 글읽기이기 때문에 알튀세르가 이데올로기에는 역사가 없다고 말할 때 그는 실제로 철학자로서 글쓰기를 하고 있습니다. 그가 시사하려는 것은 사람들이 역사를 생각하기에 앞서 이데올로기를 생각한다는 것이지요. 또 알튀세르가 주체호명(interpellation) 등 우위성의 개념을 발전시키기 위해서 라깡으로 향할 때 좋은 성과를 얻지 못했다고 생각합니다. 그것은 그가 라깡에게서 발견한 것이 결국, 주체와 선조, 즉 아버지의 이름 개념 내부에 갇힌 논의였기 때문이지요. 만일 사람들이 현재의 데리다를 음미한다면, 저는 그것을 알튀세르의 텍스트를 들어 올릴 지렛대로서 사용할 수 있다고 생각합니다. 데리다는 담론의 가능성 이전에 그 자체를 긍정하는, 주체의 자기위치에 대해서 말하고 있습니다. 사람들은 역사를 외부에 있는 어떤 것으로 생각하기에 앞서 이데올로기를 생각합니다. 역사란 논쟁 영역에 있는 여러 가지 종류의 이야기를 만드는 것(narrativizations)이라고 하는 사실을 발상하기 이전에 말입니다. 사람들이 구체적인 읽기의 내부에서 알튀세르가 말하고자 했던 것과 너무나 관계없는 하나, 둘의 이데올로기를 보편화할 때, 그것은 알튀세르가 말하려고 했던 것과는 거의 상관이 없다고 생각합니다. 알튀세르가 사용한 한 가지 종류의 논의를 위한 회로에는 충분한 통찰력이 없습니다. 그는 인간이란 이데올로기와 역사, 이데올로기와 과학, 이데올로기와 철학과의 구별을 재고하지 않으면 안 된다고 계속 말해왔지요. 그러다가 마침내 "야생의 실천"(Practique Sauvage), 즉 야생의 철학을 추천하게 되었습니다. 우리는 그를 책상 위의 이상주의자로 매도하기보다는, 바로 그 점에서 알튀세르의 통찰을 다시 새겨야할 의무가 있다고 생각합니다.

애덤슨 우리는 알튀세르를 재각인할 의무가 있다고 말씀하셨습니다. 그 기획의 일부에, 엥겔스의 말처럼 최종 순간에 텍스트 생산을 결정하는 것이 포함됩니까?

스피박 선생님께서 엥겔스를 언급하니 대단히 기쁩니다. 문제는 인과론 비판으로서 결정이, 최종 순간에 은폐된 원인의 고정화라는 결정론으로 슬쩍 바꿔치기 되어 버렸던 것입니다. 헤겔은 『논리학』에서 담론의 창시로서 가능성의 결정에 대해 말하려 하고 있습니다. 오늘날 우리들은 이것을 철학의 창시라고 해야겠지요. 헤겔이 내놓고 있는 것은 분명히 인과론 비판입니다. 그것을 결정론으로 바꾸려는 것은 매우 해롭습니다. 알튀세르를 읽어 보면 그는 상대적 자율의 개념을 음미하는데 우리가 그 개념을 정말로 끝까지 생각한다면, 그것이 어떻게 계속적으로 한편에서 다른 한편으로 번역될 수 없는 담론실천을 ― 그것을 정치적, 경제적 또는 이데올로기적이라 부릅니다 ― 음미하고 있는지 알 수 있습니다. 만일 상대적 자율을 그처럼 음미한다면 많은 정치적, 경제적, 이데올로 기적인 ― 그것을 맑스주의, 페미니즘, 반제국주의라고 부릅니다 ― 결정 의 개념을 초월할 수 있지요. 사람들은 결정 과잉이라는 개념을 단절한 결정이라는 개념으로 받아들일 수도 있습니다. 우리는 어떤 상대적 자율 이라고 하는 복잡한 개념을 실천적으로 사용하기보다는 제거하는 과정 에 있습니다. 왜냐하면 우리는 인과론 비판을 보다 완고한 인과론 철학 으로 바꾸는 문화정치학에 조작당하고 있기 때문입니다. 맑스에서 의식 과 물질성, 혹은 경제의 최종적인 결정적 역할의 관계는 우리들이 감당 하기 힘든, 막강한 계기로 남아 있습니다. 하지만 글읽기에 대한 근본주 의적 개념이라는 맥락에서 볼 때 우리는 그것을 오해하는 과정에 있습 니다. 인과론 비판으로서의 결정과 인과론 재각인으로서의 결정론 사이 의 특정한 분쇄로 인해 그것을 잘못 전유하고 있는 것입니다.

애덤슨 제게 혼란스럽게 생각되는 것은, 선생님이 지금까지 두 가지 매 우 다른 담론으로 보아 온 기호학과 맑스주의를 교묘하게 조합하고 있 다는 점입니다. 물론 후자에 있어 우리와 관련된 것은 존재와 의식의 관 계입니다. 그리고 전자에서는 담론과 사회의 관계입니다. 그리고 이 두 가지는 혼합이 안 됩니다. 선생님은 분쇄된 기호론적 분야를 말씀하셨습 니다. 기호론적 분야의 분쇄 원인을 결정하는 것이 우리의 관심에 부합 되는 것일까요? 아니면 단순히 기호론적인 분야가 분쇄하는 방식을 정 하는 것으로 충분할까요?

스피박 저는 매우 절충주의적인 사람입니다. 제 손에 들어오는 것은 무엇이든지 사용하지요. 저는 원리주의자는 아닙니다. 게다가 저는 엄밀한 의미에서 알튀세르주의자도 아닙니다. 저는 중세의 학자처럼 텍스트의 정당성을 확립하는 일보다 텍스트를 개방하는 것에 흥미가 있지요. 문학비평 내부에는 학제적 실천이 또 하나의 학문의 어휘를 중립화해서, 그것을 독자와 텍스트 사이에 생기는 것을 묘사하기 위해 채용하는 일이 꽤 많습니다. 정신분석학은 이러한 방법으로 분명히 피해를 입혀왔습니다. 마찬가지로 가치 생산이 언어학적 유추로 수용되고 있다는 것을 금방 의식할 수 있습니다. 우리가 상기하지 않으면 안 되는 맑스가 『그룬트릿세』에서 한 경고는 가치의 생산과 언어의 생산 간의 유추를 만들어 내는 것은 잘못되었다는 것입니다. 제 견해를 말하자면, 문학으로, 문학 텍스트로 생산되는 것이 완전히 상품 생산의 회로에 휘말려 드는 것을 찾아내는 편, 그게 훨씬 흥미롭지요. 우리는 베스트셀러의 목록을, 재고품을, 글로 씌어진 것을, 독자라는 것의 구조 등을 생각해 봅니다. 그러한 것을 통해 문학가가 문학은 사용가치 생산을 반복한다고 말하는 것을 보는 편이 훨씬 흥미롭지요. 자, 분쇄된 기호가 있습니다. 문학이 가장 야만적인 의미에서의 상품 생산의 회로에 들어옴에 따라 창조적 상상력이라는 커다란 개념이 힘을 발휘하기 시작합니다. 제게는 문학 생산과 가치 생산 사이의 유추를 끊임없이 만들어 내는 것보다도, 문학비평 내부에서 맑스주의를 사용하는 것이 보다 흥미로운 방법입니다.

애덤슨 물론 맑스주의자에게 주요한 일은 프롤레타리아의 발전이지요. 맑스가 프롤레타리아 속에서 보고 있고, 또 어떤 사람들은 가부장제나 무엇이 되었건 그 안에서 찾아내는, 통일된 주체의 개념을 포기하면 된다는 선생님의 의견에 저도 찬성합니다. 일단 우리가 그 개념을 포기하면 주변부 집단을 위해, 또 그 주변부 집단에 관해 일관되게 말할 수 있는지요?

스피박 멜버른 강의 중에서 푸코 자신이 억압된 것을 근사하게 재현하려 하지 않았다고는 하지 않았습니다. 후기 푸코에게 제가 발견한 것은 억압된 것 자체를 스스로 말하게 한다는 기획을 이론화하는 것이었지요. 후기 푸코에게 이론화는 "구체적 경험"의 권리 부여를 실제로 비싸게 지불해서 다시 사는 것으로 생각됩니다. 그것은 또 한편에서 자본주의도 이용하고 있는 그 무엇이지요. 문학비평이나 그 밖의 지식인에게는 대중을 구하자라든가, 대중을 위해 말하자든가, 대중을 묘사하자든가 하는 본능이 있습니다. 하지만 대중을 보잘 것 없는 것으로 간주하지 않는 방식의 말하기를 배우면 어떨까 싶습니다. 대중을 생각할 때 저는 인도 여성 노동의 84%에 속하는 여성 존재를 생각합니다. 그것은 조직이 없는 농노노동입니다. 만일 그들이 실제로 제게 귀를 기울여 많은 식민지 전도사의 하나로 저를 처리해 버리지 않을 때, 제가 그들에게 말할 수 있으려면 그건 제가 최근에 말한, 우리들의 특권을 버린다는 기획을 실행하는 일일 겁니다. 지식인은 억압된 자의 텍스트를 향해 무엇을 할 수 있을까요? 다른 사회를 위해 권력을 갖고 자기 자신의 위치를 명확하게 하고, 그것들을 재현하고 분석해 보십시오. 푸코는 이것을 실행하였지요. 실제 서양 지식인 중에 우리 시대의 다른 지식인은 생각나지 않습니다. 제가 반대하고 싶은 것은 삐엘 리비엘(Pierre Riviere. 푸코의『삐엘 리비엘의 범죄』: 역자주)로 하여금 스스로 발언하게 한 것에 대한 이론화이며 푸코의 영향을 받은 사람들을 위한 이론적 언명입니다. 그들은 열광적인 학문적 지식인이며, 동시에 푸코의 분수령적 지식인 비판을 그냥 무비판적으로 받아들여서 푸코를 분수령적 지식인으로 만들고 있습니다!

애덤슨 선생님이 주변부 집단에 대해서 말할 때, 자기를 "전문가로서 별거 아닌 것"(de-skilling)이라고 해서는 안 된다고 하는 종류의 텍스트는 무엇을 의미하는지요?

스피박 그들 자신을 전문가로서 별거 아니라고 해서는 안 된다고 말했을 때, 제가 말하려는 것은 학문적이거나 반학문적인 사람들 사이에 존재하고 있는 일종의 반지식주의를 말하는 것입니다. 피억압자들에게 비호자처럼 행동해서는 안 됩니다. 이 점이 저의 노선과의 분기점이 됩니다. 특권적 담론을 인식하고 이를 버리면 학문 내부에 있지 않는 사람들에의 목소리를 들을 수 있는데 그것은 반지식주의를 요구하는 것과는 아주 다릅니다. 반지식주의는 학문 내부에서 자기 어휘를 일종의 완전한 단음절화로 꾀하고 있지요. 그리고 사람들의 실천은 그들의 위치지움과 상황에 크게 의존하고 있다고 생각합니다. 제가 태어난 나라에서의 문맹은 기능적인 문맹이 아닌 진짜 문맹자로 문자들을 구별 못할 정도이지만, 정치적 세련이 몸에 배어 어느 정도 학문을 하는 것에 반대하지 않습니다. 그러나 제가 끊임없이 충격을 받는 것은, 세계에서 가장 풍요로운 대학 제도 내부의 반지식주의이지요. 제가 전문가로서 별거 아닌 것(de-skilling)을 말하려는 것이 그것입니다.

애덤슨 그렇지만 제 질문의 핵심은 아직 답하지 않으셨습니다. 우리는 주변부 집단의 관심, 욕망, 선입견에 비추어 텍스트를 선택해야만 할까요? 그렇지 않으면 그들이 관심을 가져야 한다고 하는 우리들이 상정하는 텍스트에 비추어 텍스트를 선택하는 것인지요? 또 이러한 유형의 텍스트를 의식적으로 선택하는 것은 그야말로 해서는 안 되는 일일까요?

스피박 글쎄요, 저는 단지 제가 일하는 삶을 말할 수 있을 뿐입니다. 저는 미국, 유럽, 영국에서 문학 교사로서 삶을 살아 왔습니다. 저는 주변 사람들이 흥미를 가져야 할 것이 무엇이라고 말할 수는 없다고 생각합니다. 멜버른에서 한 제 강연은 1926년의 캘커타에서 있었던 십대 여성의 자살 이야기로 마쳤습니다. 자살한 젊은 여성에 대해 제가 하고 싶은 것은 실제로는 그녀의 텍스트를 분석하고 재현하는 것이었지요. 그녀는 특히 저에게 말을 걸려고 하지 않았습니다. 저는 그녀를 재현하고 그녀를 글로 재각인하였지요. 어느 정도까지 그녀가 읽혀지도록 하기 위해 글을 썼지만 저는 그녀의 목소리를 확실히 부여하려고 하지는 않았습니다. 그러므로 만일 제가 그녀에게 목소리를 부여하는 것으로 읽힌다면 거기에는 또다시 저에게 귀를 기울이는 서양의 페미니스트와 제3세계 정보 제공자로 표현되고 있는 제 자신 사이에, 일종의 입장간의 거래가 또 다시 존재합니다. 피억압자의 텍스트에 대해 우리가 행하는 것은 우리가 처한 장소에 매우 크게 의존한다는 것입니다.

애덤슨 마지막 질문을 드리고 싶습니다. 멜버른에서 한 강연에서 선생님은 페미니즘의 제1의 과제는 여성상을 다시 만들려고 해서는 안 된다고 말씀하셨지요. 선생님이 말씀하고 싶은 것은 무엇이었는지요?

스피박 글쎄요. 제가 말씀드리고 싶었던 것은 데리다가 어떤 면에서 여성상을 만들고 있지만 그것은 페미니즘의 기획과는 동일시될 수 없다는 것입니다. 제가 정말 말했던 것은 "전지구적 페미니즘"(global feminism)이었지요. 왜냐하면 이 말은 서양에서 오늘날 항상 의제로 삼은 그런 말이기 때문이지요. 페미니즘 제1의 의무에 대해 말한다면, 그것은 여성 간에 어떠한 담론적 연속성이 없기 때문에 상황적 반성차별주의나 그 영역의 다양성에 대한 인식이라고 생각합니다. 어떤 종류의 여성 주체, 여성상, 그러한 것을 제시하는 것 말고 말입니다. 만일 사람들이 정말로 어떤 상을 만들고 싶으면 지구상의 어느 다른 곳을 새로이 찾아보아야 할 것입니다. 정신분석이나 반정신분석은 페미니즘이라는 명분으로 자본주의적 제국주의의 선물이 되기가 쉽겠지요.

애덤슨 그러면 여성상을 만들어 낸다는 것은 선생님 생각에는 피하는 게 좋은, 본질주의의 또 하나의 예에 불과하다는 말씀인지요?

스피박 그것은 때로 본질주의 이름 하에, 그리고 패권주의적 페미니스트의 손 안에서 그렇게 되곤 합니다. 만일 그것이 지정학적으로 자리잡을 수 있다면, 만일 그것이 직장 내부에 자리잡을 수 있다면, 뭔가 멋진 일을 할 수 있다고 생각합니다. 또 지금 이 순간에도 그러한 일이 행해지고 있습니다. 그것이 여성상이라든가 우리가 그렇게 부르고 있는 것을 만들어 낼 수 있습니다. 그렇지만 우리가 "제1의 의무"라고 말할 때, 저의 마음은 딴 곳에 있습니다.

5

다문화주의의 문제점

5^장

다문화주의의 문제점

호주에서 포스트식민주의, 반식민주의, 반제국주의, 다문화정책을 둘러싼 스네자 가뉴와 가야트리 스피박의 토론은 『헤카테』*Hecate : An Interdisciplinary Journal of Women's Liberation* (Vol.12, No. 1/2, 1986)지에 게재되었다. 이 대담은 메어리 린 브로, 안젤라 잉그램이 편집한 「망명 여성의 저작」에 재수록 되었으며(Chapel Hill : UCP,1987), 또 1986년 8월 30일 토요일에 국영방송인 ABC에서 페니 오도넬(Penny O'Donnell), 에드 브루네티(Ed Brunetti)가 제작한 "The Minders" 시리즈에 특집 방송되었다.

기뉴   우리는 토론을 정통성(authenticity)이라는 전체 개념에서부터 시작하는 편이 좋을지 모르겠습니다 ― 제가 현재 출판하고 있는 저작물과 관련시켜 나오는 질문입니다. 지금 저는 그것을 "이민"의 저작이라기보다는 비앵글로-켈트적인 글쓰기로 언급하고자 합니다. 왜냐하면 호주 내부에서 "이민"이란 말에는 영어로 말할 수 없다는 뜻이 들어 있기 때문이지요. 따라서 이 글쓰기는 앵글로-켈트족이 아닌 사람들이 영어로 쓴 것을 말합니다. 이것과 관련해서 계속 떠오르는 질문은 정통성 문제입니다. 그것은 여러 가지 형태를 취하지만, 어떤 의미에서 그것을 풍자하면서도 접근하기 용이한 한 가지 방식은, "페트릭 화이트(Patrick White, 호주 작가로 『농부』 등이 있음 : 역자주)의 중부 유럽인이나, 비벌리 파머 (Beverley Farmer, 희랍계 호주작가, 시인, 『아론』 등이 있음 : 역자주)의 희랍인들을 삐오(πO, 희랍계 호주시인, 구체파 시인으로 알려져 있음 : 역자주)의 시나 안티곤

케팔라(Antigone Kefala. 희랍계 호주작가 및 시인 : 역자주)가 그리는 희랍인들만큼 정통적이지 않을까"하고 생각해보는 것입니다. 이런 식으로 캐묻는 것은 어떤 의미에서는 다음 질문에서 볼 수 있는 다른 식의 문제를 은폐하거나 보이지 않게 합니다. "하지만 출판과 저작에 접근할 이 앵글로-켈트 계열 작가들이 호주 문학의 일부를 차지하는 반면, 케팔라, 애니아 왈위츠(Ania Walwicz. 폴란드계 호주작가. 『붉은 장미』 등이 있음 : 역자주), 로사 카피엘로(Rosa Cappiello. 이딸리아계 호주작가. 1982년 이딸리아 문학상 플래미오 카라브리아를 수상. 작품에 이민 문제를 언급한 『행운의 나라』가 있음 : 역자주)와 같은 작가들은 이러한 문화적 생산의 일부로 보이지 않습니다. 왜 이들에게는 충분한 문화적 상품성이 부여되지 않는 것일까요? 사실 어떤 의미에서 보이지 않는 "이민자들"은 문학만이 아니라 호주의 담론 형성의 내부에도 구축되어 있습니다. 그리고 문학 형식에서 그러한 최초의 구축은 니노 컬로타(Nino Culotta. 호주작가로 『오합지중』이 있음 : 역자주)가 하였지요. 그는 이딸리아사람으로 행세해 온 아일랜드의 저널리스트였습니다. 그는 수십 년 동안 크게 유명세를 탈 만한 호주에서 성공하려는 이딸리아계 이민에 대한 책을 썼습니다. 제가 기억하기로는 엄청나게 많은 이민자들에게 호주에 도착하자마자 호주 사회 내부에서 그들의 지위를 설명해주는 굉장한 책이었죠.

스피박 저로서는 "누가 말해야 하는가?"하는 질문은 "누가 듣는가?"하는 질문보다 중요치 않습니다. "제3세계 사람으로 내 자신을 위해 말하겠다"고 하는 것이 오늘날 정치적 동원을 위해서는 중요한 입장입니다. 하지만 정말 필요한 것은 제가 그러한 입장에서 말할 때, 진지하게 들어주어야 한다는 것입니다. 실로 그것은 제가 우연히도 인도인이라든가 뭔가 그런 이유 때문에 말하게끔 해주는 저 자비로운 제국주의 자세가 아니라는 말입니다 …… 제가 지금 어떤 장소에서 너무 쉽게 발언할 수 있다는 그 이유만으로, 백 년 전에도 제가 그렇게 말할 수 있었을 것인가, 이는 생각할 수도 없는 일이겠죠. 일종의 역전된 상황이긴 하지만 약간 의심쩍은 것입니다. 그렇지만 우리 시대에 그것을 슬로건으로 고집하는 것이 매우 중요합니다. "~으로서 말한다"는 것은 자신과의 거리를 취한다는 뜻입니다. 제가 인도인으로서, 페미니스트로서 말하는 방식들, 제가 여성으로서 말하는 방식들을 생각해 내야만 하는 것은, 제 자신을 일반화하려고, 대표자가 되려는 것으로, 그와 같은 말하기를 시작하려는 것으로부터 거리를 두려고 하기 때문입니다. 우리에게는 취하지 않으면 안 되는 많은 주체적 입장들이 존재합니다. 우리는 다만 하나의 존재가 아닙니다. 여기에 정치적 의식이 들어오게 됩니다. 따라서 "~으로서 말한다"를 취하려고 하는 사람은 자신의 자아로부터 거리를 두게 됩니다. 하지만 결정적인 패(覇)를 잡고있는 듣는 사람들, 즉 패권을 쥐고 있는 사람들, 지배하는 사람들이 "~으로서 말하는" 누군가, 즉 타자에게 귀를 기울일 때 거기에서 우리는 문제에 부딪칩니다. 어떤 인도인이 한 사람의 인도인으로서 말하는 것을 듣고 싶을 때, 또는 제3세계 여성으로서 제3세계 여성이 말하는 것을 듣고 싶을 때, 그들은 그들이 소유하도록 허용받은 무지라고 하는 사실을 은폐하고 일종의 균질화로 빠져 버린다는 것이지요.

기뉴 그렇지요. 그리고 그들은 자신들이 듣고 싶어하는 부분만을 취하고, 이 소재를 어떻게 처리할 것인지를 선택합니다. 그리고 다문화주의의 맥락에서 대단히 조잡한 방식으로 일어날 수 있는 일은 특정인들이 지금 면에서, 그리고 자신들의 작품을 유포하는 면 등에서도 모든 이민을 대표하는 사람들로 치켜세워진다는 점이지요. 그 결과 우리들은 다른 사람들에 대해 듣지 못하게 됩니다. 왜냐하면 "우리는 그것을 이미 다루었기" 때문에, 그리고 이러한 매우 소수의 허가받은 인간이 안전한 구실로 기능하고 있기 때문입니다. 예를 들면, 호주 문화진흥회의 원조를 받고 있는 다문화적인, 비앵글로−켈트 계열의 예술가의 비율은 불과 몇 퍼센트에 불과하며 그것도 매년 같은 사람들인 경우가 허다합니다. 그 분야에 무엇이 있는가, 또 누가 일하고 있는가를 정확하게 알 정도로 공부하는 것은 믿을 수 없을 정도로 엄청난 일이기 때문이지요. 굉장히 힘든 일이지요. 이처럼 몇 번이고 나갈 차례를 기다리는 허가증적 인간(token figures)이 되는 것이 훨씬 편하기 때문입니다.

스피박 『잃어버린 시간을 찾아서』에서 프루스트는 누군가가 프랑스 말을 비판하자, "불어란 라틴어의 흐트러진 말에 지나지 않다"고 쓰고 있습니다. 그 때문에 그것이 프랑스인의 입장인지, 로마인의 입장인지 구별할 수도 말할 수도 없지만, 그가 지적하고 있는 것은 이 점입니다 ─ "이게 백인의 입장이요"라고 말하는 순간, 사람들은 균질화하고 있는 것이지요. 이러한 표시보다는 특수성에 안전성이 있다고 생각합니다.

기뉴 이에 앞서, 제가 "하지만 패트릭 화이트의 중부 유럽인은 정통적이지 않은가?"라는 질문에 바로 그런 문제가 설정되어 있다고 말씀드렸을 때, 제가 언급하려 한 것도 바로 그 점입니다. 그것은 문제가 되지 않습니다. 왜냐하면 정통성의, 정통적 이민 경험이라는 개념은 패권주의적 목소리에 의해 구축되어 우리에게 다가오는 개념이기 때문입니다. 그래서 사람들이 어떻게 해서든 빼내지 않으면 안 되는 내용이 거기에는 없다는 것이죠. 이런 식으로(만일 사람들이 특정문화로부터 지식을 얻는다면) 이렇게 말을 하는 겁니다. "하지만 봐라, 이것은 제외된 것이다, 이것은 이미 다루어진 것이다. 이러한 구축은 이미 행해지고 있다. 이러한 글읽기는 특권화되고 있다." 그런 다음 어떤 글읽기가 특권화되어 있지 않으며 거기에 없는 것이 무엇이며, 어떤 질문들이 될 수 없는지를 묻는 것입니다.

스피박 종속민도 이런 방식을 사용합니다. 그리고 우리가 아이러니를 모르는 것도 아니지요. 우리도 그것을 사용합니다. 제가 자주 싸우려들지요? 게다가 저는 흥분하면 사람들을 방해합니다. 그리고 제가 농담할 때, 제가 농담이라고 사람들에게 일러주지 않으면 결코 농담인 줄 모르더군요. 제가 번번이 말씀드리는 것은, "이봐요, 저의 문화권에서는 누가 끼어들면 관심과 존경을 보이지요"라고 말하는 겁니다. 그러면 즉시 매우 경건한 얼굴들이 나에게 끼어들기를 허락합니다. 우리가 균질화하려 드는 것을 자각하지 못하는 것처럼 행동할 필요는 없습니다. 그렇게 하지 못하는 이유가 뭡니까?

기뉴 그 때문에 저와 함께 작업하는 작가들 가운데 일부는 전략의 하나로 일종의 이민극을 연출해서 소위 정통적인 이민의 구축물을 온갖 방법으로 얼렁뚱땅 넘기면서 풍자합니다. 저는 여기에 피오의 작업이나 아니아 왈위츠의 작업을 생각하고 있는데요 ······.

스피박 실제로 허가증은 게토화(ghettoization)와 손을 맞잡고 있습니다.

최근 저는 변함없이 제3세계의 견해를 대표하듯이 이런 저런 초대를 받습니다. 허가증적 인간으로 보이면 어느 일정한 방법으로 침묵을 해버리기도 합니다. 왜냐하면 만일 여러분이 그런 초대에 이끌려 나온다면 이런 문제는 가려지게 되므로, 그 일로 해서 그 이상 괴로워할 필요가 없어지고 자기 양심을 달래게 될 겁니다. 미국에서 인도인이라는 것은 매우 미묘한 문제를 야기합니다. 몇 세기에 걸쳐서 우리에게는, 역무 계약에 의한 인도인의 노동력이 아프리카계 카리브해로 옮겨진 역사가 있습니다. 몇몇 아프리카 나라들에서 정권이 바뀐 후, 인도인들은 아프리카를 떠나 영국으로 건너갔지요. 그리고 60년대 초, 지적 직업을 가진 인도인들은 두뇌유출의 일환으로 미국으로 대거 옮겨갔습니다. 이러한 여러 역사적 이유로 해서 세계에 널리 퍼져 있는 인도인들, 그들은 이산민들이지요.

기뉴 이것은 호주에 사는 희랍인이나 이딸리아인, 또 그들의 조국을 떠나 다른 나라로 이주하지 않으면 안 되었던 엄청난 수의 인종집단에 의해 배가되고 있습니다.

스피박 미국의 인도인 사회는 두뇌유출로 이민 온 유일한 유색 인종사회입니다. 이것은 영국에서 인도인이나 파키스탄인과 매우 다르며, 아프리카나 카리브해에 흩어져 살고 있는 인도인과도 아주 다릅니다. 그 때문에 우리는 알리바이로 사용되고 있지요. 우리는 미국의 흑인들이나 동아시아인들이나 중남미 스페인어권의 사람들과 동일한 억압의 역사를 공유하고 있지 않습니다. 다른 한편으로, 우리의 피부는 희지 않습니다. 우리 대부분은 식민지 이후에 자랐고, 영국식 교육을 받고 있지요. 미국에는 일종의 영국 풍조가 물들어 있어 우리는 적극적 고용 촉진 정책의 알리바이로 사용되고 있지요.

기뉴   네. 이런 경우는 호주에서도 흔히 망명자들로, 여러 단계를 거쳐 온 유태계 이민에서도 생깁니다. 그들도 마찬가지로 그러한 의미에서 적극적 고용 촉진 정책에 이용되고 있지요. 실제로 여러 가지 이유로 그들 가운데 일부는 매우 높은 지위에 올라 있습니다. 그 때문에 "물론 앵글로적 주류 제도, 압도적으로 앵글로 주류 제도만이라고 말하는 것은 아니다 ― 우리들에게는 X, Y, Z가 있다"라고 아주 간단히 간추려 발언할 수 있습니다. 그래서 같은 종류의 알리바이가 작용합니다. 하지만 제가 선생님에게 더 듣고 싶었던 것 중의 하나는, 어제 선생님이 제시한 비판하는 권리를 쟁취한다는 개념입니다. 제가 이해하기로는 이것이 하나의 올가미가 됩니다. 그것을 제공하고 있는 일종의 권리는 끊임없이 초래하는 이러한 허가증에 수반해서 생깁니다. 선생님은 이 점에 대해 더 발언하시겠습니까?

스피박   그것은 제게 절박한 문제입니다. 따지고 보면 저는 해외에서 가르치고 있으니까요. 글쎄요, 학부에서는 정치적으로 공정한 한 젊은 백인 남학생이 이렇게 말한다고 합시다. "저는 중산층 백인 남성일 뿐입니다. 저는 발언할 수 없습니다." 이런 상황은 특이한 상황입니다. 왜냐하면 제가 권력을 가진 입장에 있고 그들의 교사이기 때문이지요. 반면에 저는 중산층 백인 남성이 아니기 때문입니다. 그러면 저는 그들에게 이렇게 말합니다. "당신을 침묵하게 하는 저속한 각본을 써온 역사에 대해 왜 분노하지 않는가?"라고요. 그러면 사람들은 내 피부색이 이렇기 때문에, 내 성(性)이 이렇기 때문에 나는 말할 수 없다는 매우 결정적인 입장을 취하기보다는 자신들을 침묵시키는 것이 무엇인지 검증하기 시작합니다. 저는 이러한 것을, 아시다시티 약간 경멸적으로 색채 환각(chromatism)이라 부르지요. "나는 백인이므로 말할 수 없다"는 모든 것을 피부색에 바탕을 두기 때문이지요. 그리고 생식기주의(genitalism)라고도 부릅니다. 그건 어떤 생식기를 갖고 있느냐에 따라 특정한 상황에서 발언할 수도 있고 안할 수도 있습니다. 이러한 입장이라면 우리들은 제3세계에 대해서도 마찬가지로 말할 수가 없습니다. 하지만 만일 우리들이 언어나 특정 학습 기획을 통해서 뿐만 아니라, 동시에 검증하는 사람으로서 우리들 입장에 대한 역사적 비판을 통해서 거기서 무엇이 진행되고 있는가를 배우는 것을 임무로 삼는다면 우리들은 비판하는 권리를 쟁취했다는 것을 알 것입니다. 또 그런 말을 듣게 될 겁니다. 만일 주어진 과제를 하지 않는 입장을 취한다면 ─ "나는 출생의 우연성 때문에, 역사적 우연성 때문에 비판하지 않겠다"고 한다면 ─ 그러한 입장은 훨씬 음흉하다 할 수 있지요. 어떤 면에서 우리들은 타자(Other)라고 하는 지배하기 위해 사용한 그 무엇을 비판하는 비판을 감히 하는 것입니다. 우리들은 어느 정도 위험을 무릅쓰지 않으면 안 된다고 말씀드리겠습니다. "나는 비판하지 않는다"라고 말하는 것은 사람들의 양심을 달래어 과제를 하지 않아도 좋다는 말이 될 것입니다. 반면에, 사람들이 그러한 권리를 쟁취했다고 비판한다면, 그렇다면 그건 정말로 위험을 무릅쓰고 한 일로, 아마도 환영받고 존경어린 판단을 받게 될 것으로 기대할 수 있을 것입니다.

기뉴 하지만 다른 모순은, 이러한 주변 집단을 위해 말하고 있는 허가증적 인간으로 행세하는 사람들이 함정에 걸려들어 자신의 특권적 입장을 부정하게 되는 것입니다. 앞서 선생님은 예를 들어 강의실에서는 권력을 가진 사람으로 백인 앵글로색슨계 학생을 마주보고 있다고 말씀하셨지요. 마찬가지로 매우 명백히 특권적인 학문적 맥락에서, 호주 내부의 이민 집단에 대해 말할 때 균질화하거나 잘못 재현할 위험이 허다합니다. 그러므로 이러한 질문들을 신중을 기해 다루고 있지 않다고 생각합니다. "누구의 이름으로" 말할 때의 차이들을 신중을 기해 구별하지 않는 것 말입니다. 사람들이 "누구의 이름으로" 말하는 일은 제가 정말 두려워하는 일이며 그것을 깨는 전략을 세우기가 대단히 어렵습니다.

스피박 오늘 우리가 서로 말하고 있는 이 문제가 해결되리라고 생각되지 않습니다. 그렇지만 저는 그것을 문제로서 계속 살려가지 않으면 안 된다고 생각합니다. 혜택받지 않은 사람들이 자신들을 위해 이야기한다든가, 급진적 비평가들이 그들을 대변한다고 하는 발상은 해결이 아니지요. 자기 대표/재현(representation), 타자의 대표/재현이라는 문제는 중요합니다. 한편, 우리는 정통적인 목소리를 요구한다면서 이 문제를 융단 밑에 숨겨 둘 수는 없습니다. 우리가 문제를 해결하려는 것이 오히려 문제를 복잡하게 할 수도 있다는 것을 유의하지 않으면 안 됩니다. 그리고 이런 균질화에 완전히 빠져들지 않도록 다른 사람들이 하고 있는 일을 부단히 비판하는 것이 필요합니다. 타자를 단지 지식의 대상으로 구축하고 타자에게 자비를 베푼다는 시대 풍조 따위를 위해 공적 장소에 나오는 사람들 때문에 참된 타자가 제외되어 버립니다. 저는 대표/재현 문제가 매우 문제가 많은 영역이라는 것을 알아차리는 한, 어느 정도 희망은 있다고 봅니다.

기뉴 그렇습니다. 가령 여성 운동으로부터 우리가 배워 온 전략의 하나는 끊임없이 정치 운동에 연루되는 것, 사건과 접촉하는 것, 모종의 개혁을 위해 매우 구체적인 정치와 접촉하고 있다는 것을 확인하는 일입니다. 마찬가지로 다문화주의 영역 가운데 하나의 길은, 문화정치학의 관점에서 다양한 이민 집단에 생기는 일에 상당히 민감하게 반응하는 것이라고 생각합니다. 지금 진행 중인 일, 아직 문제로 제기되지 않은 내용들, 어떤 사람들이 행하고 있는데 지금까지 들어 본 적도 없는 일 ― 이것들이 문제가 될 만한 것들입니다.

스피박 호주의 상황에서 문화정치학 문제의 구체적인 예를 몇 가지 들어 주시겠습니까?

기뉴 글쎄요, 예를 들면 저는 지난 주 글레브 로드를 걷고 있었지요. 그때 저는 상점 유리창을 들여다보다가 갑자기 양복들(그 가게는 양복점이었지요) 사이로 한 편의 시(詩)가 걸려있는 것을 보았지요. 저는 들어가서 저의 멋진 친구인, 터키 시인 니하트 지얄란(Nihat Ziyalan)을 보았습니다. 그는 이런 식으로 ― 자신의 말이 들릴 수 있도록 하는 몇 안 되는 방식 중의 하나일 겁니다 ― 누구나 때마침 그곳을 지나가는 사람이면 자기 작품을 볼 수 있도록 한 것입니다. 그러면 사람들은 틀림없이 들어와서 그의 시에 대해 그에게 말을 걸어옵니다. 하지만 그는 현재 아무런 보조금도 받지 않고 있습니다. 호주 문화진흥회나 SBS, 혹은 평상시의 채널을 통해서는 결코 들리지 않는, 황야의 목소리라는 생각이 듭니다. 후자의 경우는 다문화주의 국가인 호주를 위해 일하고 있다는 민족 방송을 위한 텔레비전 방송국인데도 실제로는 그 프로그램의 태반을 해외에서 가져오고 있습니다. 그러므로 그것은 호주 내부에서 모종의 유럽이나 아시아, 중동의 집단을 보면서 애착을 느끼기보다는 호주에 역수입된 유럽입니다.

스피박 그게 정말 문제지요. 우리는 어느 정도 출발점으로 되돌아 온 셈입니다. 말하자면 우리들이 실제로 똑같은 옛 일에 대해서 계속 말하고 있는 것처럼 말입니다. 제국주의의 진정한 문제를 고찰하는 것보다 이민 문제와 동일시하는 것 말입니다. 제3세계 일반을 음미하는 것 보다 자국의 문제와 모든 것을 동일시하는 것입니다. 여기에는 실제로 낡은 태도만이 이러저러한 식으로 숨겨져 있을 뿐입니다. 이것이야 말로 문화정치가 부딪히는 진정한 어려움입니다. 만일 선생님이 저처럼 아프리카 문학 협의회에 참석하면, 선생님이 주목하게 되는 것은 미국의 흑인들은 — 제가 이렇게 일반화할 때 늘 두드러진 예외는 있습니다만 — 이 아프리카 흑인들에 비해 흑인 전통의 문제에 훨씬 많은 관심을 가지고 있다는 겁니다. 반면에 아프리카 대륙의 흑인은 그들이나 동료들이 그들 자신을 위해 만들어 낸 문제에 훨씬 많은 관심이 있습니다. 그것은 아프리카 여러 나라의 문제나 아프리카에서의 유럽 언어로 생산되는 것과 아프리카의 여러 언어가 철학이나 문학 연구 등으로 완벽하게 조직될 때에 생기는 일 사이에 있는 문제이지요. 사실 미국에서의 인종차별 문제를 포스트식민지화한 아프리카에서 생기고 있는 일과 동일시하려는 것은 미국 여권을 소지한 사람들이 하는 일이지요.

기뉴 그러면 그것은 균질화와 구체성 부정의 문제겠네요.

스피박   그렇지요.

기뉴   저는 선생님이 언급하신 내용 가운데 또 한 가지를 지적하고 싶습니다. 이산이라는 개념, 이산 문화는 그것이 파생한 원래의 문화와는 매우 다르다는 것, 그리고 이런 차이란 기본적인 차이면서도 역사가 우리에게 가르쳐 준 그대로 구별되는 게 아니라, 우리가 구별할 필요가 있는 것이라고 생각합니다.

스피박   차이를 아시겠지요. 사실 그러한 차이는 사소한 일상에서도 느낄 수 있습니다. 실제로 제도란 그렇게 맹목적이지 않습니다. 문제는 맹목적인 사람들이 자비심이 많은 사람들이라는 겁니다. 에피소드를 하나 말씀드리지요. 저는 3월에 런던 영연방 연구소에 있었습니다. 흑인 영화제작자가 만든 몇 편의 영화에 대해 논의하기 위해서였지요(훌륭한 집단이어서 그들이 제게 청탁했을 때 대단히 기뻤습니다). 그리고 제가 그들에게 말한 내용 중의 하나는 (이 문제에 관해서는 제 기억이 좀 애매합니다만), "우리들은 영국에 있는 이산 흑인입니다. 게다가 우리들은 영국의 토착 저항 전선과 결부되어 있습니다. 그 때문에 또 모종의 저항 언어를 생산할 수가 있습니다. 하지만 제3세계를 잊어서는 안 됩니다. 제3세계에서는 흑인 대 백인의 문제로 해결할 수 없습니다. 흑인 대 흑인이 있는 것과 같이 황인종 대 황인종의 문제 등이 있으니까요." 듣고 있던 젊은 남녀들은 제가 그들을 어떤 종류의 신비적인 민족적 기원과 결부시켜 주기를 바라고 있었습니다. 물론 그들의 거주지에 가보면, 그들의 조국에 대한 생각은 가족 내부에서 본 관습이나 요리나 그런 것에 대한 향수에서 나온 것 입니다. 그래서 그들은 기본적으로 세대 문제에 저항하고 있었습니다. 세대 문제는 이들로 하여금 제3세계 전체에서 진행되는 것을 완전히 무시하게 만들어버립니다. 반면에 제도적으로 보면 저는 미국의 외국인 거주자입니다. 그 시기에 저는 캐나다의 앨버타 대학에서 강의하고 있었습니다. 저는 뉴욕주 북부로 해서 토론토로 아무 문제없이 들어갔습니다(저는 인도 여권을 가지고 있습니다). 미국의 인도인 거주자가 캐나다의 불법 입국자는 되고 싶지 않다고 생각하면서요. 이틀 후에 저는 런던으로 가서 일정을 마치고 같은 여권으로 캐나다로 되돌아가려 했습니다. 미국의 외국인 비자였지요. 다음에 저는 일요일 히스로우에서 비행기를 탈 예정이었습니다. 캐나다 항공사는 제게 "우리는 당신을 받아드릴 수 없습니다"라고 말했습니다. 저는 "왜요?"하고 물었지요. 그러자 항공사 여성은 "당신은 캐나다 입국 비자가 필요합니다"라고 말하더군요. 저는 말했지요. "보세요. 저는 같은 사람, 같은 여권입니다 ……" 인도인의 문화적 정체성을 지녔다는 거겠죠. 그렇지요? 하지만 사람들이 달라져 버리는 겁니다. 런던에서라면 인도인들은 캐나다로 가는 배에 올라타고 오는 것도 충분히 가능합니다. 제가 같은 여권으로 런던에서 캐나다까지 여행을 하는 데는 비자가 필요합니다. 하지만 미국에 오면 다릅니다. 짧게 말해서, 비슷한 문제를 영화 제작자였던 흑인 남녀들에게 말했던 저에게 바로 그 문제가 일어났던 것입니다. 결국 저는 하루를 더 머물 수밖에 없었지요. 그래서 캐나다에 전화를 해서 담당자에게 세미나를 할 수 없다고 말했습니다. 저는 떠나기에 앞서 그 항공사 여자 직원에게 좀 따끔한 말을 했습니다. "당신에게 잠깐 말해 두지만, '우리는 당신을 받아드릴 수가 없습니다' 따위로 말하지 마십시오. 그렇게 하면 일대일의 인간관계에서는 몹시 기분 나쁘게 들리니까요. 다음 기회에는 '그건 규정에 어긋납니다. 그러니까 우리는 양편이 다 같이 희생자입니다'라고 말을 해야 합니다." 그러자 그 여성은 아주 놀랐다는 태도로 나를 바라보았습니다. 히스로우에서는 사리를 입은 유색인 여성이 백인 여성에게 이런 식으로 말하지 않으니까요. 저는 그 특이한 상황에서 정말 인도인으로서 입을 놀려 버렸습니다. 사람들이 일단 규정이 작용하는 방식을 보기 시작하면, 그들은 자비로운 태도가 아니라야만 제3세계 사람들 사이의 차이들을 알게 될 겁니다.

기뉴 이 순간 제게 중요한 문제로 떠오르는 것은 하나의 특정한 언어로 구성된 사람이 또 하나의 언어로 이동해서 처음 언어로 구성된 자아나 주체성을 억압하지 않으면 안 될 경우, 그때 어떤 종류의 폭력이 주체성에 가해지는가 하는 것입니다. 그리고 물론 사람들에 따라서는 이러한 과정을 몇 차례 통과하지 않으면 안 됩니다. 또 이 과정을 막 이해하기 시작하면 호주 내부에서 다언어권 전집을 요구하는 하잘것없는 제스처를 보이겠지요. 호주의 대중일반에게 영어로 쓰인 이민의 저작을 부여하는 것까지도 믿을 수 없을 정도의 불균형의 저항이 있지만, 이러한 억압된 언어의 잔재와 영어를 연결시키는 일은 앞으로 싸워야 할 또 하나의 싸움이 될 것 같습니다.

스피박 예를 들어 프랑스에서 산출된 이론적인 실태의 일부가 아프리카나, 인도, 이른바 자연 상태의 장소에서 온 사람들에게 자연스럽게 가까이 다가갑니다. 만일 계몽주의 이후의 이론사를 음미해보면 지금까지의 중요한 문제는 자전(自傳)의 문제임을 알 수 있습니다. 그것은 주체 구조들이 실제로 어떻게 객관적 진실을 부여할 수 있는가의 문제입니다. 이처럼 여러 세기 동안, 다른 장소에서 발견된 "토착 정보 제공자"가 쓴 것은 의심할 바 없이 민족지(誌)학, 민족 언어학, 비교종교학 등, 이른바 여러 학문의 창시를 위한 객관적 증거로서 다뤄져 왔습니다. 그래서 다시 이론적 문제는 인식주체에게만 관련됩니다. 인식주체는 자아에 뒤얽힌 모든 문제를 지니고 있습니다. 인식주체의 대상은 문제성이 있는 자아를 지니지 않고 있는 것처럼 다소 생각됩니다. 최근에 비슷한 의제들이 작용하고 있습니다. 다만 지배적인 자아만이 문제입니다. 즉 타자의 자아는 아무런 문제없이 정통적이어서 이것이 당연히 복잡한 문제를 낳게 됩니다. 이것은 대단히 무서운 일이죠.

6

포스트식민 비평가

6장

포스트식민 비평가

1987년에 뉴델리의 자와할 네루 대학 역사학 연구소의 객원교수로 가야트리 스피박은 그곳에서 "텍스트와 컨텍스트 — 해석 이론들'이란 제목으로 강의했다. 최근의 후기구조주의적 유럽 이론을 초점으로 주로 데리다, 푸코, 료타르, 보드리야르, 하버마스, 라깡의 이론을 강의하였다. 그녀는 또 델리 대학의 여러 연구소에서 강의를 했다. 라쉬미 바트나가르, 로라 챠터지, 라제슈와리 선더 라잔과 가야트리 스피박의 대담은 식민 이후의 지식인의 상황, 제1세계 이론, 여성 운동, 영문학 연구라는 네 개의 넓은 영역에 초점을 맞추어서 행해졌다. 이 내용은 *The Book Review*(vol. 1, no 3, 1987)에 처음 발표되었다.

질문 선생님이 "자신을 포스트식민지하려고 하는, 포스트식민 이산 인도인"으로서 자신을 인식하는 방식에서 몇 가지 문제가 생깁니다. 그리고 선생님이 우리를 편의상 "토착" 지식인으로서 보는 방식에도 문제가 있습니다.

> a. 선생님은 역사적 제도적 구조 내부에서 말을 하고 있습니다만, 그 구조를 볼 수 있도록 하려는 선생님의 노력은 미국의 포스트식민 인도인 연구자의 이산 상황에 대한 탐구이유에 집중되어있습니다. 일시적일지라도 진보라는 순풍을 타고 인도로 되돌아온 비거주인도인(NRI)의 정치적으로 오염된, 애매한 기능에 선생님이 부여하는 이론이나 설명, 제휴, 비제휴의 내러티브는 어떤 것일까요?

b. 선생님은 포스트식민 문화정치학의 상황에 보다 명석한 전망을 위한 이점으로 망명을 특권화하고 있습니까?

c. 가령, 자와할 네루 대학의 강의실에서의 선생님의 교육 실천은 선생님이 인도 상황에 관련하는 방식을 말해준다고 생각하십니까?

스피박 우선 제가 여러분들을 어떻게 보고 있는가, 그에 대한 여러분들의 설명이 완전히 옳다고는 생각하지 않습니다. 저는 선생님들을 이산 인도인과 대등한 포스트식민 지식인이라고 생각하고 있었는데요!

제가 어떻게 해서 멀리 델리까지 왔는지 그 이유는 당시 제게 명확하지 않았습니다. 망명이라기보다는 자각 없는 삶에 관계된 것입니다. 망명자란 멀리 떨어져 있지 않으면 안 될 누군가라는 것을 말씀드리고 싶습니다. 그러한 의미에서 저는 망명자는 아닙니다.

제가 점유하고 있는 공간은 제 역사에 의해서 설명될지도 모릅니다. 그것은 제가 기입되어버린 위치입니다. 저는 그것을 특권화하지 않지만 그것을 사용하려고 진지하게 생각하고 있습니다. 저는 제 자신이 처해 있는 위치와는 다른 위치를 완전하게 구성할 수 없으니까요.

제가 인도 상황(Indian scene)과 관련되어 있는 일에 대해 말씀드리자면, 누구나 객원 교수의 위치에 있다고 해서 그러한 관련성을 만들 수 있다고는 생각지 않습니다! 게다가 왜 제가 선생님들보다 "정치적으로 오염되어 있는가"도 잘 모르겠군요.

바트나가르 & 라잔 우리가 오염의 개념을 사용한 의미는 우리 자신을 위한 순수함의 정도를 나타내기 위해서가 아닙니다. 아마 선생님과 우리들과의 거리감은 우리가 쓰고 가르치고 하는 것이 우리들에게 정치적이거나 다른 실제적 결과를 초래케 하는 일과 관계됩니다. 그건 선생님에게 초래될 결과나 결과의 결여와는 다른 의미입니다. 이러한 맥락에서 사람들이 자기가 위치한 공간에 거슬러 작업하는 것은 어떻게 가능할까요?

스피박   어느 누구도 자신이 살고 있는 장소에 대해서 완벽하게 설명할 수는 없습니다. 저의 시도는 이제까지 이러한 비교적 파악할 수 없는 장소를 그 역사라고도 할 수 있는 관점에서 묘사하는 것이었습니다. 저는 스스로의 장(場)에 대해서 말해 달라는 의뢰를 받으면 항상 불안합니다. 그것은 가장 해결하기 어려운 사항으로 실제로 누구나 타인에게 배울 수밖에 없는 노릇이죠. 저는 비거주인도인이라는 것과 관련된 선생님들의 "자유" 개념에 관심이 많습니다. 사람들은 결코 이러한 "자유"를 이해하지 못합니다.

　마찬가지로 시류를 거슬러 작업한다고 주장하는 저에게도 어려운 일입니다. 자와할 네루 대학의 저의 두 번째 강의에서 제 입장을 분명히 한 것은 다만 그렇게 의뢰를 받아 한 것에 불과합니다. 그리고 그 후로 저는 그렇게 해야만 한다는 예상 이상으로, 제 자신의 입장을 세우고 있음을 알았습니다.

바트나가르   그건 「국제적 틀에 있어서의 프랑스 페미니즘」이라는 논문에서였다고 생각합니다. 선생님은 "아카데믹 페미니스트"에 영향을 미치는 교섭만을 자기의 것이라고 주장했습니다. 선생님이 내리는 중요한 개념 정의는 일하고 있는 직장에서 나오는 것 같습니다.

스피박   저는 스스로의 요구를 최소화하기 위해 아카데믹 페미니스트라고 부르고 있습니다. 인간이 스스로를 환원 불가능한 방식으로 정의하지 않으면 안 될 경우 그것은 최소의 언어로 정의하지 않으면 안 됩니다.

저의 경우는 이제까지 이러한 문제를 이해하려고 하는 자그마한 노력이었으며, 그 노력은 대학의 위치에 의해서 영향을 받아 왔습니다.

제가 여기에 온 진짜 이유는 증거가 충분치 않을 때에 역사적 검증의 대상이 어떻게 만들어지는가, 또 그것은 문화적 설명을 위해서 어떠한 결과를 가져오는가에 대해서 좀더 알고 싶어서였습니다. 저는 출생과 시민권상으로는 인도인이기 때문에, 이러한 탐구와 탐구의 조건은 제가 타자에게 말을 걸 수 있는 장소에서 다소 분명해질 것으로 느낍니다 저는 지금까지 일 관계 이외 어떤 장소로 여행을 해본 적이 없지만, 제가 이곳에 온 이유는, 방문하는 장소에 어떤 문제가 생기는가를 찾아내는 하나의 방식, 또 사람들이 방문하는 장소에 자신을 끌어들이게 하는 하나의 방식이라고 생각하기 때문입니다.

아마 선생님들은 저 이상으로 이산 인도 지식인으로서 저의 장소의 어려움을 잘 이해하고 있다고 확신합니다. 그것도 제가 받아들이고 싶은 가르침의 일부입니다.

챠터지 비거주인도인은 이곳에서는 주로 경제적 관점으로 정의됩니다. 인도인이 해외에 투자하는 것은 그것이 보다 많은 이익을 가져다주기 때문이지요!

스피박 그러한 경제적 정의는 요점을 잘 포착하고 있습니다. 저는 분명히 여기에 투자할 돈이 없으며, 해외 인도인 사회의 투자에도 저는 적용될 수 없습니다. 〈나의 아름다운 세탁소〉(1985년에 제작된 영국영화. 동성애자인 한 아시아인이 숙부의 세탁소를 경영하다 마약 갱단에 휘말려든다는 내용 : 역자주)에 나오는 술주정뱅이 아버지는 제가 점유하는 위치에 가장 가까운, 가장 전형적 예를 보여준다고 생각합니다. 그는 식민지식 억양으로 시대에 뒤진 "사회주의자"의 언어를 사용합니다만, 반면에 실제 비거주인도인은 지역의 소자본의 책략에 휘말려들고 있습니다.

질문 제1세계의 엘리트 이론을 가지고 "식민지의 문제"를 조사하는 과정에서, 선생님은 이론을 전개하는 방법으로 이론이 지닌 저항도 활용한다고 말했습니다.

    a. 자, 여기서 이데올로기를 생산하는 이론의 오염에 관해서, 그것은 구체적인 역사적 기원에 의한 것인데, 또 그 때문에 그것을 우리들 자신의 맥락에서 사용하는 것의 의미에 대해 모종의 불안이 있습니다. 선생님은 포스트식민 지식인들이 서양 모델에 의거하고 있는 것을 역사적 필연으로 보고 이를 옹호하시는지요?

    b. 다음 질문은 불가피 합니다. 즉, 토착 이론을 발견하고, 촉진시킬 가능성은 무엇일까요?

스피박 저는 제1세계의 이론만을 사용하고 있는 것이 아닙니다. 예컨대, 저는 산스크리트의 사용법에 대한 논쟁에 개입한 적이 있습니다.[1] 바로

---

1. 「식민지에서의 영어권 연구의 무거운 짐 : 타고르의 「디디」」. 1987년 2월, 델리 대학의 미란다 하우스에서 행한 V. 크리쉬나 기념강연이다. 마하스웨타 데비의 「젖을 주는 여자」에 관한 논문으로 1987년 2월 델리 대학의 사회학부에서 행한 여성 구축을 위한 심포지엄에서 행한 강연이다.

옆에 있는 것을 저는 활용합니다. 그리고 이 일은 제1세계 이론에 특권을 주는 것과는 아무런 관계도 없습니다. 토착 이론이란 무엇입니까?

바트나가르 글쎄, 그것이 문제입니다. 간디주의(Gandhism)같은 예를 택하시면 어떨지요. 비록 고도로 종합화된 모델이긴 하나 …….

스피박 저는 19세기 역사 현실을 무시하는 토착 이론이 있을 수 있는지 이해가 안갑니다. 종합에 대해서 말하면, 종합은 답을 주기보다 문제를 발생시키는 경우가 더 많습니다. 토착 이론을 구축하기 위해서 인간은 과거 수세기의 역사적 관계를 무시하지 않으면 안 되었습니다. 저는 오히려 역사가 저에 대해 써 준 내용을 활용합니다.

저는 포스트식민 지식인이 서양 모델에 종속된 것을 변호하는 데는 관심이 없습니다. 제가 하는 일이란 저의 학문상의 상태를 분명히 하는 데 있습니다. 저의 입장은 일반적으로 말해 반동적인 것입니다. 저는 맑스주의자들에게는 너무나 기호적으로 비치고, 페미니스트들에게는 너무나 남성적으로 비치고, 토착 이론가들에게는 지나치게 서구 이론에 물들어 있는 것으로 비칩니다. 저는 이것이 불편하면서도 기쁩니다. 사람들의 경계심은 자기가 어떤 식으로 보이는가에 따라 예민해집니다. 여기에 자기를 변호하는 것은 포함되지 않습니다.

질문 선생님의 이론은 맑스의 텍스트 비유에서 마하스웨타 데비의 텍스트에 이르기까지, 상동성이나 유추를 매개로 여성 문제에 매달리는데 그게 왜 필요한지요? 선생님이 데리다나 푸코에게 주목해 온 연기(postponements)의 구조는 선생님의 저술에도 있는데 그 이유는 무엇입니까? 제1세계의 페미니스트의 글읽기 행위를 위해서 선생님이 준 경고의 말을 우리는 읽고 납득해 왔습니다만,[2] 자, 선생님은 우리들에게 뭘 들려주시겠습니까?

스피박 제 이론의 위계질서에서 여성 문제를 어떻게 인식하고 있는가, 선생님이 그것을 제가 깨닫게 해주어서 대단히 기쁩니다. 선생님이 알아차린 이러한 연기의 구조는 제가 지금까지 강의실에서 말해온 것과 관련이 있습니다. 제 임무는 후기구조주의 이론을 가르치는 데 있습니다.

　제가 느끼고 있는 것은 페미니스트와 공동으로, 그리고 그녀들을 위해서 일할 때조차도, 페미니즘의 지지층이 불가피하게 위압적이라는 점입니다. 저는 그러한 지지층을 저의 심판자로 보고 있습니다. 하지만 제가 그녀들의 판단을 인정할 때조차도 제 자신의 입장을 바꿀 정도로 그녀들의 판단을 받아드릴 수는 없습니다. 제가 자신의 입장에 대해서 이야기 할 때, 저는 사실 선생님과 같은 여성에게만 이야기를 하는 것입니다. 제가 이해하기로 선생님도 저처럼의 포스트식민 지식인의 곤란한 상황에 처해 있습니다.

　이것이 바로 제가 연기의 구조의 내부에서 작업하는 이유 중 하나입니다. 제게 가장 배우기 어려운 가르침은―저는 그것을 배우고 있지 않지만 사람들은 그것을 매일 배우려 하고 있습니다―"여성"이란 말은 사람들이 거울을 들여다보는 일 없이 문자 그대로 지시어를 찾아낼 수 있는 그런 것이 아니라는 것입니다. 그리고 선생님 자신이 인식한 바와 같

---

2. 마하스웨타 데비의 「드라우파디」, 엘리자벳 에이벨이 편집한 『글쓰기와 성적차이』 시카고 대학 출판, 1982년.

이 제가 거울 안에서 찾고 있는 것은, 특히 페미니즘의 지지층이 아니라는 것입니다. 우리들은 끊임없이 관계 지움과 실천의 가능성을 시사하고 있을 때까지도 무한히 연기하지 않으면 안 된다고 생각합니다. 그리고 저는 아카데믹한 상황에서 여성에 관해 너무 성급하게 이야기하는 것을 두려워합니다. 하위주체 토착민, 도시의 준프로레타리아, 아직 조직되지 않은 가난한 농민 여성들에게 저는 제 자신을 자유로이 왕래하는, 의식을 지닌 자비심 많은 사람이란 것 밖에는 달리 그녀들에게 받아들여 달라고 하지 않습니다. 바로 이 점이 선생님과 제가 서로 나눠 가지고 있는 조건입니다. 제게는 이것이 해외에 사는 것과 국내에 사는 것의 차이보다도 훨씬 해결하기 어려운 문제로 보입니다.

하지만 저의 이론적 개입이 미치는 한 — 저는 고백적으로도, 자전적으로도 되고 싶지 않습니다 — 여기서 제가 초청받아 해 온 강의[3]는 모두 여성들에 대한 것이었습니다(아마 단수의 여성에 대해서는 아닐 것입니다). 가령 저는 마하스웨타 데비의 「젖을 주는 여자」에서는 젠더화된 여성의 고독에 대해, 그녀의 「사냥꾼」에서는 뜻하지 않게, 또 독특하게 어떻게 다른 여성이 위치지워져 있는가에 대해서 쓰려고 했습니다. 그리고 타골(Tagore)의 「디디」를 논하는 글에서 해방된 여성 독자들로서 우리들 자신의 생산물을 음미했습니다.

질문 인도 여성을 규제하고 있는 심리적 전기(psychobiography)는 선생님에 의하면 승인된 자살입니다.[4] 그런데 또 하나의 심리적 전기 개념

---

3. 1987년 3월에 델리 대학 비교문학협회에서 행한 마하스웨타 데비의 「사냥꾼」에 대한 강연 등을 포함한다.
4. 「하위주체는 말을 할 수 있는가? 과부의 분신자살에 관한 고찰」, Wedge7/8, Winter

은 프로이트가 말한 가족 로맨스를 대체한 것이지만 매력적이고 힘찬 사상이며 또 아카데믹한 실천을 위해서가 아니라 인도 여성들의 문화적 재현의 영역에 있는 것입니다.

하지만 승인된 자살이 규제하는 심리적 전기, 즉 사람들이 간과한 다른 현실이나 다른 신화가 있다는 것이 된다면 위험하지 않습니까? 승인된 자살이 중요한 열쇠가 되고 규제력 있는 심리적 전기가 일종의 부정되는 희생물이 될 때 위험성은 없는지요?

스피박 제가 승인된 자살 논쟁을 발견하기 시작했을 때 하려 한 것은 정신분석이나 반정신분석 양쪽 모두의 외부에서 작용하고 있는 또 하나의 규제력 있는 심리적 전기를 발견하는 일이었습니다. 물론 승인된 자살은 중요한 열쇠는 아니지만 위험할 정도로 무서운 일입니다. 그러나 제게는 단순한 진단을 위한 요점에 불과했습니다.

질문 인도의 젠더화된 하위주체에 지금까지 초점을 맞춘 선생님 자신의 최근 작업의 실제적 정치적 유용성에 대해 말씀해 주시겠습니까?

스피박 저는 강의실과는 무관한 직접적이고 실제적인 정치적 유용성이 의미하는 바를 파악할 수 없습니다. 미국에서는 그들의 교육학이 그들의 정치학이라고 하는 사람들도 있습니다. 저는 그것이 일종의 알리바이가 될 수 있다고 생각합니다. 제가 너무 반동적으로 보이면 용서하십시오. 결국 제가 하는 일의 정치적 유용성을 외부에서, 제 자신이 살고 있는

/Spring, 1985.

외부에서 알고 싶습니다. 만일 선생님이 직접적으로 그 실제적인 정치적 유용성이 뭐냐고 제게 묻는다면 저는 드릴 말씀이 없습니다 …… 다른 사람과 다름없이 말입니다.

질문 선생님이 권했던 비평적 절차를 읽는 일과 관련해서, 선생님은 "식민지에서의 영어권 연구의 무거운 짐"에 대한 강의 중에 폭력의 구조와 교섭할 것을 권장했습니다. 이것은 우리들로 하여금 선생님에게 매우 소박한 형식의 수준에 몇 가지 주장과 문제를 제기하게 합니다. 즉 우리 일부 영어 교사들이 정치적으로 무능하다거나 문화적으로 중요치 않으며, 이데올로기적으로 왜곡되는 입장에서 어떻게 교섭하는가 하는 문제입니다. 우리의 유일한 힘은 우리에게 달라붙어 있는 패권주의적인, 서양 교육을 받은 자유주의의 힘뿐입니다. 게다가 선생님의 "교섭"의 개념에는 희소화되어서 너무나 미묘하게 된 무엇인가가 있지 않습니까? 그것은 이산 지식인으로서 선생님 자신의 복잡한 입장에서 나오는지도 모르며, 우리들은 그것을 자진해서 대가를 지불하고 사들이는지도 모릅니다. 그것은 우리의 현실이 보다 강력한, 그리고 보다 정식으로 개입하라는 함의를 분명 필요로 하고 있기 때문일까요? 그러한 불안이나 그러한 관심에 대면해서 교섭 이론을 상세히 말씀해 주십시오.

스피박 글쎄요, 만일 그것이 희소화되어 매우 미묘하게 된다면 저보다는 선생님이 오히려 더 잘 알고 계시겠죠,

제가 이해하기로 인간은 개입하려면 교섭하지 않으면 안 됩니다. 23년간 가르치면서, 그것을 통해서 제가 배운 것이 있다면 사람들의 입장이 약하면 약할수록 더욱 교섭하지 않으면 안 된다는 것입니다. 담론에

의한 교섭에 대해서 이야기하거나, 대등한 자끼리의 교섭이나, 단체교섭을 뜻하는 것은 아닙니다. 만일 사람들이 선생님이 말한 바와 같이 있는 그대로의 입장에 있다고 한다면, 즉, 서양의 자유주의에 의해서 구성되어 있다면, 서양 자유주의 속박의 내부에서(이는 아주 넓은 의미의 말입니다) 그것을 열어 가면서 어떤 적극적인 역할을 짊어질 수 있는가를 알기 위해서 교섭하지 않으면 안 된다고 생각됩니다. 선생님의 물음에서 정식 개입이 무엇을 의미하는지 제게는 분명치 않습니다. 만일 선생님이 의미하는 바가 선생님 자신이 그 일부를 이루고 있는 구조에 개입해야 된다는 생각이라면 그것이 가장 교섭된 입장이라고 생각 합니다. 왜냐면 인간은 그러한 구조에 정착할 때까지도 개입해야 하기 때문이지요.

저는 선생님이 말한 그 미묘한 점을 실제로 잘 모르기 때문에, 제가 생각하는 교섭을 말하자면, 인간은 정착하지 않는 한 뭔가를 바꾸려 한다는 점입니다. 왜냐하면 인간은 외부에서 작용하지는 않기 때문이지요. 유용성을 유지하기 위해서 인간은 마찬가지로 그러한 구조를 유지하고 있지 않으면 안 됩니다. 그것을 완전히 깎아내리는 것이 아닙니다. 이것이 제가 이해하는 한에 있어서의 교섭입니다. 선생님은 여기서 선생님이 서양 자유주의로 정의한 폭력과 침해의 구조에 정착하고 있는 것입니다.

여기서 저는 그 차이라는 것을 한편으로는 희귀하다는 것과 매우 미묘하다는 것, 다른 한편으로는 강력한 개입의 필요 사이에 있다고 생각지 않습니다. 다시 한 번 그러한 구별을, 즉 자아를 정의한다고 하는 그러한 구별을 만들어내고 있는 윤리–정치적 의제를 저는 음미했으면 합니다.

저는 선생님의 질문에서 일종의 경고를 읽을 수 있습니다만 그 본질을 더듬어 보면 다음과 같습니다. '우리에게 말을 걸지 마십시오.' 당신은 다른 입장에 있습니다. 저는 이 점을 숙고하므로 또 다른 사람이 그녀 자신을 정의하기 위해서 저를 어떻게 정의하고 있는지도 재차 생각해 보도록 하지요. 선생님은 그 문제에 대해서 선생님 자신의 욕망을 숙고하고 싶을지도 모르니까요.

라잔 숙고의 유아독존 대신에 대화나 교환은 가능합니까? 지금까지 우리들 쪽에서 그 시도를 한 점은 우리 활동의 조건이 무엇인가를 선생님에게 전달하기 위해서였습니다.

스피박 엘리트 이론에 대해서 언급하시는데 그것은 위르겐 하버마스가 언명하는 것과 같은 입장입니다. 즉, 그것은 자유스런 대화에 의한 중립적 커뮤니케이션 상황입니다. 그런 상황은 일어나지 않습니다. 그러한 것은 존재하지 않습니다. 중립성과 대화의 욕망은 억제되지 않으면 안될 때 그 자체의 실패를 보여줍니다. 욕망이 어떻게 자기 발언하는가를 보려면 우리는 그러한 욕망이 표현된 텍스트를 읽지 않으면 안 됩니다. 중립적 대화라는 생각은 역사를 부정하고, 구조를 부정하고, 주체의 위치를 부정합니다. 사실 저는 욕망이 어떤 식으로 대화에 대해 언명되는가를 음미하려고 합니다.

질문 선생님이 영어권 연구의 "무거운 짐"에 대해서 말할 때, 우리들은 제3세계 영문학 여성 강사에게 위압적으로 덮쳐 오는 이중의 무거운 짐을 인식합니다. 물론 그것이 그녀의 고립된 영토이자 그녀의 특권이기 때문에, 그것은 "걸맞은" 직업이며, 또 인도 여성들을 위해서 걸맞은 학부의 과목입니다. 그러므로 여러 수준에서 젠더화된 시각을 시뮬레이션

할 수 있습니다. 만일 영어 강사가 그녀의 여학생들이나 가족으로부터, 또 직장이나 거리에서 만난 인식의 폭력과 교섭하거나, 또는 그녀가 교섭을 기대하고 있을 때까지도 그렇습니다. 이 모든 것이 어떻게 교육적 실천으로 옮겨집니까? 현실이 강의실 외부에는 없다고 할 만큼 우리는 영어교육과 여기서의 여성 운동 사이에 어떤 대화를 구축하는지요?

스피박 선생님이 말한 영문학과 여성운동이라는 두 영역은 관련이 없는 것은 아닙니다만 단절되어 있습니다. 그것들은 서로를 위기로 몰아넣습니다. 만일 영문학 교육을 정의한다면 여성운동과는 근소한 관련 밖에는 없습니다. 인도에서뿐만 아니라 다른 어디에서도 마찬가지입니다. 문학은 적어도 유럽의 18세기 말 이래 지성사의 내부에서는 매력적인 공간을 점유하고 있었습니다.

영어를 가르친다는 관점에서(여성운동의 관점이 아니라) 조촐한 방법으로 지금까지 제가 하려고 한 것을 말씀드린다면, 그것은 영문학 작가들이 우리들을 어느 정도 필요로 하는가 하는 점입니다. 가령 『제인 에어』에서 승인되지 않은 비유로서 과부가 분신자살한 위치는 그 소설을 매우 다른 방법으로 읽게 합니다.5 하지만 저는 그러한 기묘한 읽기를 밀고 나가고 싶습니다. 그것은 19세기 영국이 그 자신을 구축하기 위해서 제국주의 공리(公理)를 어느 정도 필요로 했는가를 보여 주기 때문입니다. 저는 영문학 교육 내부에서 우리들이 할 수 있는 것은 대충 그런 것이라고 생각합니다.

또 저는 영국이나 프랑스의 텍스트와 동시에 식민지에서 나온 텍스

---

5. 「세 여성의 텍스트와 제국주의 비판」, *Critical Inquiry* 12, Autumn 1985.

트 내부 식민지 지식인 주체의 위치도 함께 음미하려고 합니다. 그래서 『킴』과 『고라』(조셉 키플링의 소설들: 역자주)를 동시에 가르치려고 합니다. 저는 어느 편도 지지하지 않습니다. 이 둘 사이에는 아무런 대화도 없고, 그것들은 권력 정황에서 다르게 구축되어 있습니다. 저는 이런 것들이 저의 한정된 교육의 영문학 강의에서 제가 할 수 있는 두 가지 일이라고 생각합니다. 즉 그것은 마스터 텍스트가 그러한 필요를 인정하지 않고 자신들의 텍스트 구축에 있어서 얼마나 우리를 필요로 하는가를 조사하는 일입니다. 동시에 같은 문제에 종사하고 있는 양편에 생기는 텍스트 사이의 차이나 유사성을 탐구하는 일입니다. 이것과 여성운동 간에 연관성이 없는 것은 아니라 해도, 제가 말씀드린 바와 같이 서로 단절되어 있습니다. 그리고 제각기 서로를 위기로 몰아넣습니다.

7

인도 캘커타에서 찍힌 소인

7장

인도 캘커타에서 찍힌 소인

이 논의는 대표/재현의 문제, 즉 자기 대표/재현과 타자를 대표/재현하는 것, 그리고 포스트식민지 국민의 상황에 대해 앤젤라 잉그램과 가야트리 스피박 사이에서 이루어진 것이다. 이것은 스피박 이 뉴 델리의 자와할 대학 역사연구소 객원교수 임기를 마치고 돌아온 1987년 11월에 기록된 것 이다. 메어리 린 브로(Mary Lynn Broe)와 앤젤라 잉그램에 의해 편집되어 『망명 여성의 글쓰기』 라는 이름으로 첫 출판되었다(Chapel Hill : University of North Carolina Press, 1989).

스피박 글쎄요. 저는 그때까지 인도에서 가르쳐 본 적이 없었서인지 많은 것을 발견했지요. 인도로 떠나기에 앞서 저는 토마스 네이절(Thomas Nagel)이란 백인 남성이 쓴 『인간의 죽음의 문제』라는 책을 우연히 보게 되었습니다. 이 책에는 후에 인도에서 제게 일어날 일을 이해하는 데 정말 도움이 되는 말이 쓰여 있더군요. 철학자인 그분은 베트남 전쟁 동안 자신의 이론적인 선입견이 엉터리였다는 느낌을 말하면서 "시민이 된다는 것은 어려운 짐이다. 애국심이 별로 강하지 않은 우리와 같은 사람들은 특히 그렇다"고 쓰고 있습니다. 아시겠어요? 저는 인도의 애국시민이 아닙니다. 저는 네이절이 쓰고 있는 특별한 짐을 느낄만한 곳에서 가르쳐 본 적이 없습니다. 이 문제 전체를 뭔가 중요한 것으로 다 말한다고 하는 건, 글쎄요, 대단한 일이지요, 즉, 한 시민으로 말한다는 것 말입니다. 제게는 그런 경험이 없어요. 시민이 된다는 것은 그처럼 추상적인 개념이지요. 하지만 인도가 독립한 것이 1947년이었으니까, 금년으로 40년이 되지요. 식민지에서 벗어나 독립을 하게 되면 정말로 시민의 신분이 될 수 있다고 저는 계속 생각하고 있었지요. 시민이라는 개념이 아무리 추상적이라도 선생님이 대상으로 말을 걸고 있는 국민에게는 뭔가가 있습니다. 국민은 정부제도 안에서의 정치적 선택, 심지어 규칙을 깨뜨리는 정치적 선택까지도 할 수 있습니다. 저에게 정말로 이상하게 느껴지는 것은 바로 이겁니다.

잉그램 제게도 그 생각이 떠오른 것은 『헤카테』(*Hecate*)지에 실린 선생님의 글을 읽었을 때입니다. 선생님은 그 글에서 "난 인도의 여권을 가지고 있다"고 지나가는 말로 하셨지요. 선생님은 미국의 여권을 얻을 생각은 하지 않았던가요 …… .

스피박 시민이 된다는 것! 글쎄요. 처음엔 그게 정말 감상적이었단 말입니다. 제가 미국에 온 것은 1961년이고 영주권을 얻은 건 1966년이었지요.

잉그램 오래 걸리셨군요. 학생 자격으로 오셨나요?

스피박 학생 자격으로 왔었지요. 그래서 영주권을 얻을 생각은 정말 해보지 않았습니다. 저는 미국의 백인 남성과 결혼을 했지만 제 신원을 그의 신원에 포함시키고 싶지 않았던 거지요. 그땐 미국인이 되고 싶지 않은 감정이 있었던 것 같습니다. 그건 제가 이렇게 오래 체재하리라는 걸 몰랐기 때문은 아니었지요. 인도인으로 있기를 원해서도 아니었고요. 저의 최초의 확신은 어느 정도 국제주의자라는 것이었지요. 국제주의란 포스트식민을 위해 통합하는 여러 구실 중 하나라고 생각합니다만, 그래도 여전히 제가 높이 평가하는 전략입니다. 이 전략은 아시다시피 비종교주의, 민족주의, 국제주의, 문화주의라든가 하는 역사적으로 그릇된 노선이 있다는 것을 보여주되, 이러한 인식들을 파괴하지 않는 그런 류의 전략이지요. 이러한 것들이 역사적으로 어떻게 발전하고, 그것이 어떻게 서구의 패권과 결합되어 있는가를 인식한다면 이러한 인식이 나쁘기보다 비난받기 쉬운 것이라는 것, 그리고 그 인식들을 초월적이거나 보편적이라고 생각한다면 특히 비난 받기 쉽다는 것을 알 수 있습니다. 포스트식민지의 한 시민으로서 우리들은 누구나 그러한 인식과는 어떤 거리를 두고 있습니다. 우리들은 그걸 버리지 않지요. 그래서 저는 특히 인도인으로 남고 싶다는 것이 아니라, 실은 초강대국인 미국과 동일시되고 싶지 않다고 느꼈던 겁니다. 영국 신민(臣民)을 경험했기 때문에 저는 미국의 시민이 되고 싶지 않았지요. 대영 제국, 즉 영토 지배의 제국주의에서 신식민지주의로 옮겨가고 싶지 않았던 거지요(저는 지금 칼 프랫츠(Karl Pletsch)의 말을 인용하고 있습니다). "대영 제국이 미국의 손으로 넘어갔다"는 거지요. 미국에 건너온 초기에 저는 그와 같은 인생 여정을 밟고 싶지 않았어요. 그게 정말 사실이었다고 생각합니다. 선생님은 스네자와의 대담(제5장 참조)을 듣고 제가 말할 입장이 어떤 것인가 느껴보지 않았나요?

잉그램 네. 그래서 의아스럽게 여겼지요. 말씀드렸지만 미국 시민권을 획득한 독일 친구가 있는데, 좀 낯부끄러운 일이기는 해도 그녀와 제가 항상 동의하는 것은 이방인이라는 것입니다("나는 거주 이방인이다"라고 영주권에 그렇게 쓰여 있어요).

스피박   저도 마찬가집니다.

잉그램   부끄럽기는 하지만 그렇다는 건 시민권을 가지고 있으면 이용할 수 있는 위치에 있다는 거지요. 그건 뭔가 이런 저런 것을 부여해 주거든요. 하지만 우리 둘 다 같은 백인이지만 그건 분명히 엄청나게 큰 차이가 나게 하는 점이지요.

　　여하튼, "말을 하는 위치"라는 거지요. 선생님은 교단에 서 본 적이 없는 인도에서는 어떤 입장에서 말씀을 하셨는지요? 선생님이 어떤 존재이건 간에, 미국에서 오랫동안 이름이 널리 알려진 분이라는 걸 감안해서 말입니다. 다시 말해서 그건 어떤 것이었는지요?

스피박   참, 제가 유명하다는 말씀 고맙네요. 저의 그룹에는 해외에서 성공한 사람들이 많아요.

잉그램   선생님의 그룹이라니 무슨 뜻이지요?

스피박   말하자면 저희 세대지요.

잉그램   인도인 그룹 말입니까?

스피박   그렇지요.

잉그램   제가 선생님을 만났을 때 선생님의 "전문 분야", 그게 무엇이건 간에 그 전문 분야를 생각했었지요. 선생님은 데리다 연구가였고 그 비평 그룹에서는 대단히 유명하시더군요.

스피박   그게 어떤 것인가를 말씀드리겠어요. 선생님이 이전에 매우 흥미있는 말씀을 했기 때문에 이 질문을 기억해서 그에 대한 대답을 계속 말씀드리겠습니다. 스네자와의 대담에서 제가 말하려는 것 중 하나는, 인도에서 가르치면서 더욱 강하게 느꼈습니다만, 백인이 된다고 하는 것이 반드시 나쁜 것만은 아니라고 생각했습니다. 그 까닭은 현 시점에서 백인이라는 사실에 어떻게 대처하는가가 어느 정도 중요하지 않겠어요? 인도에서의 영국 식민주의를 생각해볼 때 그 중의 하나는 그 어느 단계에 있어서도 인도에 영국인들이 그다지 많지 않았다고 하는 사실입니다. 그들은 어떻게 억압적인 구조의 통치 기구를 확립하고 강요하는 데 그처럼 성공할 수 있었을까요? 이 말을 하는 건 저 만이 아닙니다만, 사실 인도의 토착 엘리트는 그 놀랄 만한 억압구조를, 즉 그들 자신의 입장을 확인하고 실제로 자신들의 위치를 확고히 하기 위해서 이용할 수 있는 구조를 발견했던 겁니다. 일종의 그 부산물로서 발생한 것이, 제가 다른 데서 인식의 폭력이라고 부른 것과 식민지 신민입니다. 그러한 것, 즉 그러한 모든 부산물의 파편 더미를 저는 더욱 강하게 느꼈습니다. 저는 인도의 수도에서 가르쳤습니다. 거주 이방인이 백인이라면 그녀가 반드시 좋은 사람은 아니더라도, 반드시 나쁜 사람도 아니라는 생각입니다. 더욱 발전된 것은 바로 이 분별력이란 생각이 들어요.

자, 이제 선생님의 질문으로 돌아갑시다. 흥미로운 것은 제가 가르치기 위해서 인도에 갔다는 겁니다. 가르쳐 달라는 요청을 받았지요. 근데 제가 가르치고 있었던 곳에서 근대 언어학을 하는 사람들이 저를 받아들이려고 하지 않았습니다. 모두가 그런 건 아닙니다만 유감스럽게도 강한 저항이 있었지요. 그 까닭은 그들에게는 제가 거기 있는 모든 프랑스 지식인을 대변할 만큼 실제로 프랑스인이 아니었고, 또 제가 "미국에서 왔다"는 감정이 있었기 때문입니다. 인도의 토착 엘리트에 대해서 말을 하자면, 저보다 더 프랑스적인 토착 교사들이 있었지요. 이는 제가 인도인으로서 충분치 못해서가 아니었어요. 저는 엘리트 대학의 역사학 연구소에서 가르쳤습니다. 그들이 제게 말해 달라고 요청한 것은 최근의 해석이론들, 즉 푸코, 데리다, 포스트모더니즘을 의미하는데, 그게 어떻게 역사 문헌학과 관련 되는가 하는 거였어요. 저는 일종의 "정보 회복"(information retrieval)의 상황이라고 느꼈습니다만, 이곳 미국에서도 제가 "제3세계" 여성으로서 말하도록 요청받았을 때 그와 똑같은 진짜 닮은 상황이 일어납니다.

하지만 일단 강의가 시작되자 제가 사실상 반(反)인도인 인종차별주의자가 아니라는 것을 밝히길 바라는 사람들을 마주 대하게 되었습니다. 그들은 이 모든 내용을 가르치도록 제게 요청을 했고, 동시에 저는 진정한 인도인이며 진짜 맑스주의자라는 걸 증명하지 않으면 안 되었지요.

잉그램　그때 선생님보다 더 프랑스적인 토착 인도인이 있다고 생각되는 지역들이 있었습니까?

스피박　네, 있었어요.

잉그램　"결점"은 선생님이 프랑스가 아닌 미국에 체재하고 있었다는 겁니까?

스피박 그렇습니다. 엘리트들 사이에 미국보다 서구사상 전통에 매우 강력한 식민지적 동일시가 여전히 존재하고 있기 때문이지요. 문제는 옛 종주국이 아니라 그 나라(미국)에서 왔다는 이유가 훨씬 더 컸다는 데 있습니다. 하지만 다음엔 제 고향인 캘커타로 갔는데, 그곳에서는 휴머니즘 비평 등을 가르쳐 달라는 요청을 받아 더 즐거운 시간을 보냈습니다. 저에게 부탁한 사람들을 알고 있었고 출신이 거의 똑같았기 때문이었지요. 다시 말해서 같은 계급, 같은 대학, 같은 편견 등등 때문이었지요.

잉그램 그렇지만 그들은 미국에 온 적이 없었지요?

스피박 그 중 한 사람은 박사 과정을 밟으려고 로체스터에 온 적이 있습니다. 선생님이 제 말을 이해하신다면, 캘커타에는 "당신은 영국인이 아니야"하는 그런 감정은 없었단 말입니다. 그러나 다음에 제가 제3세계 이념을 말하려 할 때, 그리고 "제3세계"를 만들어 내는 제3세계 지식인들의 협력이 어떻게 서구의 제3세계주의(Western Third Worldism)과 관련되어 있는지를 말하려고 하자, "그런데 인도 국내의 제1세계주의는 어떻습니까, 당신이 여기에 와 있는 것은 그 때문이죠"하는 반발이 되돌아 왔습니다(!).

그래서 저는 식민지 이후에 생긴 집단 이산민에 대해 많은 말을 했지요. 이 말을 쓰는 걸 허용해 주신다면 말입니다만. 이산민은 실은 스스로 망명을 선택한 자가 아니라는 말은 맞는 말이지요.

잉그램 아니, 저는 그것에 대해 아는 게 없습니다. 그 말은 다른 사람들과 대화 중에 나온 말입니다만, 저는 그 말에 대해서 의문을 품고 있습니다.

스피박 저도 절대적으로 확신하고 있는 것은 아닙니다. 하지만 저는 그 말을 더 많이 하게 됐습니다. 해외에 사는 사람들이 아무리 미국을 멸시한다 해도 그 사람들에게 무슨 일이 일어나고 있는가를 현실적으로 더 많이 바라보기 시작했지요. 그 말은 오늘 오후에 (1987년 11월 6일 오스틴의 텍사스 대학에서) 사용했던 말입니다. 인도 정부에 의해서 사용된 말, 즉 "비거주 인도인" 말입니다. 선생님은 여기서는 거주 이방인이고 저는 "비거주 인도인"이 아닙니다. 인도 여권을 소지하고 있기 때문이지요. 하지만 현실적으로 환영받고, 좋은 기회, 투자 기회 등등을 받고 있는 비거주 인도인은 미국의 시민권을 취득한 인도인입니다. 그래서 이와 같은 모든 태도에도 불구하고 이 나라에서 특권을 부여받고 있는 것이 무엇인가를 눈여겨보기 시작했었지요. 더욱 분명한 것은 제1세계, 특히 미국에 있어서 인도 이산민의 입장은 다른 곳의 인도인과는 매우 다르다는 것입니다.

잉그램 그건 제가 물으려고 했던 또 하나의 질문입니다. 그건 절대적으로 특유한 건가요? 미국에서 말입니다.

스피박 그건 어디서나 "절대적으로 특유한" 건 아닙니다. 언제나 누군가 일어서 말하지요. "이봐요, 그게 어떻다는 거요?"하고 말입니다.

잉그램 글쎄요, 호주에서는 어떤가요? 아주 우스운 질문이지만, 그건 "영연방"의 일부이니까요.

스피박 맞아요.

잉그램　다음에 캐나다는요.

스피박　아니, 형편없어요! 제가 스네자와의 대담의 끝머리에서 말한 내용이면 어떨까요.

잉그램　하지만 그 대담은 선생님이 캐나다로 되돌아간 것에 대한 거였지요. 선생님을 그렇게 대접한 건 영국 사람들이었지요.

스피박　아니, 전혀 그렇지가 않아요.

잉그램　캐나다 사람들이었던가요?

스피박　캐나다 사람들이었어요. 계급으로는 다른 곳과 같지 않습니다.

잉그램　그럼 선생님이 영국 액센트로 말하기 때문인가요?

스피박　아뇨. 제가 미국에 사는 인도인이기 때문이지요. 여권을 보면 알지요. 영주권 증명(green card), 즉 거주 이방인증(證)이지요.

잉그램　그렇지만 선생님은 『헤카테』지와의 대담에서 "친영국열(Anglo-mania)"에 대해서 뭔가 말씀하셨습니다. "그러므로 우리는 하나의 알리바이로 이용당하고 있는 겁니다. 우리는 미국 흑인, 동부 아시아인, 그리고 스페인계 중남미인과 동일한 억압의 역사를 공유하고 있지 않기 때문입니다. 한편으로 우리의 피부는 백색이 아니고 우리 대부분은 포스트식민지 세대여서 영국식 교육을 받았기 때문이지요. 미국에도 역시 일종의 친영국열이 있어서 우리는 차별 철폐 조치의 알리바이로 이용될 수 있지요"라고 말입니다. 선생님은 "영국식으로" 교육을 받았습니다. 하지만 선생님은 백인이 아닙니다. 저는 수년 전 전미부인협회에 대한 끔찍한 이야기를 들었습니다. 한 인도 여성이 멀리 인도에서 왔습니다. 아마 협회 때문만은 아니겠지만 분명히 이 나라에 거주하는 분은 아니었습니다. 그 여성은 등록을 해야 했는데, 제가 알기로는 참석 범위가 "백인", "흑인", "스페인계 중남미인"에 제한되어 있었습니다. 그래서 그분은 어찌할 바를 몰랐답니다. 아마 "기타"가 있었겠지요.

스피박 "기타"는 제가 항상 등록하는 "란"(欄)입니다.

잉그램 그래서 그분은 "기타"라고 말을 하니까 "민족성 부정"이라는 비난을 받았답니다. 그리고는 "흑인"란에 등록해야 한다는 말을 들었다고 합니다.

스피박 글쎄요, 영국에서라면 물론 그게 통할 겁니다. 하지만 제가 말하려는 게 그게 아니라는 걸 아실 겁니다. 제가 말하는 건 미국에서의 친영국열의 문제가 아닙니다. 그건 부차적인 것에 불과하지요. 오히려 캐나다가 영국이나 인도에서 온 인도인에게는 비합법 이방인이 될 가능성이 더 많은 곳입니다. 그곳은 남녀 할 것 없이 비합법 이방인이 되기를 원할지도 모르는 곳이니까요. 그런데 미국에 거주하는 인도인은 캐나다에서 비합법 이방인이 되려고 하지 않습니다. 같은 여권, 즉 인도 여권인데요. 만일 그 사람들이 영국에서 오면 캐나다 입국에 비자가 필요합니다. 그런데 미국에서 들어오면 필요가 없습니다. 같은 여권, 같은 사람인데 규제가 다르지요.

잉그램 선생님은 항상 그 지긋지긋한 증명서를 휴대하고 다니셔야 하겠군요.

스피박 그래요.

잉그램 영국에서 선생님이 "난 합법적인 미국 거주자이다"라고 말을 해도 말입니까?

스피박 그래요, 그래봤자 아무 것도 다른 게 없어요. 인간은 뭔가 …… 분명히 해줄 뭔가를 소지하고 있어야 하기 때문이 아닐까요?

　제가 그 동안 인도에 있으면서 절감한 문제 가운데 또 한 가지는 여성운동에서의 차이였습니다. 그것은 여성을 위한 문제 영역에 훨씬 더 깊게 관여하고 있어서, 여성을 위한 단순한 문제 영역을 넘어서고 있다고 말씀드릴 수 있습니다. 이 운동이 여성 그룹이 가질 수도 있는, 또는 여성들이 하나의 성으로서 가질 수도 있는 여러 문제 이외의 문제들을 포함시킬 때, 여성들은 그 운동을 넘어서 그 본질에 맞붙어 매달리지요. 그러나 인도에서 공민권을 완전히 빼앗긴 여성 대부분의 경우, 만일 이 문제가 제 자리를 찾지 못하면 페미니스트 의식 같은 것과 의 접촉은 전혀 무의미합니다. 그래서 저는 그런 사람에게 훨씬 더 많은 관심을 가지고 있습니다. 관찰자로서가 아니라 관계를 맺고 싶다는 의미에서 정말로 그들의 친구가 되려고 했습니다. 아시다시피 그건 힘든 일이었지요. 그 이야기를 아주 거창하게 하려는 것은 전혀 아닙니다. 그것은 예를 들어, 그다지 과장하지 않고 일종의 마하스웨타 데비의 충실한 측근 여성으로서 부족민과 함께 하는 일에 대해 느낀, 매우 강력한 감정 같은 것이었습니다. 아시다시피 부족 여성들은 사실상 그러한 여성운동의 영향 범위 내에 있지도 않기 때문에 이번에 제가 인도에서 아주 중요한 경험을 했다고 봅니다.

잉그램　그들이 지리적으로 소외되어 있기 때문에 그 영향권 내에 들지 못한 점도 있는가요? 그게 요인인가요?

스피박　그게 아니지요, 소외될 수 있는 건 바로 여성 문제지요. 예를 들어 힌두교도, 이슬람교도, 시크교도의 노동계급, 또는 조직화된 노동력의 문제, 또는 결정적으로 노동조합 내에 있지 않은 비조직 노동력 문제인 신부(新婦)의 순사(殉死)문제나, 결혼 구조와 관련된 이른바 모든 반봉건적인 문제들이지요. 저는 푸코의 대단한 숭배자는 아니지만 부족 여성의 여러 문제는 여성 문제로서 제대로 자리잡을 수 없기 때문에 동의하고 싶은 느낌이 드는 겁니다. 마찬가지로 이렇게 자리매김하는 문제를 떠난 여성들에게는 사회화된 자본의 순환 회로가 없기 때문에, 즉 그들을 정말로 움직이게 할 만큼의 상업의 유통이나, 선전 등의 참다운 순환 회로가 없기 때문에 그들은 여전히 문제 해결 밖에 있는 거지요. 그건 이러한 문제에 관여할 자격이 없는 거나 다름없습니다. 누구나 가부장적인 이데올로기 내부에서 여전히 만족할 수도 있고, 또 그것도 괜찮겠지요. 아니면 가부장제 이데올로기에 그렇게 크게 만족하지 못할 수도 있는데 그것도 괜찮겠지요. 이들은 본보기도, 문제도 될 수 없습니다.

잉그램 인도에서 선생님은 아주 멀리 떨어져 있군요.

스피박 그래요. 아시다시피 이 여성들은 지리적으로 그렇게 멀리 떨어져 있지 않은지도 모릅니다. 제가 문학하는 사람이어서 그들에게 큰 관심을 갖는지도 모릅니다. 이는 (스네자와의 대담에서) 말한 것이기도 합니다. 하지만 저는 피부에 닿는 경험은 하지 못했지요. 그저 일대일의 접촉을 바랬을 뿐이지요. 저는 무슨 증언문학이나, 구술역사, 또는 이 여성들의 목격담을 쓰려고 하는 게 아닙니다. 저는 그저 어떤 일이 일어나고 있는가를 보고 싶었을 뿐인데 그게 여간 어려운 게 아니더군요.

저어, 말씀드리지요. 선생님은 제가 인도에서 상징적인 인물이냐고 물으셨습니다. 그래요, 저는 인도에서는 미치광이 같은 상징이지요. 그게 마음에 들었어요.

잉그램 선생님은 무엇의 상징이지요?

스피박 글쎄요, 제가 "인도"라는 말을 사용할 때 그걸 하나의 환유어(metonym)로 사용하고 있다는 겁니다. 맞죠? 제 말은 7억 9천 2백만 명의 사람을 뜻하는 게 아니라는 겁니다. 그건 사회화된 자본의 범위 안에 들어 있지 않기 때문에, 우리가 말하는 인도는 프루스트의 파리와 같다고 했습니다. 그건 매우 작습니다. 예를 들어, 영국이나 호주에 있는 것과 같은 종류의 아카데믹한 지방주의가 인도에도 있습니다. 대학이 그리 많은 편은 아닙니다. 그래서 교육을 받을 자유는 극단적으로 계급에 따라 제한되어 있습니다.

잉그램 보통 교육을 받을 자유가 아니라 대학 교육을 말하는 거지요?

스피박 글쎄요, 보통 교육까지도 그렇습니다만, 물론 그런 점에서 제가 상징이 되는 그런 곳에 대해 말하고 있는 건 아닙니다. 아시다시피 저는 뭔가의 상징이지요. 하지만 성공을 한 것뿐이지요. 제3세계 페미니즘에 대해 말할 수 있는 사람에 지나지 않지요. 인도에서 제3세계 페미니즘에 대해 말해 달라는 요청을 받는다면 이는 농담인데, 이것을 상상할 수 있으신가요? 누군가 프랑스의 그 모든 이론을 다 알고 있겠지만 저는 모릅니다. 저는 그걸 정확히 지적할 수가 없습니다. 하지만 뭔가 있기는 있지요.

잉그램 적어도 선생님이 델리 공항으로 걸어 들어갈 때 전혀 사람 눈에 띄지 않지요.

스피박 제가 말입니까?

잉그램 저는 그렇게 생각했는데요. 물론 선생님의 머리칼은 빼놓고 말입니다만.

스피박 키는 어때요!

잉그램 그래요, 선생님은 키가 무척 크지요, 그래서 그 점도 생각하고 있었습니다. 선생님이 키가 크다고 하지만 우리 주변에 키가 큰 인도인, 즉 키가 큰 인도 여성이 얼마든지 있겠지요. 하지만 선생님의 머리칼은 어때요. 얼마나 많은 인도 여성들이 머리를······ 선생님처럼 뾰족하게 위로 치켜 올리고 있을까요? 선생님과 동년배의 인도 여성, "보통"의 인도 여성들, 중류, 상류계급의 여성들 가운데 얼마나 많은 사람들이 그런 식의 머리모양을 하고 있을까요?

스피박 한 사람도 없지요, 단 한사람도. 하지만 아시다시피 그건 매우 복잡해요. 마치 이 나라에서 다리털이 여러 가지를 표시하는 것과 마찬가지로, 이런 머리 모양은 어떤 점에서 1960년대 페미니스트라는 일종의 표시지요. 그렇지요? 당연히 알고 계시겠지만 머리칼은 여자다움이란 점에서는 대단히 중요한 표시입니다. 그래서 이곳에서 다리털과 같이 제 머리는 하나의 표시 — 즉 과부의 커트 머리이지요. 이제 됐는지요? 그래서 선생님이 뭐라고 부르건 간에 또는 인도에서 어떤 식의 머리 모양이라는 걸 모른다 해도, 사람들은 제가 성적으로 한창 시절을 넘어서고 있다고 해서 사실상 동정을 하고 있지요. 저는 자식이 "없습"니다. 혹시 아실는지 모르지만 저는 5월에 결혼을 했어요. 하지만 그 전에 백인과 두 번 결혼했지요. 그래서 삶 속에 제 신분을 받아들이는 여성으로 간주되었습니다. 사람들은 이 머리를 뾰족하게 추켜올린 모양으로 보지 않고 과부의 머리모양으로 보더군요. 멋진 서구식 머리 모양으로 인정해 주지 않았어요.

잉그램 선생님은 가엾은 과부이군요, 키가 몹시 큰.

스피박 그래요. 그런데다 이상하게도 인도인의 눈에는 잘 차려 입은 것도 아닌가 봅니다. 아니, 사실 저는 형편없는 옷차림을 하고 있는 겁니다. 제가 "뭔가를 이루기"를 원한다면 (제가 야릇하게 보일 수 있다는 걸 말합니다만), 유일한 방법은 아주 엉터리 영국식 발음의 영어로 말하는 겁니다. 그러면 아주 괴상하게 들려 이런 옷차림을 할 수 있는 사람이라 면 외국 사람으로 여길 것입니다. 캘커타에서는 어디서 그렇게 훌륭한 벵골말을 배웠느냐는 질문을 받은 적이 있어요. 제가 아주 빈약한 옷차림을 하고 있었기 때문이지요.

잉그램 선생님이 어디서 왔는지 그들이 넌지시 물어 본 적이 있습니까?

스피박 네, 그래서 저도 물었지요. "제가 어디서 자란 걸로 생각하십니까?"하고 말입니다.

잉그램 선생님은 2대나 3대를 영국에서 살고 있는, 영국계 인도인일거라 는 생각이 드는데요.

스피박 아뇨. 사실상 벵골인이 아닌 여자치고 저처럼 벵골말을 하는 사 람은 없어요. 사람들 관계가 서로 끊겨져 버린 거지요. 저는 예외입니다. 그건 전적으로 상호문화적(cross-cultural)인 문제지요. 저는 제 자신이 어떻게 두 문화에 걸쳐 있는가를 알아냈습니다. 이곳 미국에서는 서구식 옷을 입고 있어도 항상 거주 이방인으로서의 문화적 위치를 지니고 있 습니다. 그러나 인도에서도 역시 아주 끔찍하게, 즉 인도식 옷차림을 하 고 있을 때에도 …… 좋아요. 저는 마음 쓰지 않아요. 두 곳 어느 곳에서 나 고국에 있는 것 같지 않다는 것에 상관하지 않아요. 한때 호주에 살 고 있는 친한 여자 친구에게 질문을 받았어요. (그녀는 어린 아들이 있는데 아들 교육을 위해 인도로 돌아가 정착할 생각을 하고 있었지요.) "저 말이야, 가야트리, 넌 해외에서 오래 살았지, 특히 여자로서 말이야, 어떻게 생각해? 어느 게 더 좋아?"라고 묻더군요. 그런데 난 그런 문제에 대해서 한 번도 진지하게 생각해 본 적이 없었지요. 그래서 친한 사람이, 그것도 문화적으로 판에 박힌 말이 아니라 진지하게 물어서 저는 좀 생각을 하다가 이렇게 말했지요. "이봐요, 카베리, 양편이 다 좋지 않아, 나타나는 방향이 다르긴 하지만"하고 말입니다. 아시다시피 저는 좀 선동적인 사람이라서 하잘것없는 경구를 만드는 걸 좋아하거든요. 그래서 이런 식으로 얘기했답니다. "내게는 한 분의 어머니가 있는데, 그게 캘커타야, 그리고 나를 길러 준 어머니가 있는데 그건 미국이지. 양쪽이 다 마음에 안 들어. 어머니도, 또 계모도 마찬가지야. 그렇다고 길러 준 계모를 버릴 수는 없지"하고 말해 주었지요. 그리고 나니 저는 두 지역을 비판할 권리를 어느 정도 획득한 것 같더군요.

잉그램   두 어머니라고요?

스피박   그렇습니다. 그게 제 느낌입니다. 저는 두 문화에 걸쳐 있습니다만, 두 나라 중 어느 곳에 있어도 모국에 있는 느낌이 아닙니다.

잉그램   …… 듣고 보니 위안이 되는데요. 저희는 전에 "로디지아"에 살았는데 저는 그곳이 출생지가 아닌 점을 다행스럽게 여겼지요. 그리고 영국으로 돌아왔을 때 영국 사람들에게는 제가 구질구질한 식민지 주민으로 내비쳐, 저는 저의 국외자적 존재를 기뻐했습니다. 그런데 미국에서도 마찬가지였지요. 하지만 저는 백인입니다. 백인이기 때문에 죄가 있다는 건 아닙니다. 저는 어머니가 이렇게 낳아 주어서 백인이지만, 선생님의 입장과 인도계 미국인에 대해 흥미로운 것은 그게 중요하지 않다는 겁니다. 제 이집트 친구는 선생님보다 피부가 희지요. 그 여자는 셈족의 코를 하고 있습니다만.

스피박 하지만 그녀는 저보다 **훨씬** 더 수긍이 가는 영국식 영어의 액센트를 구사하겠지요.

잉그램 하지만 그녀는 미국에서 온갖 차별을 느끼고 있답니다. 그런데도 캠브리지에서는 "그곳에 익숙"했답니다. 그렇지만 지난해 카리브해 푸에리토리코에서 일곱 시간 동안 머물러야 했습니다. 그녀는 돌아와서 "난 그곳에서 마음 편했어. 누구나 피부색이 나와 같아서 말이지"라고 말하더군요. 저는 지금까지 그녀가 그런 말을 한 것을 **결코** 들어본 적이 없었어요.

스피박 그렇겠지요, 하지만 그건 제가 인도에서 느낀 것과는 별개의 이야기인데요. 저는 지금 두드러지게 "상류계급"이란 말을 사용하고 있습니다만, 그건 스스로를 주변화하고 있는 인도인을 제가 싫어하기 때문입니다.

잉그램 이곳 미국에서는요?

스피박 어디서나 그렇지요. 여기서는 "중류계급"이라고 말합니다. 제 말은 제가 자랄 때는 가정에 온수 급수 장치가 없고, 음식은 석탄통 위에서 조리하고, 냉장고가 없었다고 해서 제가 상류계급이 아니라는 걸 의미하지는 않죠. 그래서 그 색다른 사건과는 별개의 것입니다. 인도에서는 제가 무엇을 하건 간에 "거기서는 상위"로 인식되어 사회적으로 두드러지게 눈에 띄지요. 그곳에서는 제게 불리한 어떤 종류의 민족차별주의도 있을 수 없다고 느꼈는데 그게 아니더군요. 저는 그런 차별이 없는 곳에서 가르쳐 본 적이 없습니다.

잉그램 선생님과 서로 손을 잡은 사람들은 누구나 선생님과 피부색이 같은 손을 하고 있습니까?

스피박 그건 색깔의 문제가 아니지요. 더 복잡한 것입니다.

잉그램 그래요? 바로 그 때문에 푸에리토리코에서 피부색에 관한 이야기는 매우 놀랐어요. 말씀 좀 해 주세요.

스피박 그건 제가 말했던 시민권에 대한 것입니다. 그 때문에 제가 계급에 관한 걸 맨 먼저 꺼낸 겁니다. 인도에서 시민권은 의심할 여지가 없는 계급의 특권이었습니다. 물론 어느 누구도 차별하지는 않았습니다. 그것은 제가 부족민이나 천민으로 보이지 않았기 때문이지요. '그래 이건 정말 좋은 것이야'라고 느꼈어요. 하지만 이곳 미국에서 차별주의 같은 것에 부딪히면 시민권이 유용한 것이라는 느낌이 들더군요. 아시다시피 영국은 정말 강한 인종차별주의 때문에 마음에 들지 않아요.

잉그램 더욱 나빠져 가고 있는 건 아닌가요?

스피박 더 나빠져 가고 있습니다. 저는 분명하게 입장을 밝힐 수 있습니다. 미국에서는 그게 모호하거든요. 그리고 (인도인에 대한 사정이 미국에서는 다르기 때문에) 미국에서 할 수 있는 딱 한 가지 일은 어느 누구나 자기 자신의 이익을 위해 정말로 마음을 쓸 수 있다는 것입니다. 누구나 다른 사람에 대해서 정말로 이모저모 생각해 볼 수 있습니다. 이역시 역사적인 것이지요. 이에 반해 인도에서는 제가 뚜렷이 드러나는 상류계급이기 때문에 이러한 일이 자신의 이익에 영향을 주는 일은 없습니다.

1961년 유학생 그룹의 일원으로 미국에 왔을 때, 저는 사람들 사이에 끼어들어 터놓고 말하는 것을 전혀 두려워하지 않았습니다. 저는 『뉴스위크』 1963년 4월호의 표지에 실렸습니다. 이곳에서 돈도 없는데다 첫해는 장학금을 받지 못해 곤궁한 생활을 했습니다. 제1 외국어가 영어가 아니었기 때문이지요.

잉그램 그 이야기 한 번 더 해주세요.

스피박 네. 첫 해에는 코넬 대학으로 갔지요. 캘커타 대학에서 최우수반 수석으로 말입니다.

잉그램 그런데 선생님의 제1언어가 영어가 아니라는 이유로 장학금을 받지 못했단 말인가요? 선생님은 어느 미국 대학생보다 훌륭한 영어를 하는데도 말입니다.

스피박 글쎄요, 지금과 마찬가지로 꽤 영어를 잘 했지요. 캘커타 대학은 따지고 보면, 당시 백인 연방을 제외하고는 대영 제국 문화의 중심지였음은 누구나 인정 할 겁니다. 좀 웃기는 일이었지만 말입니다. 그런데도 불구하고 저는 이른바 "종신 기한 저당"이라는 걸 통해 돈을 빌려 미국에 왔지요. 그러나 그 작자들이 저를 면담하면서 무한 지불 기한의 차용 이야기를 꺼내는 데 전혀 양심의 거리낌이란 찾아볼 수 없었습니다. 선생님은 믿어지지 않을, 가증스런 편지를 받아 그걸 알고 있었지요. 저는 말했지요. 전 제가 생각하고 있는 걸 말해야 한다고 느꼈기 때문에 정직했던 것이지요. "난 알지도 못하는 미국 사람들이 왜 길거리에서 만난 사람마다 미소를 지어 보이는지 이해할 수가 없습니다. 난 그 때문에 마음의 상처를 받았어요"하고 말입니다. 상상이 가세요? 정말로. 이건 진짜 있었던 일입니다. 지금은 건방진 소리를 했다는 걸 알고 있습니다만. 저는 매혹적인 19살이었습니다. 사람들은 별로 이렇다 할 생각을 하고 있는 게 아니기 때문에 절 보고 미소를 지었던 게지요. 그건 젖가슴을 드러내는 걸 허용하는 『내셔널 지오그래픽』 지에 나오는 여자들과 같은 거지요. 저는 그들과 동일한 규율, 즉 성의 행동규범을 가지고 있는 사람이 아니었습니다. 그래서 그건 문제가 아니었지요. 아시는 바와 같이 문제는 두 가지 사항에서 기인한 겁니다. 하나는 제가 일찍부터 "공산주의자"였다는 사실입니다. 그렇지요? 그래서 저는 타인에게 당파적 책략을 다소 느꼈어요. 그러나 도덕적 의분 때문에 공산주의자가 되기도 했지요. 하지만 그건 또 아주 나쁜 것, 즉 저의 계급의 고착성에 기인한 겁니다. 브라만 계급의 여자들은 항상 거리낌 없이 말을 하거든요.

잉그램　인도에서요?

스피박 인도에서지요. 어디에 브라만 여자들이 있겠어요? 제 말은 그들이 그 형용사가 되는 걸 그만 두고 있다는 말입니다. 그건 이미 설명 모델로서는 적용이 되지 않습니다. 그건 일단 인도 밖으로 나가면 설명용 언어에 불과하지요. 저의 최근 결혼 상대는 브라만이었습니다. 그런데 실은 결혼식에서 알아낸 건 — 제가 이혼 서류를 가지고 다니지 않았기 때문에 우린 엉터리 힌두교식 결혼을 하기로 결정했습니다 — 저의 문화적 위치에 관한 한, 이 결혼이 저의 최초의 결혼이었다는 겁니다. 왜냐하면 마침내 교환이 인정되었기 때문이지요. 그래요. 인도에서는 질적으로 동등한 경우에만 결혼이 이루어질 가능성이 있으니까요.

잉그램 만일 선생님이 이전에 결혼한 다른 남성들이 낮은 계급이었다면 그게 그랬을까요?

스피박 아니오.

잉그램 그건 완전히 카스트 제도 밖이라 문제가 되지 않는 건가요?

스피박 그건 문제가 안 되지요. 그건 매춘 행위거나 아니면 아무 것도 아닙니다. 제 여동생이 크게 성공하고, 매우 총명하고, 친절하고, 선량한 남자와 결혼을 했는데 공교롭게도 두 번째 계급에 속하는 남자였어요. 아주 정통적인 기준에서 보면 그건 결혼이 아니란 말입니다.

잉그램 그럼 아주 정통적인 기준이 있다는 겁니까?

스피박 물론 있지요. 기준이 있으면 그게 정통이지요. 그건 결혼 제도 전반에 걸친 겁니다. 그건 "가정을 갖는 것"을 말합니다. 선생님이 결혼 제도에 대해서 물으시면 저는 계몽된 서양의 관점에서 제3세계 어느 나라를 모독하는 데 관심이 없다고 말씀드리겠습니다. 그 때문에 선생님이 제 머리 스타일에 대해서 물었을 때 저는 즉각 다리털에 대한 말을 꺼냈었지요. 그건 1960년대 페미니스트의 표시이지만 또 다른 표시가 될 수도 있습니다. 마찬가지로 결혼은 말 그대로 "한 가정"(a home)을 가질 때입니다.

잉그램 이 나라에서는 "주택"(home)이라고 말합니다. 미국에서만 그렇습니다.

스피박 알고 있어요. 그런데 주택 공급 지수가 왜 항상 비즈니스란(欄)에 언급 될까요? 그건 개인이 자본의 순환 속으로 방출하는 막대한 자본 때문이지요. 그래서 사람들은 재정적으로 사례금을 받기도 하고 그러죠. 그건 모두 정말로 사랑하는 사람과 한 집을 갖는다고 하는 것이 얼마나 멋진 일인가, 또 급진적 동거 합의, 여성 동성애 결혼, 남성 동성애 결혼 등등, 또는 이성간의 제도를 벗어난 결혼을 한 사람들이 "나의 집"을 구입함으로써 어떻게 연대선언을 하고 있는가에 관한 것입니다. 사실 그 기준은 옛날 그대로의 산업자본주의 기준의 순환 회로지요. 그래서 거기에 기준이 있다면 그 기준은 해묵은 것이며 정통적인 기준이지요. 달라진 게 없어요.

잠시 전에 제가 말했습니다만 훨씬 더 흥미 있는 것은 백인이라고 하는 것을 사람들이 어떻게 다루는가 하는 점입니다. 왜냐하면 정치적

도의성을 정말로 원한다면 백인이기 때문에 더 많은 일을 하지 않으면 안 되기 때문이지요. 이에 반해 저는 브라만, 즉 상류계급에서 태어나서, 미국에서는 일류 학자이며, 고도로 상품화된 저명한 교수라고 하는 변명할 구실을 가질 수 있기는 합니다만.

잉그램 "고도로 상품화된 저명한 교수." 적절한 말이네요.

스피박 그래요. 힐리스 밀러(Hillis Miller)나 스탠리 피쉬(Stanley Fish), 또 프레드릭 제임슨(Frederic Jameson)이 모두 제 친구들 입니다만, 저는 그 분들만큼 상품화되지는 않았지만 상품화 된 거지요. 그렇지만 저는 여전히 알리바이가 있습니다. 저의 피부지요. 그런데 선생님은 그렇지 않아요.

잉그램 하지만 저는 여성 동성애자입니다. 그걸 이용할 수는 없을까요? 아니, 할 수가 없죠. 그건 "밖으로 드러나지" 않으니까요.

스피박 맞아요. 선생님은 티셔츠를 입으셔야 겠네요. 저는 뭘 입을 필요가 없습니다. 이건 여성에 대해 제가 하는 주장과 같습니다. 사회의 모든 구성층 관점에서 백인이라는 것이 나쁘다고 말하는 것과 똑같이 남성이라는 것이 나쁘다고 말해야 할 이유는 없습니다.

잉그램 글쎄요, 궁극적으로는 도리가 없지요.

스피박 그건 선생님이 무엇을 하는가, 또 선생님이 어느 위치에 놓여 있는가에 달려 있습니다. 이 점을 저는 점점 더 많이 보아 온 셈이지요. 하지만 이보다 훨씬 재미있는 걸 말하려 했습니다. 그건 페미니즘과 페미니즘의 지지층에 대한 거였지요.

참, 모국어에 대해 제게 물으셨지요. 좋아요, 말씀드리겠어요. 제 입으로도 직접 그렇게 말합니다만, 저는 모국어에 꽤 능통합니다. 저는 모국어를 말할 수 있을 뿐만 아니라 강연도 하고 쓰기도 하고 다 합니다.

잉그램 어떻게 모국어를 그렇게 잘하게 됐느냐고 사람들이 묻겠네요.

스피박 아니, 묻지 않아요. 묻는 사람도 있습니다만, 친한 친구들은 알고 있지요. 이건 대단히 중요하다고 생각합니다. 이번에 안 사실이지만 제 모국어로 해내지 못한 게 한 가지 있더군요. 그건 성 심리나 사회적 문제를 포함하는 진지한 논쟁입니다. 진지한 싸움 말입니다. 이건 서구 사람들과의 교류에서 절대적으로 영향을 받은 것입니다. 지금은 모국어로도 할 수 있습니다만 대등한 조건의 교환은 아니지요.

인그램 하지만 19세 때 인도를 떠나셨지요.

스피박 그렇습니다. 성적으로 성숙할 때였죠.

잉그램 그건 다분히 성장 과정의 한 단계지요.

스피박 하지만 모국어로 논쟁을 할 때면, 그것도 진지한 논쟁을 할 때면 저는 딴 사람이 되는 겁니다. 이건 푸코의 『성의 역사』 제2권을 이용해서 하는 말입니다. 저는 모국어와의 관계를 통해 성을 언어로, 기표로 보는 것이 실로 중요하다는 걸 알았습니다. 푸코는 단연코 기의에 대해서는 말하고 있지 않습니다만 기표로서의 성은 언어의 다른 곳에 정착되어 있습니다. 그래서 그 때는 그걸 잘 알지 못했겠지요. 그건 절대적으로 맞는 말입니다.

반면에 주변에 있는 인도인과 잡담하거나 하인과 말할 때를 제외하고는 모국어를 사용하지 않는 상류계급 사람을 저는 절대 알지 못했을 겁니다. 그들은 자기들끼리 영어로 말을 하니까요.

잉그램 선생님은 어렸을 때, 말하자면 영어 속으로 미끄러져 들었갔습니까?

스피박 아니오. 저는 벵골에서 중학교도 다녔으니까요. 수업은 고등학교까지 벵골말로 했지요. 영어는 어디서도 마음 편히 사용하지 못했어요. 학교에서 한 학급은 영어를 사용했지만 저희 가족 누구에게도 영어로 말한다는 건 상상할 수 없었어요. 물론 미국에 있는 제 질녀와 조카는 예외였지만 저는 그들과도 역시 벵골말로 했습니다. 사실 다른 벵골 사람과 영어로 말해 보면 몹시 힘이 듭니다.

잉그램 벵골 사람들이 아닌 사람하고는 어떻습니까? 비하르(Bihar)나 편잡(Punjab)에서 온 사람과는 어떻습니까?

스피박 그건 또 한 가지 제가 인도에서 느꼈던 겁니다. 저의 힌두어는 형편없어요. 저는 그 말을 하기는 합니다만 서툴기 짝이 없는데, 그게 국가 공용어지요. 그리고 남부 인도의 말은 어느 것도 알지 못해요. 그래서 저는 언어의 관점에서 보면 델리에 있는 것보다, 프랑스에 있는 게 훨씬 더 마음이 편해요. 인도는 한 지역이 아니에요. 그건 실은 하나의 정치적 구축물이지요.

잉그램 아프리카 같군요. 사하라 이남의 아프리카.

스피박 정말 그래요. 하지만 선생님은 저와 말을 하면서 제가 사하라 이남에서 온 아프리카 사람과 동일한 문화적 구축물의 특징을 갖추고 있다고는 생각하지 않으시죠?

잉그램 물론 그렇지요. 제 말은 저 …….

스피박 허나 저는 그러한 특징을 갖고 있습니다. 제가 말하고 있는 것은 제가 바로 그런 특징을 갖고 있다는 겁니다.

잉그램 글쎄요, 그렇게 말한다는 건 아마 잘못된 거겠지요. 언어면에서 보면 아프리카에는 사실상 프랑스 말이나 포르투갈 말을 쓰는 사람들이 있으니까요 …….

스피박 글쎄요, 누가 어느 지역을 소유하고 있었는가 하는 것과 관계가 있겠지요. 영국은 인도의 조그마한 구석만 빼고 다 소유했지요. 하지만 그게 문제가 아니에요. 안내서에 쓰여 있는 것과 달리 모든 사람들이 영어를 쓰고 있는 건 아니에요. 여하간 재미있는 이야깃거리는 영어로 쓰여 있지 않습니다. 아주 간단한 이야기를 하나 말씀드리지요. 달리기입니다. 델리에서 제가 달리기를 할 때 제 나이의 여자가 달리는 걸 본 적이 없습니다. 저보다 훨씬 젊은 여자는 아마 두 사람 정도 보았을 뿐인걸요.

잉그램 남자는 달리나요?

스피박 네. 하지만 오리너구리(platypi)처럼 달리지요. 그 동물의 복수는 프래티퍼시스(platypuses)든가요 프래티포(platypoi)든가요? 의사소통이 잘 되지 않는 델리에서 달리기를 하자 모든 사람들이 저를 바라보곤 했어요. 그래도 상관없지만요. 하지만 나이든 남자들, 상류계급 사람들은 제게 가까이 다가와서 침을 뱉곤 하더군요. 제가 생각해 낸 유일한 방법은 그들의 눈을 뚫어지게 들여다보고 침을 뱉는 거였어요. 이렇게 하자 그자들은 허겁지겁 달아나 버리더군요. 반면에 캘커타에서는 침은 뱉지 않고 말을 하더군요. 그래서 저는 그들을 향해 아주 우아하면서 음탕스런 벵골 말로 끔찍한 소리를 내질렀지요……. 가령 "당신은 어머니 뱃속에서 떨어진 게 아니군"하는 등등에 말이었습니다. 그걸 벵골말로 하면 좋지 않게 들리거든요.

잉그램 선생님은 이런 말을 벵골 말로 할 수 있으세요?

스피박 물론이지요. 무슨 말이건 다 할 수 있습니다.

잉그램 그건 선생님이 할 수 없는 싸움을 하고 있는 것 같은…….

스피박 저는 거리의 말을 아주 잘 알고 있어요. 제가 거기서 자랐거든요. 제가 이렇게 키가 크기 때문에 사람들이 "계집애야, 사내야?"하는 식의 말을 했지요.

잉그램 달릴 때 무슨 옷을 입었는데요?

스피박 짧은 바지지요. 저는 그들에게 말해주었지요. "그래 당신들은 내 부풀어 오른 가슴보기에는 키가 너무나 작아"하고 말이지요. 저는 벵골 말로 이런 말을 다 할 수 있었지만 델리에서 할 수 있는 건 침을 뱉는 것뿐이었지요. 이런 것이 제가 말하고 있는 풍토의 차이라는 거지요. 정말로 외국에 와 있다는 느낌이 듭니다.

　　제가 델리에서 할 수 있었던 건 그게 전부였습니다. 제게는 많은 사람들을 상대하며 해치울 수 있는 예리한 칼날이 없었거든요.

잉그램 그렇게 거칠게 부딪쳐야만 했나요?

스피박 그럴 수밖에 없었어요. 예를 들면, 버스 안에서 제 나이의 여자들은 제가 아까 말한 그런 옷차림을 하고 있었기 때문에 제가 벵골 사람이라는 걸 몰랐지요. 제가 델리의 의상을 입고 있었다면 분간하기가 어려웠을 거란 말입니다. 아시겠어요? 그 여자들은 "이게 여자인지 남자인지 분간하기 참 힘드네"라고 곧잘 말하곤 했지요.

잉그램 델리의 의상은 어떤 거지요?

스피박 꼭 째인 인도 바지와 웃옷이지요. 저는 캘커타에서 그때 그들에게 아주 큰 소리로 말하곤 했지요. "사람들 앞에서 그런 식으로 사람에게 말을 하는 건 옳지 않아요. 무례한 짓입니다"하고. 그러니까 한 두어 차례는 "미안해요. 우린 당신이 벵골 사람인 줄 몰랐어요"라고 말하더군요. "그럼 당신들은 분명히 알려 줄 때만 예의를 지키는 건가요? 당신네 부모들은 뭘 가르쳤죠?"하고 말해 주었지요. 하지만 그 말을 힌두어로는 차마 못했어요.

잉그램 그렇다면 그런 문제는 영어나 불어를 말하는 나라에서는 전혀 일어나지 않는지요?

스피박 아니, 일어나지요. 미국에서는 절 "서어"(Sir)라 부르고, 프랑스에서는 "므슈"라고 부르는 일이 자주 있어요.

잉그램 하지만 언어의 문제지요. 선생님은 불어나 영어로 사람들을 꼼짝 못하게 할 수 있지 않나요? 벵골말로 훌륭히 한 것처럼?

스피박 벵골말로 하면 마음이 더 편해요. 고향에 있는 느낌이 드니까요. 어느 누구도 제게 함부로 하지 못할 거라는 느낌이 듭니다. 그런데 미국에서는 조심스럽습니다.

잉그램 그래요?

스피박 물론이지요.

잉그램   그게 정말이세요?

스피박   그럼요, 늘 의식하고 있지요. 그러고 싶어서는 아니지만, 다른 사람들이 눈치 챌 정도예요. 인종차별주의자가 아닌 친구들 말입니다. 그들을 보면 자신들이 인종차별주의자가 아니라는 걸 사람들은 알아차리거든요. 아시겠죠?

잉그램   그건 제가 모르는 일이군요, 이 나라에서 인종차별주의의 원인은 백인에게서 온 거니까요.

스피박   그 문제는 매우 복잡하지요. 사실 자신들이 인종차별주의자가 아니라고 생각하는 사람들은 실제로 인종차별주의자가 아닙니다. 그래서 그건 매우 복잡한 일입니다. 조심하려고 한 건 아니지만 조심하게 되는 거지요.
　　전날 이런 일이 있었어요. (저는 강자의 입장을 잘 이용합니다. 사우디아라비아에 대한 이야기입니다. 제가 한 남자 대학에 갔는데, 그 대학은 여자에겐 능력 개발의 기회도 주지 않는 대학이었지요. 생각이 트인제 사우디 남성 초대자는 저를 은밀히 여성회관으로 데리고 갔는데, 그곳에 3백 명이나 모여 있었는데 냉방이 전혀 안 되었지요. 그런데 남성회관에는 15명의 남자뿐이었는데, 거대한 원형 극장과 냉방장치와 텔레비전 카메라 장치가 되어있었지요. 남성들은 신문을 읽고 있더군요. "도대체 무엇을 해야 하나?"하고 생각했지요. 그들은 분명히 그곳에 끌려나온 겁니다. 그래서 저는 "그들은 어떤 강자의 입장을 인정하나?"하고 자문해봤답니다. 그러자 "어머니"라는 생각이 떠올라서 저는 그들에게 말을 꺼냈지요. "여기는 사람들이 별로 없군요! 우린 어느 학교에 다녔으며, 무엇을 하고 있는가로 말을 시작할 수 있을 것 같습니다." 제가 그런 식으로 말을 꺼내니까 그들은 뭘 생각해야 할지를 모르고 있는 겁니다.

사실 그때 제가 느낀 건, 가령 어머니가 되는 것이라든가 악센트라든가 하는 것을 이용하지 않으면 안 되겠다는 것입니다.)

어느 날 저는 집 앞거리에서 두 대의 차 사이에 낀 차를 꺼내려고 후진을 하려 했습니다(저는 집을 가진, "주택 소유자"입니다). 두 차가 딱 붙어 있어서 차를 빼낼 수가 없었어요. 기억 변속 장치가 달린 제 차는 비탈길에 있었는데 후진하다가 뒤차를 받았죠. 이웃집에서 나온 백인 녀석이 제게 소리를 지르지 뭡니까? 저는 화가 치밀어 올랐는데 생각해 보니 그건 "소유권"에 관한 것이었지요. 저는 이 거리에 집을 가지고 있다고 생각했는데, 그건 권한이 있는 입장입니다. 그러자 어머니 같은 마음이 생기더군요. 저는 저의 보험 카드를 흔들면서 말했지요. "이봐요. 제 보험 번호를 알고 싶으신 거지요? 와서 알아 가세요. 싫으면 그놈의 차를 움직여서 제가 나갈 수 있게 해주든가"하고요. 그 남자의 뒤쪽에는 여유가 있었으니까요. 그러니까 그 자는 뭐라고 투덜거리며 내려왔어요. 더운 날씨라 창을 열고 있었기 때문에 저는 "그만 투덜거려요"하고 어머니 같은 말투와 제대로 된 영국식 발음으로 말했지요. 그자는 저 같은 옷차림을 하고, 게다가 주택 소유자이기도 한 사람이 완전히 찌그러진 차안에서 "그만 투덜거려요"하고 말을 하자 놀라 멈추더군요. 그리고는 차를 뒤로 빼 주어서 제가 빠져 나왔지요. 저는 승리감을 느꼈어요. 이 나라에서 이런 일을 한다는 건 제겐 여간 힘든 게 아니니까요.

잉그램 미국에서 영국식 발음이라는 건 좀…….

스피박 아, 백인에 대한 것. 이제 요점이 뭔지 알겠습니다. 그건 실은 흰 피부색에 달려 있다기보다는 어떤 여권을 소지하고 있는가 하는 문제입니다. 두 가지를 말씀드리겠어요. 제 어머니는 미국의 여권을 가지고 있어요. 제 오빠가 가지고 있기 때문이지요. 제 어머니는 대단한 여성이지만 외모를 보면 키가 작아서 74세의 늙은 벵골 과부로 밖에는 보이지 않아요. 제가 생신 선물로 프랑스에 모시고 갔지요. 전 국제 대학 위원회의 초청을 받았으므로 정부에서 여비를 지불해 주었지요. 제 어머니는 프랑스 말을 못하십니다. 저는 프랑스 말을 하는데도 세밀한 조사를 받았지요. 제 어머니는 미국 여권을 흔들어 보이면서 그대로 걸어 나가셨습니다. 결국 실제로 피부 색깔과는 별 상관이 없다는 겁니다. 중앙아메리카나 라틴 아메리카 출신의 사람들에게 말을 걸어 봐야 합니다. 이 나라의 중남미 사람들은 미국인들과 완전히 동일시되기를 원하고 있어요. 그들은 사람들이 그들을 인정해 주지 않는다는 사실에, 차이를 만든다는 사실이 심각한 일이라고 분통을 터뜨리고 있습니다. 그건 인종적인 것만이 아니지요.

잉그램 하지만 그건 사람들이 국경에 있을 때만 관계가 있는 게 아닙니까? 저는 여권을 가지고 다니지 않습니다만 선생님은 가지고 다니시나 봅니다.

스피박 아니오. 제가 가지고 있는 건 …….

잉그램 그 조그마한 영주권 —.

스피박 그래요. 이건 매우 중요합니다, 이동하는 자유지요. 세계에는 이동을 허용하지 않는 여권도 있어요. 남아프리카를 보십시오.

잉그램 미국 사람들이 쿠바나 중국이나 그 밖의 몇 군데를 가는 것이 허용되지 않았던 때의 이 나라를 생각해 보세요.

스피박 그래요, 하지만 선택에 의한 거죠. 상대편 나라에서 오는 걸 막은 것은 아니었으니까요.

잉그램 그렇지요. 하지만 미국이 사람들을 못 가게 했으니까요.

스피박 그건 아주 별개의 문제지요. 아주 별개의 문제입니다.
　　현재 저는 인도인을 조사 대상이 아니라 주체적인 입장에서 보는 데 더 많은 관심이 있습니다. 제 남편은 인도 역사가인데, 다른 곳에서 인도 역사를 가르친다는 것이 제가 말하는 "정보 회복"을 가르치는 것, 그가 말하는 기술 전문가가 되게 하는 것에 다름 아니라고 느끼고 있어요. 그는 "난 이 나라에서 아무런 이해관계, 물질적 이해관계가 없다"고 말하지만 (그는 저보다도 더 비애국적입니다) 그래도 그는 "적어도 이 주제를 가르칠 때 정보를 제공한다기보다 가르치고 있다는 느낌이 든다"고 말하기도 하지요. 저도 미국에서 가르치면서 정보를 제공하고 있는 게 아니라는 느낌을 받았어요. 왜냐하면 문학비평, 맑스주의, 페미니즘을 통해서 제가 하고 있는 작업이 이제 제국주의자의 문화정치학에 대한 비평이기 때문이지요. 미국이라고 하는 초강대국의 품안에서만 그걸 가르칠 수가 있습니다. 다른 곳에서는 "다른 사람들"에 대해서 가르칩니다.

그게 어떤 영향을 미치는가는 중요하지 않습니다. 이곳 미국에서는 하나의 과목으로서 가르치지만 다른 곳에서는 "정보 회복"으로서 가르칩니다. 저는 미국에서 주체의 입장으로서 가르친다는 것을 정말 실감하고 있어요. 그래서 계속 가르치고 싶은 겁니다.

다른 한편으로 제국주의 비판에 대해서 생각해봅니다. 그건 결코 인도를 변호하자는 것이 아니었지만 거의 그렇게 되었습니다. 이제 인도에서 제3세계들을 설명하는 것에 대해 생각해 보는 사람들은 인도가 "제3세계"의 국가보다는 비동맹 국가의 중심으로 인정받지 못하고 있는데 심하게 진저리를 내고 있습니다.

제가 지금 인도인에 대해 생각할 때 ― 이것은 궁극적으로 아무도 그 내력을 모른 채 일어난 두 문화주의를 말하는 것으로, 이제 저의 학문적인, 지적인 연구 영역을 실제로 점유하게 됐지만 ― 거기에는 매우 생산적인 분열이 있습니다. 제국주의 비판과 그에 대한 문화 정치적 관점에서 제가 가르치고 있는 것은, 미국이 주체의 위치에 있다는 사실, 인도사람도 이제 협조라는 관점에서 역시 주체적 위치에 있다는 사실, 이 둘은 매우 생산적인 위기에 처해 있다는 것입니다. 하나의 가설적인 사례를 들어봅시다. 어느 인도 여성 연구 조교인데, 그 여자는 무능하고 무책임하고 …….

잉그램 미국에서 말이지요?

스피박 미국에서이지요. 제가 인도 아시아 대륙의 빈민굴의 대모가 되어야 한다는 그 훌륭한 백인 가부장적인 사고 때문에 그 여자를 제게 보냈더군요. 분명히 인도의 실책이 이유는 아니고, 제 자신이 인도 학생이었기 때문이지요. 우리는 제1급 컴퓨터 시설이 된 도서관에서 훌륭한 훈련을 받지 못했습니다. 그래서 이 가상의 여성, 약간 자기를 과시하는, 정치적으로 자신만만한 이 연구 조교가 미국에서 어떻게 해야 하는 것인지를 모른다고 칩시다. 저는 이 점을 이해하며 그 여자를 나쁘게 생각하지 않습니다. 저는 문헌 목록, 자주적인 연구 등을 시작하도록 권합니다. 그 여자의 잘못이 아니기 때문이지요. 그러나 곧 이 여자가 역시 매우 무책임하다는 사실이 드러납니다. 이 인도 여성은 자기가 인도 여성이기 때문에 제가 권한 행사를 한다는 긴 편지를 쓴 것으로 상상합시다. 저는 그 여자를 인도 여성들과 관련시킬 수 없고 하나의 주체로 판단하고 있는 데도 말입니다.

마찬가지로— 역시 가정을 한 사례입니다만 — 이 나라에는 종신재직권을 얻지 못한 백인 맑스주의자들이 있습니다. 그러나 이 사람들은 항상 특권이 있는 대학에서 특별 연구원이나 그런 것을 찾고 있었기 때문에 종신재직권을 얻지 못하고 있습니다. 또 모교에서 교직에 있어 보지도 못했다고 가정해 봅시다. 모교에서는 한번도 교편을 잡지 않았다는 겁니다. 그래서 종신재직권을 얻지 못한 겁니다. 그런데도 그는 자기는 맑스주의자이기 때문에 종신재직권을 얻지 못했다고 공공연히 말했습니다. 이건 앞에 든 예와 비슷합니다. 그런데 맑스주의자들이 맑스주의자이기 때문에 종신재직권을 못 얻는다는 건 사실입니다. 그러나 이것이 여기서 말하는 가상적인 인물과는 아무런 관련이 없습니다. 그리고 제가 직업 현장에서 인도의 여성들과 친밀한 관계를 맺는데 어려움이 있다는 것도 꼭 생각해 볼 만하지요. 왜냐하면 저는 그동안 미국에서 주로 백인 학생, 아니면 적어도 미국 학생들을 계속 가르쳐 왔으니까요. 이 두 가상의 예는 사실일 수도 있습니다. 그런데도 제가 설명한 주체들의 입장은 "나는 무능하다"가 아니라 "나는 인도인이다"라는 것이지요. 또 "내가 큰 기회를 잡지 못하고 있다"가 아니라 "내가 맑스주의자다"라는 겁니다. 어느 경우나 이 사람들을 주체로 해서 판단해야 한다는 건데, 제가 지금 그 입장에 있다고 생각해요.

잉그램 선생님이 65세가 되어 심신이 삐걱거려 마음대로 되지 않을 때가 아니어서 다행이네요. 인도로 돌아갈 때가 아니어서 말입니다.

스피박 그땐 제게 침을 뱉는 인간은 아무도 없을 겁니다.

잉그램 65세에 짧은 바지를 입고 뛰어다니면 사람들이 칼을 빼 들고 달려들지 누가 알아요. 선생님은 그 나이에도 그럴 게 분명할 텐데요.

스피박 그래요, 기분이 좋은데요.

잉그램 선생님 말씀대로 30대 중반이었다면 어떨까요.

스피박 그 나이는 항상 좋은 때이죠

잉그램 저는 모르겠어요. 제 인생은 급격한 변화를 겪어 왔지만 그 나이 때 저는 여러 대륙을 왕래하였습니다. 몇 살에 어느 대륙을 왔다 갔다 했는지조차 잘 모릅니다.

스피박 (오스틴 택사스 대학 대학원생인) 트레스가 이 대담에 참여할 수가 있는데, 제가 어떻게 해서 인도에서 가르치고 싶은 생각이 나게 됐는지를 트레스가 잘 알고 있어요. 그건 오랫동안 사귀어 온 두 번째 남자친구가 저를 떠났을 때였습니다. 그때 저는 완전한 성차별주의자, 민족주의자(ethnicist), 이데올로기 겁쟁이가 되어 "고국으로 돌아가야지"하고 생각했어요. 이런 말을 써도 괜찮다면, 그건 정말 형편없는 수작이었지요. 그러다가 그런 생각에서 벗어나게 된 것은, 1981년에 마침내 [역사연구쇠가 저를 초대하게 된 것이 계기가 되었습니다. 이런 일들은 진행이 더딘 이유는 (저는 문학사 이상의 인도 학위를 소지하고 있지 않습니다) 그런 사정 때문이었지요. (저는 역사학 학위 같은 건 없습니다.) 일이 진행되는데 6년이 걸렸는데, 저는 그걸 무척 다행으로 여기고 있어요. 저는 그 6년 동안에 공포증을 극복했기 때문이지요. 저는 고향으로 돌아간다는 생각을 하고 돌아간 게 분명히 아니었습니다. 저는 가르치러 간 거니까요. 그리고 난생 처음으로 인도에서 은행 계좌를 갖게 됐어요. 제 어머니께 말했지요. "상상이 가요, 엄마? 이런 일은 난생 처음이야." 1959년과 60년, 61년에 영어 지도를 한 일이 있는데, 그 때와는 비교도 안 되었지요.

잉그램　사실이 아닌 것 같은데요.

스피박　거짓말 같지요. 그걸 현금으로 받는 겁니다. 그래서 저는 어머니에게 말했어요. "제가 진짜로 은행 계좌를 갖다니 믿기지 않네요. 수표로 받았어요. 이례적인 일이지요"하고 말이에요. 하지만 만일 제가 이 길을 벗어나서 다른 길로 나갔다면 …….

잉그램 이상한 사람이 됐을 건데요. 그래서 온갖 그릇된 인상만 받았을 겁니다.

스피박 그래요, 저는 이 나라에서 — "흑인"이라고 말할 수는 없겠고 백인/인도인이란 아주 엉터리 같은 구분 속에서, 그 백인과 계속 지냈을 겁니다. 백인 남자 친구, 그리고 인도로 돌아간 일말입니다. 제가 한 가지 확실히 불신하는 게 있다면, 아니, 불신 이상으로 경멸하고, 멸시하는 게 있다면 그건 뿌리를 찾는 사람들입니다. 뿌리를 찾을 수 있다고 생각하는 인간은 이미 점점 황색의 큰 순무가 돼 가고 있을 뿐이지요.

잉그램 글쎄요, 저는 모릅니다만 미국인에 관한 한, 그것은 "하나의 관념"이 됐다고 생각하는데 그건 아마 자리를 잘못 잡은 관념이겠지요. 하지만 뿌리를 찾는다는 것, 설마, 인간은 누구나 자신의 뿌리를 몸에 지니고 다니는 걸요.

스피박 누구나 뿌리가 있지요. 왜 그걸 찾는 거지요?

잉그램 그래요. 우린 그걸 가지고 다니지요. 뿌리는 바로 우리 안에 있는데요.

〔휴식〕

스피박 시민권의 문제는 대단히 중요합니다. 사람들은 늘 저를 이해하기 어렵다고들 말해요, 그렇지요? 만일 세계에서 가장 부족함이 없는 대학

제도가 있다할 경우, 거기서는 인문과학이 나몰라주의(know-nothingism. 일
종의 미국 국수주의 : 역자주)를 분명한 이데올로기로서 표방한 결과, 사람들
이 사회에 대해 비판적일 수가 없다면, 사람들의 이해력이 정지된 위치
에서 엘리트주의 정의가 내려질 것입니다. 저는 이 점을 절감하고 있습
니다. 이해력이 정지한 곳에서 엘리트주의가 시작되는 거지요. 그렇습니
다. 그러니까 제가 1965년에 조교수가 되어, 매우 오랫동안 명문 대학이
아닌 곳에서 가르쳐 왔다는 것을 있지 마십시오. 저는 언제나 이곳 사람
들에게 "보세요, 여러분은 대학생입니다. 숙제를 하십시오. 제가 여러분
들에게 뭔가를 가르쳐야 할 의무가 없다면 왜 여러분들은 수업에 나와
있는 겁니까?"하고 말해 왔습니다. 반면에 인도에서는 가르치라는 내용
을 가르치도록 요청받아서인지, 교육제도가 다르고, 교육에의 접근 방법
이 다르기 때문에 나 자신을 이해시킬 수밖에 없다고 느꼈어요. 이러한 사
항은 변하기 때문에 초월적인 것은 아닙니다. 제가 일방적으로 말한다는
것을 정당화하지는 않았습니다. 이런 일들은 상황이 달라지면 변합니다.
그래서 저는 인도에서 제 생애에 한번도 해보지 못할 정도로 열심히 수
업 준비를 했습니다. 제가 시민이었던 곳에서 가르친 결과, 저의 전체적
인 교수 방법과 그 모든 내용이 달라졌습니다. 인도의 교육제도에 제가
현실적으로 진지하게 개입할 수 있는 것이 아니라는 것을 어느 정도 느
꼈지요. 그것이 달라졌습니다.

잉그램 그래서 피츠버그에서의 이번 학기는 완전히 다릅니까?

스피박 뚜렷이 달라졌어요. 가르치는 동안은 제가 할 수 있는 한 잘 가
르치려 합니다. 그게 맑스에 관한 세미나라는 걸 유념하세요.

잉그램　그 세미나에 몇 명이 나오지요?

스피박　20명 쯤 됩니다. 인도에서는 제 말을 이해시키는 것이 제 임무라고 절실히 느꼈어요. 사람들은 제가 훨씬 알기 쉽게 강의를 한다고 평합니다.

잉그램　오늘 오후의 대담에서 선생님이 매우 "개인적"이라고 말씀했어요. 그것도 변한 건가요? 개인적인 것이 변했느냐는 말입니다.

스피박　저는 항상 인간은 누구나 개인의 입장에서 말해야 한다고 느끼고 있어요. 그렇지요, 인간은 자신을 공적인 개인으로 생각해야 하므로 한사람 한사람이 자신의 경력을 고백한 것과는 다르지요. 하지만 자기가 점유하고 있는 대표적 공간에 대해서 생각하도록 노력하는 겁니다. 저는 이제 이 대표적 공간에 대해서 더욱 권위를 가지고 말할 수 있다고 느끼고 있습니다. 이렇게 말할 수 있는 건 사람들이 저를 괴상한 이국인쯤으로 생각하기 보다는 제대로 보아 주는 곳에서 지내왔기 때문이지요. 그건 사실입니다.

잉그램　잘 되었네요.

스피박　제 세대가 이제 50대 가까이 됐다는 걸 말할 수 있는 건 매우 흐뭇한 일이에요. 여하간 이만 해 두지요. 앤젤라. 아직 해결되지 않은 …….

8

열린 결말 / 목적의 실천정치

8장

열린 결말/목적의 실천정치

이 대담은 1987년 10월 31일과 11월 1일에 펜실베이니아주, 피츠버그에서 기록된 내용이다. 가야 트리 스피박은 그곳의 앤드루 멜론 강좌의 영어 교수를 역임했으며, 이 글은 *Canadian Journal of Political and Social Theory*, vol.12, No. 1~2, 1988에 실린 것이다.

하라쉼 선생님의 많은 평론(예를 들어 「가치 문제에 대한 잡다한 고찰」[1])에서 제국주의의 인식의 폭력 역사가 위기관리로 논해지고 있습니다. 우선 두 가지 질문부터 시작할까 합니다. 가치의 문제가 주체의 "관념론자"적 단정에 의해서 의식으로 한정될 때, 그리고/또는(and/or) "유물론자"적 단정에 의해서 노동력으로 한정될 때, 그 가치의 문제는 어느 정도까지 제국주의 위기를 관리하는 것인지요? 가치의 문제가 가령 맑스의 것과 같은 "유물론자"적 주체로 단정될 때 제기되는 이론적-정치적 또는 정치적-이론적 함축적 의미/문제는 무엇인지 그 요점을 말해 주시겠습니까?

스피박 이른바 "관념론자"의 단정과 이른바 "유물론자"의 단정에 대해서 생각할 때, 우리가 명심할 것은 이 두 용어는 결코 최종적인 것으로 생

---

1. Spivak, *In Other Worlds*, pp.154~78.

각할 수 없다는 것입니다. 하지만 이 양자를 구별하려든다면, "가치", "가치"란 말, 즉 "가치"의 개념이나 은유가 두 개의 다른 맥락에서 두 개의 다른 것을 의미한다는 것을 염두에 두어야 합니다. 대단히 느슨하게 말하자면, 인간이 특별히 규정되는 특성으로서의 의식에 의해 정의된다는 맥락에서, 또는 달리 표현하자면, 주체가 의식으로 단정되는 맥락에서, 만일 우리가 그것을 관념론자의 단정이라고 부른다면 "가치"란 말은 간단히 말해 옛날식의 세 가지 가치, 즉 "진리", "선", "미"를 의미합니다. 베버(Weber)나 하버마스가 말하는 세 가지 가치의 영역, 즉 인식, 윤리, 미를 의미합니다. 그래서 인간의 의식의 역사가 최상의 실현을 했다고 은연중에 주장하는 그 세계의 부분은 역시 가치론적인 것이 깃들인 고향, 여러 가치가 깃들인 고향의 위치라는 것을 우리는 기본적으로 이해하고 있습니다. 그 밖의 세계는 그와 대비해서 측정됩니다. 그러므로 사실 인간은 주체라고 상정하고 선악을 선택할 수 있는 윤리의 주체성이란 이름에 손색없도록 하기 위해서, 인간은 인간의식의 역사가 성취한 그 세계에 자리 잡고 있어야 합니다. 그래서 그러한 입장 비평에의 접근까지도, 예를 들어, 나와 같은 입장을 통해서, 그 여정을 겪어 온 입장을 통해서 이용할 수가 있습니다. 사람들이 가치론의 프로그램을 위한 토착적인 주거지를 가지고 있다고 주장하거나, 아마도 주장하고 싶은 가능성이 있는 세계의 다른 부분의 위기는 이러한 특별한 가정에 의해서 처리될 수 있습니다. 예를 들어, 이런 종류의 비평에의 접근도 역시 제국주의의 문화적 일정 등을 통해서 가능하다고 말합니다. 이것이 이른바 "관념론자"적 단정, 즉 인간을 규정하는 속성으로 의식을 단정하는 데서 나온 위기관리지요.

반면에, 우리가 노동으로서의 주체라고 하는 이른바 "유물론자"의 단정을 취한다면, 노동은 그 안에 역시 일종의 노동으로서의 의식을 포함하고 있는데, 그럴 경우 가치는 중재를 하는 것, 맑스의 말을 인용한다면 "가볍고 내용이 없는 것"(『자본론』, 제1권) 즉, "인할트로스(Inhaltlos)"라는 것, 그 자체로서 절대 모습을 나타낼 수 없는 중재역을 하는, "내용 없는" 임금율의 차이를 말합니다. 하지만 그것은 노동에서 상품으로 전환하기 위해, 노동에서 생산품을 교환 가능한 것으로 전환하기 위해서 항상 필요합니다. 그런데 이것이 무시되고 버림받아 온 경우는, 예를 들면 맑스주의를 경제학 분야로 되돌리기를 요구하는 경제 전문가들에 의해서입니다. 저는 지금 스라피아파(Sraffians)에 대한 이야기를 하고 있는 겁니다. 우리가 그것을 "형이상학적"이라거나, 지나치게 "이상적이고 정치적"이라거나, 또는 이론적으로 허술한 것으로 무시하지 않고 이에 주의를 기울인다면, 다시 말해 노동과 상품 사이를 조정하는 가능성과 교환의 가능성인 이 "가볍고 내용이 없는 것"에 주의를 기울인다면 — 이것이 맑스의 기본적 주장이라고 해서 그 주장 전체를 일일이 설명하려는 것은 아닙니다 — 노동자는 자본을 생산한다고, 즉 노동력의 저장고인 노동자는 가치의 원천이기 때문에 자본을 생산한다고, 노동자를 향해 넌지시 말할 가능성이 있습니다. 같은 이유로 이른바 "제3세계"는 "제1세계"의 부(富)와 그 문화적 자기재현의 가능성을 생산하고 있다고 말을 꺼낼 수 있습니다.

오늘 오후 제가 사회를 본 국제 학생에 관한 여자 대학원생 집회에 소수의 젊은 미국 여성그룹이 참석했었습니다. 그들은 분명히 자애심이 넘치기는 했지만, 전혀 검증이 되지 않은 자애심이었지요. 그 미국여성들은 우리가 미국의 교육제도의 모든 혜택을 받고 있으면서도 제도 내에서의 우리의 문제만을 이야기 하고 있다는 것을 인정하지 않는 것은 혹시 우리에게 뭔가 잘못이 있는 것이 아닌가 하고 넌지시 말했습니다. 그때 저는 이 주장에 대해 될 수 있으면 정치적이지 않은 언어를 사용하려고 노력하며 논평을 했지요. 그 당시 저는 여러분이 국제 통화 기금과 세계은행의 자료, 예산을 확정하는 방법 등등을 본다면, 미국의 교육제도, 대학 제도가 기술적으로나 질적으로나 충분한 혜택을 받고 있는 것이 "제3세계"에 의해서 가능할 수 있었다는 것을 알게 될 것이라고 말했지요. 그리고 그것을 밝히고자 한다면 가치, 즉 노동력과 상품 사이의 "가볍고 내용이 없는" 중재하는 임금차율에 대한 논의에서 밝혀 내지 않으면 안 된다고 주장했지요. 그것이 어떻게 이루어지는가 하는 것은 대부분 사람들이 이런 종류의 경제 자료를 읽지 않기 때문에 눈에 보이지 않습니다. 게다가 그들이 읽는 것은 이 일에 대해 충분히 알지 못하는 사람들이 잡지나 신문에 쓴 이데올로기적인 읽을거리에 불과합니다. 다른 한편으로, 이 외국 학생들 모두가 대학에 있다고 하는 사실은 유달리 눈에 띄는 일이며, 이들이 귀국하면 이 위기관리를 수정 없이 그대로 지탱하고자 애쓴다는 사실은 일종의 추가된 보너스지요. 그러나 제3세계 노동력 조작이 미국의 고등 교육 기관의 지속적인 자원이 되고 있음을 파악하려면 이 내용이 없는, 중재하는 임금차율이 존재하고 그것이 노동력으로 하여금 가치, 즉 교환과 잉여의 가능성을 안정케 하는 것을 허용한다고 하는 논의를 통해서만 가능합니다. 그 고등교육 기관이 바로 그 조작의 이데올로기를 지지하고 있는 겁니다.

이 일에 주의를 기울여, 유감스럽지만 이것을 "절대적으로" 한 점 의혹도 없이 분명히 하기 위해서 저는 "맑스의 원서를 주의 깊게 읽으시오"라고 말하지 않으면 안 될 겁니다. 사실 그 수천 페이지가 함축하는 의미를 보면, 글 속에 내포된 독자에게 이 점만을 반복해서 설명하고 있는 겁니다. 물론 그 독자는 자본 논리 속에 있는 노동자입니다. 여러분이 자본을 생산하고 있다는 것, 이것을 알려면, 여러분의 구체적 경험을 단순히 세계상을 알려주는 것으로 잊어버려야 가능합니다. 그 점을 철저히 생각하십시오. 그러면 여러분이 자본을 생산하고 있다는 것, 그리고 어느 누구도 여러분에게 그 대가로 제대로 돈이나, 임금 같은 것을 주지 않고 있다는 것을 알게 될 것입니다. 사실 여러분이 얻고 있는 것은 여러분에 의해서 생산된 것인데, 이를 교묘히 속여 여러분으로 하여금 더 많은 것을 생산하게 하여 자본가를 살아가도록 합니다. 좋습니다. 그것은 위기관리를 이해하는 관점에서 노동력이 할 수 있는, 이른 바 주체에 대한 유물론적 단정이라 할 수 있습니다. 그것은 실은 주체의 위치를 완전히 바꾸고 있는데, 이에 반하여 "관념론자"의 단정은 의식의 역사가 세계의 이 부분에서 그 완성을 이루었다고 말함으로써 위기를 관리하고 있습니다. 선생님이 이점에, 이 가치 문제에 주의를 기울이지 않는다면 물론 선생님은 후퇴하는 겁니다. "제1세계" 국가가 "제3세계" 국가의 발전을 돕고 있다는 생각으로 되돌아간 겁니다. 물론 선생님이 단지 적절한 자료를 읽기만 해도, 각각의 원조 물품에는 어느 특정 종류의 상품을 구매한다는 특정 종류의 요구 조건, 이런 저런 방법 등으로 고용할 수 있는 국적별 여러 층위의 노동자 비율이라든가 하는 요구 조건이 따른다는 것을 알게 됩니다. 이런 것들을 알기 위해서는 사실 이처럼 이론적으로 따질 필요도 없습니다. 그것은 너무나 뻔해서 일일이 열거할 필요도 없습니다. 그러나 선생님이 그것을 읽지도 않고, 제3세계라는 세계의 반대편이 발전하도록 돕고 있다고 믿는다면, 그것은 사실과 정반대입니다. 이것을 선생님에게 이해시킬 수 있는 철학적 논의는 가치를 개념-은유로 생각하는 것이며, 이는 강의실에서 학생들에게 설명될 수 있습니다. 이 두 단정이 제국주의의 위기관리에 어떻게 관련되어 있는가를 말하겠습니다.

몇 가지의 문제란 무엇일까 하고 선생님은 묻고 있습니다. 이 문제는 가치이론을 많은 이론가들이 그런 것처럼 의식의 유사물로 전환할 수도 있습니다. 혹은 가치를 곧바로 가격과 동일시하려고 결정한다면, 그것은 정말 문제가 될 수 있으며 사람들이 이를 퍽 주의 깊게 읽지 않을 때 문제가 될 수 있습니다. 최종적으로 야기될 수 있는 문제는 가치를 만들어 내는 노동, 교환할 수 있는 상품을 생산하는 노동만이, 또는 더 나쁜 것은, 정부의 가격 정책에 의해서 가격을 매기는 가치를 만들어 내는 노동만이 — 이것이 자본주의입니다만 — 진짜 노동이라고 느끼는 것입니다. 또는 사용 가치, 즉 생산자가 소비를 위해서 생산하는 상품만이 좋다고 느끼는 것, 그것이 문제입니다.

하라쉼 지난 수개월에 걸쳐 한 캐나다 신문에 "제3세계"의 부채 "면제"에 관한 기사가 많이 나왔습니다. 이러한 "면제"라고 하는 이른바 "자비스런" 제스처는 일종의 위기관리인가요?

스피박 글쎄요, 이 질문에 대한 답을 생각해 내려면 다음 상황을 먼저 관찰해 보아야만 가능할 것입니다. 앞서 말한 바와 같이, 일련의 신문 기사와 공표를 위한 일련의 정부 서류, 세계은행과 국제통화기금의 실제 문서 사이에는 이데올로기적 관계가 있다고 하는 말입니다. 국채를 없던 것으로 하고 면제한다는 것, 여기서 관찰해야 할 것은 면제된다고 기술되는 특정 상황에 걸려 있는 조건이 무엇인가 하는 것입니다. 위기가 어떻게 관리되고 있는가를 알기 위해서는 공공 정책의 성명이 아니라 엄격한 조건에서 제시되는 개개의 사례를 관찰해야 된다는 것을 알아야 합니다(어느 경우나 그렇듯, 무엇인가에 대한 이론가가 되려면 문헌을 상세히 관찰하지 않으면 안 됩니다). 이것은 그 계통의 이론화를 바라는 사람의 절대적인 의무입니다. 저는 다른 나라의 경우보다 인도의 경우에 더욱 이 방법을 따릅니다. 그리고 언급된 것을 분석해보고 저는 항상 경악을 금치 못합니다. 즉 그것이 인도의 일반 대중에게 어떻게 제시되어 있는가, 그것이 제1세계의 나라들에게 어떻게 제시되고 있는가, 그리고 이러한 제스처의 세밀한 점들을 하나하나 관찰하면 실제로 어떤 것인가를 알게 되는 분석 말입니다.

하라쉼 현대의 많은 맑스주의(해체론적, 그리고/아니면 페미니스트) 사상가들에게 맑스의 생산 양식 내러티브는 미심쩍습니다. 맑스가 비록 매우 도식적인 방법으로 식민지화의 문제를 다루고 있지만 맑스의 생산 양식의 내러티브는 아마도 제국주의 기획과 공모하고 있는 것으로 보이는데요. 선생님의 연구에서는 이 내러티브를 어떤 식으로 다루고 있습니까?

스피박 우리가 국제사회주의를 향한 올바른 발전이 이루어지기를 바란다면, 모든 나라가 차례차례로 생산 양식의 정상적인 단계를 밟지 않으면 안 됩니다. 그러한 실례가 있는 곳이 서유럽입니다. 이것은 기본적으로 제국주의와 공모하고 있다고 단정한 맑스의 논의를 이해하는 문제입니다. 자본주의는 사회주의를 향해 나아 갈 수 있도록 여러 국가에 사회 변화를 초래하는 과정으로서의 독점 자본주의적 제국주의로 가는……하나의 과정입니다. 자, 이에 대해서 어떤 그럴듯한 점이 있다는 것에 저는 반대하지 않을 것입니다. 만일 누가 레닌-룩셈부르크(Lenin-Luxemburg) 논쟁뿐만 아니라 정치에 말려든 맑스주의 제1, 제2세대에 의해서 씌어진 제국주의에 대한 각종의 저서를 보았다면 말입니다. 저는 그러한 가능성이 있다고 말하지 않을 것입니다만, 한 세대 뒤의 사람들 — 빅토르 키에르난(Victor Kiernan)이나 해리 매그도프(Harry Magdoff) — 의 저서를 보았다면, 누구나 그것은 맑스주의와 제국주의의 문제를 다루는 하나의 방법에 지나지 않는다는 것을 깨닫게 된다고 역시 말할 겁니다. 그리고 더 나아가 맑스로 거슬러 올라간다면, 어느 정도 맑스 읽기를 할 수 있게 되었다는 이유로 매우 철저한 분석을 포기해 버리는데, 정치적으로 보다 유용하게 읽어본다면 누구나 다음과 같은 것을 알 수 있습니다. 예를 들어『자본론』제1권 후기에서 맑스가 말한 것을 이해하게 될 것입니다. 독일에서 자본주의는 영국에서 자본주의가 발전한 것과는 달리, 발전되지 않았으므로, 독일은 정치경제학을 발전시킬 수가 없었다는 것입니다. 그래서 맑스는 독일에서 정치경제학이 발전하는 것은 불가능하다고 말했지요. 맑스는 독일의 정치경제학 교수들이 준이론적인(paratheoretical) 소시민 계급 의식에서 무의미한 것을 만들어 내고는 있지만, 독일에는 정치경제학 비판이라는 하나의 가능성은 남아있다고 말하고 있습니다. 왜냐하면 독일에서는 정치경제학 분야가 발달할 수 없었기 때문에 이론가들 마음속에 비판이 자리 잡을 수 없었습니다. 그러므로 앞으로 시민권이 없는 사람들에게서 독일의 경치경제학 비판이 나올 가능성이 있는 것입니다. 맑스주의와 개발도상국들과의 관계는 이 모델을 바탕으로 해서 유용하게 그려질 수 있을지 모릅니다. 첫 질문에 대한 대답에서 제가 말한 것과 더 관련 있는 것으로, 혁명적 의제 안에서도 마찬가지로 여성 문제를 무시하는 어떤 "역사적인" 경향이 존재해

왔습니다. 거기에서 주체에 대한 "유물론자"의 단정은 오직 가치를 생산하는 노동만이, 또는 가치를 스스로 규정하는 노동만이 참다운 노동이라고 가정하는 경향이지요. 이러한 명확한 구분은 인간을 소외시키는 것이라고 맑스는 누차 말하고 있습니다. 사실 초기의 맑스는 확실히 — 역시 후기의 맑스도 그랬습니다만 — 자본의 논리 밖에서 이 소외를 어떻게 이해할 것인가 하는 하나의 보기를 찾으려고 노력할 때마다 남성과 여성에 대해 생각했던 것 같습니다. 맑스가 이성애주의자라거나, 혹은 남성이나 여성 동성애주의자에 대해서 편견을 가지고 있었던 것은 아니라고 말 할 수 있지만, 이성애주의자의 입장을 취하는 많은 페미니스트에 대해서도 편견을 보이지 않았다고 말할 수 있을 겁니다. 그것은 별개의 문제입니다. 맑스는 사실 가치를 만들어 내는 노동만이 진정한 노동이라든가 스스로 규정하는 가치를 만들어 내는 노동만이 진정한 노동이라고 말했습니다. 따라서 남성과 여성의 관계를 무시했다고 말하는 것은 유추를 빌리자면 정신분석은 문학비평에는 쓸모가 없다고 하는 말과 같습니다. 사실 프로이트나 라깡, 그 밖의 몇몇 분석가들은 문학 텍스트를 정신분석학을 위한 설명 모델이 될 수 있는 것으로 지금까지 보아 왔습니다. 이것은 페미니스트에 대한 반론의 근저로서, 이 반론은 혁명적 전통 안에 역시 이러한 오해의 여지가 있어 왔다는 사실과 분명 관련이 있다고 말씀드리겠습니다. 그렇다면 우리들이 잘 대처해 나가야 할 문제는, 맑스주의나 생산 양식의 내러티브에 뭔가 특별히 잘못된 것이 있다기보다는, 오히려 반동적인 남성과 마찬가지로 급진주의자들의 성차별주의라고 생각 합니다. 그리고 저는 제임슨의 작업 범위에서의 생산 양식의 내러티브를 규범으로 삼을까 생각 합니다. 저는 여러 면에서 제임슨의 업적을 대단히 존경하고, 그의 정치학을 여러 면에서 크게 지지하고 있습니다만, 저만이 이런 말을 하는 것이 아닙니다 …… . 분명히 『사회적 텍스트』(*Social Text*)[2]의 완성본이 출판되었습니다만(저는 아직 그것을 보지 못하고 있습니다. 그 책이 출간되었을 때 인도에 있었으니까요), 이 책은 민족주의의 우의(寓意)로서 제3세계 문학에 대한 그의 판단에 비판적인 입장을 보이고 있습니다. 그런데 그것은 생산 양식의 내러티브 형식을 규범적인 것으로 삼는 데서 기인한 것입니다. 왜냐하면 유럽의 특정한 역사 속에 다분히 존재하는 민족주의 그 자체, 그 규범이 "제3세계" 국가들이 갈망해야 할 의심할 바 없는 선(善)으로 보이고 있기 때문입니다. 그것이 문제입니다.

이제 맑스에게 발견할 수 있는 또 한 가지는, 예를 들어 형태론입니다. 이 형태론은 어떠한 종류의 가치 매김에 대해서 말하고 있습니다. 그 현상 형태(Erscheinungs form)는 가치 생산 양식의 발전입니다. 가치가 어떻게 자체를 규정하는가, 그건 형태론의 반(半)내러티브입니다. 이를 뒷받침하기 위해서 모든 것이 조화를 이룬 18세기의 여러 양식을 들 수 있습니다. 아주 광범한 작업, 즉 형태론의 논의에 맞는 보편적 내러티브를 만들어 낸 18세기 계몽주의 초기에 모든 인류학의 위대한 사상가들인 루소(Rousseau)나 꽁디약(Condillac)에게서 이것을 봅니다. 그러나 그것이 맑스의 전부가 아닙니다. 맑스는 1848년의 논의나 대중적인 글에서처럼 현실적인 "역사상"의 사건을 논하는 방향으로 나아가는데, 그가 이와 같은 내러티브에 대한 말을 꺼내는 순간, 규범적인 형태론과 전개되어가는 내러티브의 관계는 훨씬 모호해집니다. 그러므로 처음 두 가지 것에 의해서만 맑스를 볼 수는 없습니다.

---

2. *Social Text* 15(Fall 1986) : pp.3~54.

선생님은 제가 생산 양식의 내러티브를 어떻게 관련시키는가 하고 물으시겠죠? 글쎄요, 저의 일반적 경향은 — 이 생각은 제가 다른 데서 발표한 것이고, 또 너무 오래 걸려서 당장에 그것을 진술할 수 없습니다만[3] — 모든 것에 등을 돌리는 가망성 없는 엘리트적 입장을 취하기보다 폭력의 구조와 교섭하는 것을 배우지 않으면 안 되는 우리의 역사적 입장을 정말로 믿는다는 것입니다. 여러분에게 이야기하기 위해서, 초강대국의 한복판에서 가르칠 수 있기 위해서, 인도의 한 시민으로서 어떤 방법이든 간에 인도 토착 문화사에 대한 어떤 종류의 시정의 소리가 있기 위해서, 저 자신이 배우며 식민주의 그 자체와 교섭하도록 학생들에게 가르치지 않으면 안 됩니다. 저는 계급이 상승하는 페미니스트와 그 지도자들에게 남성 중심주의와 교섭하는 것을 배우도록 일러줍니다. 어차피 그들이 그렇게 하고 있기 때문이지요. 마찬가지로 저는 그것을 그저 규범적인 것으로 받아들이거나, 제가 그것을 혹시라도 규범적인 것으로 받아들인다면 저는 결백하지 않을 것이라고 말하기 보다는, 오히려 이러한 생산 양식의 내러티브를 고찰하고 그것과 교섭을 하고 있습니다. 마치 인간은 현실적으로 살아가면서 그것을 살아있는 규범으로 받아들이지 **못하는** 것처럼 말입니다. 인간 자신의 사회적 관계가 되풀이해서 밝히고 있는 것을 뭐라 부르건 간에, 인간은 그 내러티브의 규범성을 눈에 **보이도록** 한다는 것입니다. 그러므로 인간은 교섭하는 것을 배워야 합니다.

하라쉼 1960년대 이래 프랑스의 후기구조주의 사상가들이 제기한 문제

---

3. Spivak, "Feminism and Critical Theory," *In Other Worlds*, pp. 77~92 참조.

중 하나는, 후기구조주의 사상의 공헌을 어떻게 맑스주의/페미니스트 기획과 결합하느냐 하는 것입니다. 이 의사 표시는 지금에 이르러 어느 정도까지 위기관리가 된 것입니까? 제국주의 비판에 관한 선생님의 연구와 젠더화된 하위주체의 이성애적 생산에 대한 선생님의 연구를 이러한 의사표시와 관련해서 자리잡아주시겠습니까?

스피박 글쎄, 어떤 의미에서 보면 모든 것이 위기관리입니다. 그것을 아주 넓게 분류할 수도 있겠지요. 위기관리가 반드시 나쁜 것만은 아닙니다. 저는 데리다가 곧잘 말하듯이, "비윤리적인 것"뿐만 아니라 "윤리적인 것"도 포함하고 있다고 생각합니다. 맑스주의 기획에 있어 후기구조주의 사상의 가장 중요한 공헌은, 사람들이 이해하고 있는 바와 같이 맑스의 형이상학적 범주의 현전(presence)을 지적한 것이라고 저는 생각합니다. 그것은 저를 가르쳐 왔는데, 데리다의 『타자의 귀』[4]에서 제가 얼마나 많은 것을 배우고 있는가를 보면 잘 아실 겁니다. 그 글을 읽기 꽤 오래 전에, 저는 데리다 이후의 맑스에 대한 저의 두 편의 초기 논문에서 맑스 텍스트를 단순히 이러한 형이상학적 전제에 의해서 규정된 기획이 아닌, 다른 무엇인가에 비평의 계기를 열어놓은 것으로 보고 이를 맑스에서 찾고 있었습니다. 그것은 후기구조주의의 커다란 공헌 중 하나라고 생각하고 있으며, 뒤에 선생님이 "실천"에 대해서 질문을 하시면, 저는 다시 이점으로 돌아올 것입니다. 즉, 후기구조주의자들은 하나의 주체란 반드시 자신의 이해관계에서 행동하지는 않는다는 주장을 해

---

4. Jacques Derrida, *Otobiographies*: *L'enseignement de Nietzsche et la politique du nom propre* (Paris : Galilee, 1984); *The Ear of the Other*: *Autobiography Transference, Translation*, trans. Peggy Kamuf (New York : Schocken Books, 1985).

왔습니다만, 주체의 본질은 정신분석 덕분으로 인식론상의 정화의 산물과 사회 정의의 지지층을 확인하지 못하도록 차단기나 빗나간 이정표로 표시된다고 생각합니다. 그러나 폴 드 만(Paul de Man)이 그 훌륭한 문장에서 말한 바와 같이, "죽음의 불가피성을 치유하지 못한다고 해서 해부학을 비난할 수 없다"는 문장입니다. 우리가 아무리 주의를 기울인다 해도, 우리는 훌륭한 해결을 얻을 수가 없습니다. 사실 여러 해결은 얼마 후면 무의미한 것이 됩니다. 그 해결법을 선택하고 나면 그것은 산산이 부서집니다. 후기구조주의가 페미니즘에 공헌한 것은 단순히 남근중심주의에 대한 비판이었습니다. 그러나 여성이라는 존재의 역사적 위상은 후기구조주의가 그 자체를 위해 남근중심주의가 아닌 공간을 분명히 하기 위해서 어느 정도 전유하려 한 것이 됩니다. 「성-성차와 존재론적 차이」[5]라는 논문에서 데리다의 입장이 약간 시선을 끈다고 생각합니다. 저는 이 텍스트에 대한 분석에 착수하고 싶지는 않지만, 이 글은 약간 특징적인 내용을 담고 있습니다. 저는 이에 대해서 테레사 브레난(Teresa Brennan)[6]이 편찬한 문집에 실릴 논문에서 더 자세히 말했습니다. 제 논문은 해체론과 페미니즘에 관한 것입니다. 그래도 저는 (역사적인) 여성상의 사용은 남근중심주의의 위기를 관리하기 위해서, 그리고 이렇게 말해도 좋다면, 프랑스 공산주의와 사회주의의 정당 노선의 위기까지 간접적으로 관리하는 하나의 방법이라고 말씀드리겠습니다. 페리 앤더슨은 『사적 유물론의 궤적』[7]에서 맑스 사고 자체에 있어서 주체와

5. Jacques Derrida, "Geschlect-différence sexuelle, différence ontologique," *Research in Phenomenology* 13 (1983), 68~84.

6. Teresa Brennan, *Between Feminism and Psychoanalysis* (New York : Routledge, 1989)

7. Perry Anderson, *In the Trace of Historical Materialism* (Chicago : University of

구조와의 관계를 철저히 생각하지 않았기 때문에, 그 균열 안에 주체와 실천에 대한 후기구조주의 개념이 뿌리를 내렸다고 시사하고 있습니다. 저는 이것을 어떻게 이해해야 할지 모르지만, 그것 역시 광범한 개념의 은유, 즉 위기 관리에 대한 설명으로 보입니다. 그리고 여기에서 여성상이 유용하다는 것이 명백히 밝혀졌습니다.

저는 그것이 맑스를 이해하는 데 얼마나 도움이 되는지 이미 분명히 했습니다. 포스트식민 이후의 맥락에서 다루어져야 할 것은 민족주의, 국제주의, 비종교주의, 그리고 문화주의의 거대 내러티브뿐입니다. 그것은 식민지의 어느 계급에 의해서 사용된 포스트식민화를 위한 알리바이였습니다. 이 계급은 식민주의자가 강요한 조건에 의해서 토착 권력구조를 바꿀 힘을 부여 받고 있었습니다. 그들 자신은 모종의 인식론적 폭력의 달갑지 않은 목표로서가 아니라, 이른바 식민지 종속민으로서 행세하기 위해서 이 폭력의 구조와 교섭 했습니다. 그런 배경과 식민 이후의 포스트식민 공간에서 이러한 거창한 내러티브에 어떤 식으로도 접근하지 못했던, 그야말로 공민권을 빼앗긴 사람들을 생각한다면, 우리는 교사의 한 사람으로서 매우 일반적인 후기구조주의 모델에 바탕을 둔 교육을 생각합니다. 이 거창한 내러티브들을 파괴하지 않고 내러티브의 모든 구조를 자기 자신의 구조로 삼습니다. 그런데도 그들과 거리를 두게 되고, 어떤 믿어지지 않는 불가피한 범죄가 따르게 됩니다. 그 범죄는 단순히 상궤를 벗어난 행위가 아니라 필연적 부가물입니다. 그러면서도 우리는 원주민 보호주의의 지속성에 대한 합법적인 대응내러티브 같은 것을 만들어 내지 않습니다. 이러한 인식론적 틀의 안 인식에서 시종일

Chicago Press, 1984)

관 추방당한 자는 공민권을 빼앗긴 여성, 이들을 저는 "성을 부여받은 종속민)"(gendered subaltern)이라고 불러 왔습니다. 이 여성들의 계속적인 이질성, 계속적인 종속화와 고립화는 제게 하위계급의 주체를 명확히 해주었습니다. 그리고 저는 마하스웨타 데비[8]의 소설에 있는 작가의 다양한 재현에 도움을 받아 왔습니다.

하라쉼 다음 일련의 질문은 제도상의 책임과 지식의 생산과 관계가 있습니다. 선생님이 「가치의 문제에 관한 잡다한 고찰」에서 쓴 바와 같이 "문화가치 체계와 경제가치 체계 사이의 공모가 우리의 거의 모든 결정에 작용한다"면(166), 그리고 "경제 환원주의가 사실상 매우 현실적인 위험"이라면(166), 대학인들은 정치경제학 범위 내에서 어떤 위치를 차지해야 하며 또 차지하고 있는지요? 우리들의 제도상의 책임은 결국 어떻게 됩니까?

스피박 선생님이 "대학인은 어떤 위치를 차지해야 하며, 또 차지하고 있는가?"라고 말했을 때, 저는 대학인이란 말 앞에 형용사가 있어야 한다고 봅니다. 대학인이라 해도 질이 한결 같지 않으니까요. 예를 들어, 인도에서는 국립 교육제도가 있고 계급에 따라서 교육을 받을 권리가 크게 제한되기 때문에, 상위 계급으로 옮겨가는 장(場)으로서 대학은 대단히 중요하기도 하고 중요하지 않기도 합니다. 대학 제도가 사기업체처럼 운영되는 미국에서는(논란의 여지는 있지만 주립 대학의 경우까지도) 2

---

8. Mahasweta Devi, "Breast-Giver", trans. Gayatri Chakravorty Spivak, *In Other Worlds*, pp. 222~40.

년제 대학에서 4년제 대학, 그리고 하버드와 예일에 이르는 대단히 계층화된 4천 개에 이르는 3단계의 교육기관이 있습니다. 프랑스에는 고도로 중앙집권화 된 국가주의적 교육제도가 있는데, 그곳에서 학문의 급진주의가 발생한 것은 거의 엘리트 중심의 균질화 된 구조로 조직된 기본적인 대학 구조의 외곽에서였습니다. 그런 식이지요. 저는 참다운 대학인 같은 것은 없다고 생각합니다. 자신의 위치를 이러한 제도적 모델과 동일시하고 나서, 참다운 대학인이라고 생각하는 것은 정말 위험하다고 봅니다. 하지만 주의를 기울여보면, 대학인들은 이런 저런 방법으로 이데올로기 생산이라는 작업에 종사하고 있다고 말하고 싶습니다. 순수 학문을 연구하는 대학인까지도 이 과정에 휘말려 들고 있습니다. 이런 가능한 상황은 제도상의 상황뿐만 아니라 학문 분야의 개념을 낳게 되고, 다음에는 민족국가의 대학 제도 내에서는 흔히 중재된 기능이기는 하지만, 보다 미묘한 정밀성의 문제를 발생시킵니다. 그래서 각기 자신의 분야를 규범화하고 "저는 알 필요가 없어요, 저는 이론 물리학자니까요"라든가, 또는 "저는 알 필요가 없어요, 저는 철학자니까요" 등등으로 말합니다. 학문의 분업을 규범화하지 마십시오. 우리들 가운데는 이점을 꼭 알 필요가 있는 사람들이 있습니다. 우리의 제도적 책임은 우리가 그것을 가르칠 때, 가르치고 있는 지식의 생산 구조에 대한 책임 있는 비판을 제공하는 것입니다. 그뿐만 아니라 우리는 될 수 있는 한 자주 널리 이를 공개해야 합니다. 우리가 종신 직업을 얻었을 때는 특히 그렇습니다.

하라쉼   윤리-정치의, 사회-역사의 텍스트와 그 목적지를 정치적으로 고쳐 쓰는 데 해체론은 어떤 정치적 개입력을 가질 수가 있는지, 현재 그렇게 하고 있는지요?

스피박 해체론은 어떤 종류의 정치적 기획도 세울 수 없습니다. 해체론은 어떤 종류의 논의를 구성하는 데도 함축성 있는 전제에서 출발하지 않으면 안 된다는 점을 보여주고 있지요. 그리고 해체론은 절대적으로 정당화하는 식으로 해체론적 전제의 유용성을 문제 삼을 수 있는 가능성을 없애거나 처리하지 않으면 안 됩니다. 해체론은 이러한 한계와 의문에 주의를 기울일 것을 우리에게 가르쳐 줍니다. 그것은 교정적이고 비판적인 운동입니다. 이 때문에 해체론은 어떠한 입장에 대해서도 절대적 정당화는 없다는 것을 시사하고 있는 것처럼 생각됩니다. 하지만 이것은 이 입장에 대한 최종적인 발언은 아닙니다. 해체론 역시 완전하게 실천하고 있는 해체론자는 있을 수 없다고 끈질기게 주장하고 있습니다. 왜냐하면 주체는 항상 주체로서 중심에 위치하고 있기 때문입니다. 인간은 중심에서 벗어나서 해체론의 정치적 정략에 정확하게 발을 내디딜 결심을 할 수가 없습니다. 해체론이 주목하는 것은 이 중심에 둔다는 것의 한계이며, 해체론이 지적하는 것은 주체를 중심에 두는 경계가 불확실하다는 사실과, 주체는 (항상 중심에 자리하고 있어서) 그 경계선을 확실한 것으로 기술하지 않으면 안 된다는 사실입니다. 정치적으로는 이 모든 행위가 외견상 제아무리 호의적인 원리주의와 전체주의라 할지라도 이것들을 고려하지 않습니다. 그러나 그것은 근본적인 것이 될 수 없습니다. 누가 만일 해체론의 바탕 위에 정치적 기획을 세우기를 원한다면, 이는 한편으로는 시시한 다원주의 같은 것이 될 것이며, 또 다른 한편으로는 일종의 무책임한 쾌락주의가 될 것입니다. 만일 해체론의 형태를 하나의 내러티브로 바꾸려고 한다면 이런 일이 일어나게 될 것입니다. 그렇지만 해체론은 "노동자"나 "여성"같은 중요한 말이 문자 그대로의 관계항을 가지고 있지 않다고 시사함으로써 다시 정치적 안전장치를 마련합니다.

　누구나 이 중요한 말의 신성함을 근거로 정치적 동원에 **성공할 때** 이러한 내러티브들, 이러한 특질이 정말 존재하는 것처럼 보이기 시작합니다. 이러한 일은 모든 종류의 범죄 행위, 평가표, 오만, 자기-권력 강화 등등에서 종말의 시작을 알리고 있습니다.

　해체론적 의식이란 중요한 말이 오용되는 것을 끊임없이 알아내는 것입니다. "참다운 노동자"의 "참다운" 실례가 없습니다. 문자 그대로 관계항이 없습니다. 즉 사람들이 특유한 말로 여러 이념을 표현, 대표하는 "참다운 노동자", "참다운 여성", "참다운 프롤레타리아 계급"의 "참다운" 실례는 없다는 것을 의식하는 것입니다. 공민권을 박탈당한 사람들은 뭔가 정의(定義)하여 변혁하려하는, 그들에 대한 자비로운 사람들의 태도에 대단히 신경이 날카로울 때가 자주 있습니다. 그들 자신들은 "참다운 노동자", "참다운 여성" 등등의 범주에 끼워지는 것을 좋아하지 않습니다. 저는 가끔 토니 카드 뱀버러(Toni Cade Bambara)의 「내 남편 보반느」("My Man Bovanne")라는 작품을 인용합니다. 그 이야기에서 그녀는 이 현상을 매우 잘 다루고 있습니다. 예를 들어, 민족해방운동에는 해체론적 경계심이 정통적 민족주의를 지향하는 운동을 허용하지 않는 중대한 순간이 있습니다.

하라쉼　이 정치적 개입력은 「가치 문제에 대한 잡다한 고찰」의 마지막 각주에서 선생님이 열린 결말/목적의 실천정치로서 설명하고 있는 것과 어떤 관련이 있습니까?

스피박　제가 그 각주에서 데리다의 논문 「묵시론적 어조에 대해서」[9]에 대해 말하고 있다는 것을 선생님은 기억하실 것입니다. 저는 매우 아름답지만 대단히 난해한 한 편의 작품에 관해서 이러한 말을 했습니다만, 여기서 저는 될 수 있는 한 쉽게 대답하려고 합니다. 특히 마지막 각주에 대해서 언급해 달라고 선생님이 요청하므로 그 차이를 말씀드리겠습니다. 열린 결말/목적의 실천 정치는 이 유추를 통해서 이해될 수 있으리라 생각합니다. 예를 들어 우리가 실제로 이를 닦거나 매일 몸을 깨끗이 한다든지, 운동을 하거나 뭔가를 할 때 우리는 죽어야 할 운명에 지는 싸움을 하고 있다고 생각하지는 않지만, 사실은 이러한 모든 노력은 우리가 죽어가고 있기 때문에 실패로 돌아갈 운명에 처해 있습니다. 다른 한편으로, 우리는 이것을 다른 도리 없이 운명 지워진 되풀이되는 노력보다는 유지와 보존으로 생각할 수 있습니다. 이런 종류의 행위를 수술로 대체할 수는 없습니다. 우리는 죽을 운명을 타고난 신체의 일상적인 보존을 위해 수술을 받을 수는 없습니다. 그러한 수술은 죽음과 같을 겁니다. 이 유추의 예가 모든 유추와 마찬가지로 완전한 것은 아닙니다. 그것은 개인에게는 적용이 됩니다만, 그것을 직접 역사적 공동체에 적용한다면 문명에 슈펭글러의 순환(Spenglarian cycles)(『서구의 몰락』(1926~1928)에서 슈펭글러는 사회 변동에 관한 '순환론적 전망'을 선언. 모든 사회는 성장하고 발전할 수 있지만 궁극적으로 쇠퇴해 가다 사멸하는데, 새로운 세대의 사회에 의해 대체되어야 한다고 주장함: 역자주)이 있다는 것을 시사할 수 있습니다. 이 유추는 그 자체로 견강부회 같지만, 우리가 열린 결말/목적의 실천 정치를 이해하는 데는 도움이 됩니다. 그것은 엄청난 변화를 초래하는 어떤 종

9. Jacques Derrida, "D'un ton apocalyptizue : Adopte naguère en philosophie," *Les fins de l'homme à partir du travail de Jaques Derrida* (Paris : Galilee, 1982), pp. 445~86; Of an Apocalyptique Tone Recently Adopted in Philosophy," trans, John P. Leavey, Jr., *Semeia* 25 (1982) : 63~96.

류의 거대한 이데올로기적 행위(외과 수술)와 같은 것은 아닙니다. 하지만 실천 정치에 대한 저의 모든 생각에는 — 뒤에 이야기하게 될 것을 예상하면 — 한편이 다른 편에 위기를 가져온다고 하는 두 가지 종류를 저는 항상 강조해 왔습니다. 왜냐하면 일상을 유지하는 정치의 이 닦는 스타일은 흔히 관례에 안 맞는 행위를 요구하고 있기 때문입니다. 반면에, 거창한 종류의 수술, 즉 형태론에 나아갈 수 있는 외과 타입의 정치는 일상을 유지하는 실천정치를 부정하는 것처럼 보입니다. 한편이 다른 편에 생산적인 위기를 가져다 줄 때, 열린 결말/목적의 실천 정치가 이루어진다고 저는 생각합니다. 어느 편에도 특권은 없습니다. 사실 맑스와 페미니즘의 관계, 거기서 야기되는 싸움은 쉐일러 로우보탐(Sheila Rowbotham)과 같은 사람들의 경우에서처럼, 이에 대한 오해에서 비롯되고 있음을 자주 볼 수 있습니다. 그래서 페미니즘은 스스로를 또 다른 종류의 것이 되고 싶어 하는, 일종의 실천 정치로 보고 있습니다. 이것은 바로 구분하는 데서 나오는 것으로, 공민권을 부여받지 못한 사람들이 그들에게 붙여 준 딱지는 비유의 남용이라는 것입니다. 우리는 이를 "알고"있으며 이런 종류의 열린 결말/목적의 실천 정치도 역시 잘 알려진 것이지요. 이것은 해체론이 지닌 장점 중의 하나로, 실제로 잘 알려진 것에 대한 이론적 함축성을 제대로 보여주고 있습니다. 우리는 사실상 이것을 알고 있는데도, 그것은 항상 상궤를 벗어난 것으로 여겨지고 있습니다. 이론을 말할 때는 전략적으로 배제됩니다.

하라쉼 선생님이 캐나다의 앨버타에서 강의할 때(1986년) 데리다의 텍스트, 『타자의 귀』에서 "여성답게 사는 것"과 결단의 문제에 대한 매우 흥미로운 내용을 말씀해 주었습니다. "여성답게 사는 것"은 이 텍스트에서는 어떠한 위치를 차지하고 있습니까? 그것은 데리다의 다른 텍스트에서의 여성의 입장과 구조적으로 유사합니까? 선생님 자신의 연구에서 이 텍스트는 어떤 유용성이 있습니까?

스피박 제게 『타자의 귀』에서 살아 있는 여성의 본질은 데리다의 다른 텍스트에 많은 다른 분명한 표현과 더불어 하나의 위치를 점유하고 있는 것으로 보입니다. 여성, 또는 여성의 본질은 데리다의 경우, 어떤 것에 붙여진 일종의 이름입니다. 그것은 다른 곳에서 그가 주장해 온 바와 같이, 비유적 표현이나 일종의 경험적 실체도 아닙니다. 그의 텍스트를 주의 깊게 읽음으로써 제가 이해할 수 있는 것은, 그것은 고작 일종의 이름이라는 것입니다. 이것은 푸코가 그의 가장 흥미로운 텍스트에서 권력이란 어떤 복합체에 붙여진 이름이라고 시사하고 있는 것과 꼭 같습니다. 브레난이 편집한 문집에 앞으로 실리게 될 논문에서 저는 데리다의 형태론에서 전체적 조화에 "여성"이란 이름을 사용하고 있는데, 거기에서의 몇 가지 문제와 몇 가지 적극적이고 유용한 요소에 대해서 논하려 했습니다. 『타자의 귀』에서 "살아 있는 여성의 본질"이 점유하는 장소는 자서전과 죽음간의 약속 사항에 반기를 든 공간이라고 생각합니다. 자서전의 가능성은 자서전이 인생이 아니라는 사실, 아니 전기까지도 인생이 아니라는 사실을 통해서 죽음과 연관되어 있습니다. 자서전의 저자는 이름에 매달리지만 그 이름은 아버지에게서 물려받은 것입니다. 그 건너편에 있는 것이 "살아 있는 여성의 본질"이며, 그것은 이름을 떳떳이 말할 수 있는 아버지의 역할에 대응하는 것입니다. 하지만 만일 개념 ─은유의 논리를 끌어내기를 정말로 원한다면, "살아 있는 여성의 본질"은 일단 그것이 어머니로 명명이 되고 이미 그 안에 특정한 반복적 구조를 지니고 있다는 것을 알게 될 것입니다. 아마 데리다는 "살아 있는 여성의 본질"을 둘러싼 니체의 텍스트가 갖는 모순을 보고 있는 지도 모릅니다. 저는 지금 그것에 대해서 확신할 수가 없습니다. 제가 생각한 바를 말씀드리기 위해서는 그 텍스트를 다시 한번 봐야겠습니다. 『언어와 현상』[10] 같은 훨씬 초기의 저술에서 데리다가 우리에게 보여준 가장 흥미 있는 것 중 하나는, 인간 주체를 위한 "살아 있는 현재"의 어떠한 개념도 주체의 죽음을 가정하지 않으면 안 된다는 것이라고 생각합니다. 왜냐하면 이 "살아 있는 현재"는 그 주체 이전에도 존재했을 것이 틀림없고, 그 주체 이후에도 존재할 것이기 때문입니다. 이러한 것이 "살아 있는 여성의 본질"에 이미 잠식해 있다면, 저로서는 더 기쁠 수밖에요. 그렇지 않으면 "살아 있는 여성의 본질"은 하나의 이름을 부여받은 일종의 방법론적 가정이 됩니다. 이제 역사, 즉 어머니란 이름의 역사적 위치와, 형태론, 즉 차이의 다른 면에서의 여성의 본질 간의 작용 등이 제가 테레사 브레넌이 편찬한 문집에서 공격하려는 내용입니다.

무엇이 저의 연구에 유용할까요? 저는 데리다의 이 텍스트가 대단히 마음에 듭니다. 글읽기의 새로운 정치학에 대한 데리다의 분명한 의사 표현은 매우 유용합니다. 즉 텍스트가 역사의 궤도를 벗어나는 것을 허용하지 않으며, 이러한 읽기를 생산할 수 있는 텍스트에는 무엇인가가 있다는 것을 시인하는 것입니다. 이점은 매우 중요합니다. 그러나 다음으로 중요한 것은, 텍스트의 의제를 자기 자신의 것으로 만들면서 이 텍스트 안에서 중대한 계기를 어떻게든 손안에 넣어 유용성 있는 읽기, 꼼

---

10. Jacques Derrida, *La vois et le Phénomène* (Paris : Presses Universitares de France, 1967); *Speech and Phenomena and Other Essays on Husserl's Theory of Signs*, trans. D. Allison (Evanston : Northwestern University Press, 1973), pp. 3~88.

꼼히 고쳐 쓰는 글읽기를 하는 것입니다. 저는 이것을 되풀이해서 학생들에게 말해 왔습니다만, 그것이 하나의 공식이 되는 것은 원치 않습니다. 이 훌륭한 것들이 하나의 공식이 된다는 것은 문제니까요. 그건 마치 댄스의 스텝과 같은 것이지요. 그런데도 불구하고 이번 학기에 맑스를 가르치려고 한 것, 맑스주의 역사를 상기하는 것, 맑스주의 문제점들을 상기하는 것, 맑스에 대해서 변명하지 않으려는 것, 또는 단순히 그에게 등을 돌리려고 하지 않은 것은, 대단히 유용하고 대단히 생산적인 연습이었습니다. 이 작업을 하는 동안 데리다의 이 글을 저 자신에게 상기시키곤 하였습니다.

하라쉼 「제국주의와 성차별」[11]에서 선생님은 폴 드 만의 읽기 전략을 차용하면서 그것을 무비판적으로 차용하는 한계를 보여주고 있습니다. 제가 틀렸으면 시정해 주십시오. 하지만 폴 드 만의 읽기는 여러 가지 난문제(aporia)에서 멈추는 경향이 있습니다만, 선생님의 읽기는 ― 저는 여기서 특히 문화적 자기재현에 관한 선생님의 연구에 대해서 생각하고 있습니다만 ― 선생님의 글읽기는 실천의 장을 찾기 위해 대립적 상황에 있는 특정 세력에 초점을 맞춰 난문제(aporia)를 넘어서는 사고의 필요성을 강조하고 있습니다. 이 읽기에 대한 선생님의 생각은 어떤 것입니까?

스피박 선생님 말씀에 부분적으로 동의합니다. 하지만 드 만의 후기의 제안, 즉 행동하기 위해서는 은유를 문자대로 해석하지 않으면 안 된다

---

11. Gayatri Chakravorty Spivak, "Imperialism and Sexual Difference," *Oxford Literary Review* 8, no. 1~2(1986) : 225~40.

는 것은 중요합니다. 왜냐하면 그것은 사람들로 하여금 난문제에 머무르려고 하는 드 만의 인식을 넘어서게 하기 때문입니다. 우리 같은 사람들은 한 텍스트에서 난문제를 발견하는 곤경을 배우고, 난문제의 구조와 더불어 다른 방향으로 나아갑니다. 그런데 드 만이 이 점을 표명한 이래 그것을 차례차례로 확증하는 데 오랜 시간이 걸렸지만, 드 만이 『읽기의 알레고리』[12]등 여러 텍스트를 쓸 당시 사람들은 그것들이 드 만의 전부라고 생각할 수 도 있지만, 그의 탁월성을 폄훼해서는 안 된다고 생각합니다. 그러나 저는 다시 한 번 새로운 글읽기의 정치학으로 그를 읽을까 합니다. 드 만의 글읽기를 래드 고지크(Wlad Godzich)[13] 같은 맹목적인 추종자들은 정확성이 없이 읽고 있습니다. 그러나 저는 고지크가 평상시 드 만을 아주 빈틈없이 읽는 사람이라고 생각하고 있습니다. 드 만에 있어서의 이른바 "상쇄"(cancelling out)를 찬양할 수 있는 데도 이 점에 대해 변명하지 않은 것이, 한 번 더 그의 탁월성을 지켜나갔다고 생각합니다. 누구나 드 만과 같은 입장에 이를 수 있다고 생각합니다. 하지만 여러 난문제들이 균형 잡히지 않은 상태에 있다는 징후를 그의 텍스트에서도 읽을 수 있습니다. 『읽기의 알레고리』에서의 프루스트에 관한 텍스트인 "읽기"의 장에서 그가 은유와 내러티브에 대해서 논할 때, 우리는 우리 스스로 말하는 방식에서 은유가 특권을 가지고 있다는 것, 그래서 완전한 난문제를 가질 수 없다는 것을 알 수 있습니다. 드 만은 『읽기의 알레고리』에서 불균형(asymmetry) 계기에 대해 언급합니다. 그러나 후기

---

12. Paul de Man, *Allegories of Reading-Figural Language in Rousseau, Nietzsche, Rilke, and Proust* (New Haven and London : Yale University Press, 1979).

13. Wlad Godzich, "Introduction : Caution! Reader at Work!" in Paul de Man, *Blindness and Insight : Essays in the Rhetoric of Contemporary Criticism* (Minneapolis : University of Minnesota Press, 1983), pp. xxiv~xxix.

텍스트인 「약속」에서는 행동하기 위해서는 은유로 전환하거나 문자 그대로 해석해야 한다고 시사하고는, 난문제를 매우 분명하게 표현하지 않고 있습니다. 이것은 그가 죽음에 이르려 하고 있었던 작업, 즉 위상적(topological) 해체론과 수행적 해체론 기술에서 행위의 정의로 이행하는 중임을 말해줍니다.

제가 하는 작업을 선생님이 기술하셨는데 옳다고 생각합니다. 저의 유용성에 대해 말하자면, 저는 반대 입장에서 불균형을 강조하는 경향이 있습니다. 이러한 저의 스타일은 다른 사람들의 스타일에 대립하는 것으로서, 이것이 바로 저의 정치적 스타일입니다. 그들에게서 배우는 것이 없다면 이 정치적 스타일은 중요성을 잃게 될 것이고, 더욱 더 구식의 변증법과 닮은꼴이 될 것입니다.

하라쉼 「하위주체는 말할 수 있는가?」에서 선생님은 다음과 같이 주장하고 있습니다. 만일 국가 형성과 "정치경제학" 체계 내부의 이데올로기적 주체 구성에 대한 비판과 "의식의 전환의 긍정적 실천"이 문제로서 채택된다면, 정치적 대표(Vertretung)로서의 재현과 묘사(Darstellung)으로서의 재현 사이에 구별을 지워버려서는 안 된다고 말입니다. 이 구별에 대해서 자세히 설명해 주시고, 성을 부여받은 주체에 대한 선생님의 연구에서 대표/재현의 이중의 구별은 어떠한 위치를 점유하고 있는가를 지적해 주십시오.

스피박 우선 대표(Vertretung)는 실제로 누군가의 장소에 발을 들여 놓는 것입니다. tritt(verttretung의 후반의 treten의 파생어)는 영어의 같은 어근으로 tread가 있습니다. 그래서 이 말을 하나의 단어로 보는 것이 더 용이할는지 모릅니다. vertretung(타인의 신을 신고 밟다)는 그런 식으로 대표/재현됩니다. 만일 선생님이 미국에 대해서 이야기를 한다면, 의회의 의원은 남자건 여자건 선생님을 대표할 때는, 실제로는 선생님의 신을 신고 있는 겁니다. 선생님의 신을 신고 걸어 다니면, 그것은 Vertretung입니다. 이런 의미에서의 대표, 즉 정치적 대표입니다. Darstellung — Dar는 there와 같은 어근입니다. stellen은 놓는다는 뜻입니다. 그러므로 "거기에 놓다"라는 말이 됩니다. Representing, 즉 대리와 말에 의한 묘사가 됩니다. 제가 말한 바와 같이 이것은 대표/재현의 두 가지 방법입니다. 이제 기억해야 할 것은 정치적으로 대표/재현이란 행위에서는, 사실상 자기 자신과 말에 의한 표현이란 의미에서 선생님의 지지층을 대표하고 있다는 것이 됩니다. 선생님의 지지층을 노동자로서, 또는 흑인 소수 민족으로서, 가지가지의 연합 또는 군산복합체 등등으로서 생각하지 않으면 안 됩니다. 그것은 Darstellung의 의미에서 대표/재현입니다. 그러므로 누가 누구를 "단순히" 대표/재현하지는 않습니다. 사실 참다운 의회형식의 의미에서 정치적으로 뿐만 아니라 의회 형식 밖에서의 정치적 실천에서까지도 대표/재현하는 일은 없습니다. 제가 페미니스트로서 말할 때, Darstelling의 의미에서 저는 자신을 대표/재현하고 있습니다. 왜냐하면 우리는 모두 자주적이고 신중한 의식으로서의 주체를 정의하는 데 따른 문제들을 알고 있기 때문입니다. 그러나 사람들이 자주적이고 신중한 의식을 받아들여 페미니스트와 같은 형용사를 부여한다면, 그것은 사실상 누구나 피할 수 없는 오히려 좁은 의미에서의 자기 대표/재현입니다. 그러나 제가 말하고 있는 것은 제가 있는 곳에서 공민권을 부여받지 못한 모든 여성들의 신을 신고 걷는 것과, 매우 오만한 말이 되겠습니다만 세계의 그러한 여성들의 신을 신고 걷는 것 사이에 있는 변하기 쉬운 구분선을 말하는 겁니다. 대표/재현이란 이 방법은 저는 그 여성들을 위해서 말을 하고, 그 여성들을 위해서 대표/재현하고 있다는 말입니다. 그 여성들을 묘사하는 것(Darstellung), 그 여성들을 페미니즘의 지지층으로서, 페미니스트로서 저 자신을 말로 표현하는 것입니다. 이 두 가지 것 사이의 공모를 염두에 두지 않는다면, 커다란 정치적 해악이 있을 수 있습니다. 본질주의와 비본질주의 토론은 실로 중대한 토론이 아닙니다. 제가 말한 바와 같이, 비본질주의자가 되는 것은 가능하지 않습니다. 주체는 항상 중심에 있습니다. 진짜 토론은 이 대표/재현하는 두 방법 사이에 있습니다. 비본질주의자의 철학까지도 비본질주의자의 철학으로서 그들 자신을 대표/재현하지 않으면 안 됩니다. 예를 들어 인간은 해체론자로서 말을 할 때, 자기 자신을 대표/재현하고 있는 것입니다. 이 두 종류의 대표/재현 사이에는 계산된 책동이 있습니다. 그러므로 그것은 "저는 본질주의자가 되지 않겠다"고 늘 말하는 것보다 마음에 새겨 두어야 할 훨씬 흥미 있는 일입니다.

데리다가 칸트에 대해 이야기하는 것을 들으려고 앨러버머에 갔을 때, 강연이 오전에 있어서 저는 오전 회합에 나갈 수가 없었습니다만 『논제 11』(*Thesis Eleven*)14과의 대담에서 저의 기사 「본질주의의 전략적 사용」에서의 표현에 대한 언급이 있었다고 들었습니다. 힐리스 밀러가 실제로 이런 이야기를 제게 해주었습니다. "저, 사람들이 선생님 말을 했는데, 스티븐 히이스(Stephen Heath)가 선생님보다 앞서 이 말을 했고 선생님은 스티븐 히이스에게서 배운 거라고 하던데요"라고 일러

---

14. Gayatri Chakravorty Spivak, "Criticism, Feminism and the Institution," *Thesis Eleven* 10/11 (1984~85): 175~87.

주었습니다. 그래서 저는 "글쎄, 그랬을지도 모르지만 그의 텍스트를 읽어서가 아닌데요. 그렇다면 왜 그리 되었는지 모르겠습니다. 저는 이 말을 저 혼자 생각했다고 보는데, 그걸 누가 알겠습니까"라고 말했지요. 그때 페미니스트는 전략적 본질주의자가 되어야 한다고 제가 말한 것이 지적되었다고 그는 말했습니다. 글쎄, 제가 그 자리에 없었기 때문에 실제로 어떤 말을 했는지 모르겠어요. 하지만 저 자신은 본질주의자가 되지 않는다고 하는 것은 불가능하기 때문에, 누구나 자신의 전략의 일부로서 이 본질주의의 단순화할 수 없는 계기를 스스로 의식해서 사용할 수가 있다고 말한 것으로 생각했습니다. 이것은 "나쁜" 전략으로 뿐만 아니라 "좋은" 전략의 일부로 사용할 수 있고, 또 스스로 의식하지 않고 사용할 수 있을 뿐만 아니라 스스로 의식하고 사용할 수도 있고, 또 자의식도 비자의식도 제 저서에서는 가치 매김을 할 수가 없습니다. 스티븐 히이스에 대해서 저는 아는 바가 없습니다. 두 종류의 대표/재현 사이의 관계는 역시 본질주의를 사용하게 합니다. 왜냐하면 어떤 대표/재현도 본질주의 없이는 ― 어떤 정치적 대표/재현(Vertretung)도 발생하지 않습니다. 고려해야 할 것은 대표/재현되고 있는 "본질"은 또 하나의 종류인 Darstellung이라는 대표/재현입니다. 이것이 바로 재현 형식이겠지요. 성을 부여받은 주체를 대표/재현하는 데 어떻게 적용하는가를 보여주는 형식에 대해서는 이미 충분히 말했다고 생각합니다.

　마지막으로 한마디 덧붙이자면, 제가 마하스웨타 데비의 소설에 온통 마음이 끌리는 까닭은, 그녀가 ― 우리는 지금 문학의 기술에 대해서 말하고 있으므로 우리가 쓰는 용어는 약간 틀린 의미를 지니고 있습니다만 ― 자기를 대표/재현할 때, 젠더화된 하위주체를 대표/재현하는 일에 대해서 대단히 주의 깊기 때문입니다. 그래서 단 하나의 문제점을 지닌 부르조아 페미니스트들, 이 사람들은 자기들을 **국민**으로 대표/재현하기를 바라고 있습니다. 소시민이 국민으로 자신들이 이해 받기를 바랄 때, 그들의 전형적인 의사표시에 대한 맑스의 말을 저는 지금 인용하고 있습니다. 그 때문에 "참다운" 국민은 약간 변할 수 있습니다. 페미니스트들은 마하스웨타 데비 자신이 그러한 일을 하지 않고, 성을 부여 받은 종속적 존재로서 말하고 있다는 사실에 매우 짜증을 내고 있습니다. 그러나 그녀의 여러 텍스트의 강점은 두 종류의 대표/재현 사이를 이동하는 움직임이 여러 가지 면에서 그 텍스트에서 항상 손상을 받지 않고 있다는 것입니다. 이 때문에 그 텍스트가 어렵고, 또 힘이 있기도 합니다.

하라쉼 선생님은 캐나다 앨버타에서 강의할 때 맑스주의, 페미니즘, 해체론은 서로 상대방을 비판적으로 차단하지 않으면 안 된다고 주장했습니다. 이 기획에 대해서 설명해 주시겠습니까?

스피박 좋습니다. 차단(interruption)을 어떻게 생각하느냐고요. 저는 변증법을 다시 새겨서 해체론으로 바꾸는 장소에 저 자신의 위치를 정해 놓고 있습니다. 차단은 이미 거기에 있습니다. 저의 예는 항상 맑스의 『자본론』 제2권에서의 산업자본주의 이론입니다. 맑스는 상호간 차단하고 있지만, 단 하나의 회로를 제공하고 있는 산업자본주의의 세 가지 계기에 대해서 말합니다. 그가 사용하고 있는 예는 공교롭게도 애매할 때가 많습니다. 맑스에게 있어 산업자본주의는 너그럽게 말한다 해도, 의문의 여지가 없는 선(善)은 아닙니다. 그러나 다른 한편으로 맑스를 면밀하게 읽어보면, 산업자본주의와 맑스가 **사회화된**(Vergesellschaftet)

노동이라고 부르는 것 사이에는 관계가 있습니다. 이 말은 영어로 "연합된 노동"(associated labor)으로 번역이 되어 있습니다만, 적합한 번역은 아닙니다. 왜냐하면 Vergesellschaftet는 매우 어색하고 서투른 말인데 반하여, associated labor는 우리에게 여러 가지 노동조합을 생각하게 하는 일반적인 말이기 때문입니다. 여하간 그의 연구에서 말하는 사회화된 노동은 산업자본주의의 계기에서 생기는 것으로 많은 형태론의 지식을 가르치고 있습니다. 이것은 불행히도 "사회주의에 이르기 위해서 진보한 자본주의를 통과하지 않으면 안 된다"고 사람들 입에 오르내려 왔습니다. 저는 이 대담에서 다른 것에 초점을 맞추고 있기 때문에 그 점은 언급하지 않겠습니다. 그러나 산업자본주의로 되돌아가 보면, 그 위치가 의심스럽습니다. 그런데도 불구하고 무엇인가를 기능하도록 하는데 필요한 차단에 대한 형태론적으로 명확한 표현은 매우 흥미롭습니다. 그리고 같은 방식으로 열린 결말/목적의 정치와 거대 내러티브적인 정치에서 말씀드린 바와 같이, 맑스주의가 유용하기 위해서는 자기가치화하는 가치를 생산하는 노동과 그런 상황을 숨기는 문제들에 초점을 맞추는 맑스주의와, 맑스의 소위 상품의 언어(Warensprache)를 통한, 다른 한편으로는 페미니즘을 통한, 이 시나리오의 본래의 의미를 어떻게 읽느냐 하는 것이며, 이것이 바로 차단이라고 생각합니다. 페미니즘은 자기가치화 하는 가치를 생산하는 노동에 대한 정의가 아니라, 노동으로 단정되는 인간에 대해서 생각하지 않으면 안 됩니다. 페미니즘은 성차별 반대주의자가 하는 일과, 남녀 노동자를 모르는 사이에 자본주의의 산물로 만드는 맑스주의 기획 밖에서 이루어지는 의식의 변용, 양편에 다 연관됩니다. 그리고 비판의 계기인 해체론, 즉 그 계기가 요구하는 것이 무엇인가에 달려 있는 비유의 오용을 상기시키는 것, 열린 결말/목적의 정치를 상기시키는 것, 즉 위대한 내러티브의 정치를 상기시키는 것은, 참으로 "애정 있는" 어떠한 정치적 실천도 비평 그 자체의 희생이 되지 않으면 안 된다는 사실을 상기시키는 것입니다. 이렇게 상기시키는 것은 역시 필연적으로 이러한 기획들 쌍방의 단절에 의해서입니다.

이러한 이해가 없으면 급진 진영에 분열이 일어날 것입니다. 세계 경제의 위기관리는 사실 이러한 생산적인 차단에 따라 이루어질 것입니다. 그런데 우리들은 이 차단을 어리석게도 서로 다 함께 쓰러지는 분열된 입장으로 받아들입니다.

물론 역사가와 문학 교사는 조그마한 예에 불과합니다만, 학문분야에서 특권을 부여받은 것 때문에 서로를 위기에 몰아넣는데, 이것은 우리가 단결할 수 있다는 것을 망각하기 때문에 일어날 수 있는 조그마한 사례입니다. 두드러진 사례 중 하나는, 『철학의 빈곤』(*The Poverty of Philosophy*)[15]에 있어서의 E. P. 톰슨과 알튀세르였습니다. 현재의 또 하나의 예는 데리다를 비웃는 하버마스의 아무 쓸모없는 작업입니다. 하버마스는 서독의 정치적 배경의 역사에서는 납득이 가는 점이 많습니다. 그는 그것을 보편화함으로써 과오를 범하고 있습니다. 또 그는 데리다와 대립함으로써 과오를 범하고 있습니다. 데리다의 기획은 하버마스의 기획과는 전혀 연속성이 없습니다. 그는 어떻게 해서 그랬을까요? 그의 최근의 논문인 「모더니즘의 철학적 담론」[16]에서 노동에 대한 학문 분야의 세분화를 하찮은 것으로 보고 규범화하기 때문이지요. 이 논문에서 그는 18세기 이래 유럽의 아카데미에서 철학과 문학이 발전해 왔는데, 데리

---

15. Thompson, *The Poverty of Philosophy* (London : Merlin, 1978).
16. Habermas, *The Philosophical Discourse of Modernism* (Cambridge : MIT Press, 1987).

다가 그 학문의 우월성에 대해서 경의를 표하지 않는다고 해서 꾸짖고 있습니다. 하버마스는 수사학적 문체에 대해 시시한 정의를 부여하고 있습니다. 그리고 노동에 대한 학문 분야의 분화는 어느 정도까지는 매우 유용합니다만, 그 분화에 대해 경의를 표하기 위해서 해체론 가운데 유용할 수 있는 것은 무엇이건 다 내던져 버리고 있습니다. 제가 방금 말한 바와 같이, 그것은 하나를 버리고 다른 하나를 유지하는 것이 아니라, 두 가지를 다 생산적인 위기로 몰아넣는 것이 됩니다. 이 사례에서는 특권을 부여받아도 할 수 있는 것은 분업 밖에 없다는 것이 되겠지요. 인간은 어차피 공동으로 일할 수가 없다는 것입니다. 그러나 그 반면 승리를 하는 것은, 바로 함께 끌어당기는 일일 것입니다. 이것이 저의 마지막 말입니다. 감사합니다.

하라쉼 감사합니다.

9

『정치개입』을 위한 대담

9장

『정치개입』을 위한 대담

1988년 가을 『남부 인문학 리뷰』(*Southern Humanities Review*)에 최초로 발표된 가야트리 스피박과의 다음 대담은 호주의 시드니 대학 영문학과의 테리 스레드고울드와 "정치개입 집단"(The Intervention Collective)의 피터 허칭스(Peter Hutchings)가 주관한 것으로, 스피박은 1985년 시드니에서 개최된 인종의 문화 구축회의에 연사로 초빙되어 이 기회가 마련된 것이다. 대담에서 제기된 문제는 이 회의에서 시사된 것이지만, 그 후 장소를 옮겨 대담의 상황을 재현하기 위해서 웨스리언 대학의 프랜시스 발코프스키가 낭독하였다.

프랜   저는 여기서 『정치개입』의 편집자들이 제안한 질문과 제 질문을 합쳐 보려고 합니다. 이 질문들은 모두 인종의 문화적 구축 회의에 초빙된 연사로 호주에서의 선생님의 존재, 그 회의에서 선생님의 강연, 또는 회의 끝에 있던 공개 토론회에서 제기된 쟁점들에 초점이 맞춰져 있습니다. 선생님이 말하고 연구하고 있는 국제적인 정황에서 볼 때, 선생님은 사람들의 눈에 여러 가지의 다른 역할을 맡고 있는 분으로 비칩니다. 제3세계 여성, 미국의 높은 지위의 여성 학자, 국제적 명성을 지닌 초빙 강사 등등으로 말입니다. 이러한 역할은 선생님을 역사적으로, 이데올로기적으로 매우 특수하고, 또 어느 정도는 모순된 위치에 두고 있습니다. 이것은 주체성이 역사적 산물이라는 문제, 즉 "개인이 사회 구조 안에서 장소를 발견하는 배경에 저항하는 역사"에 관련된 것으로 보입니다. 어제 필 베이커(Phil Baker)[1]의 논문에서 이 문제가 제기되었고, 선생님 자신도 최근의 글에서 관심을 보이고 있습니다. 이 점과 관련해서 선생님의 최근의 지적, 정치적 입장에 대해 설명해 주시겠습니까?

스피박 이것은 역할에 대한 질문이군요. 이 질문에서 "나"는 프랜이 아니라 실은 테리 스레드고울드이며, 어제라는 것은 이제는 어제가 아닙니다. 우리는 지금 1985년 8월 20일 코네티컷 미들타운에서 말을 하고 있습니다. 필 베이커로 다시 돌아가 말하자면, 제 자신의 느낌으로는 우리들이 역사를 대할 때 숙제를 대하듯 뭔가 자유롭게 다루는 원고처럼, 역사에 대항하는 것만큼 역사와 더불어 작업을 하고 있습니다. 이것은 우리들이 앞으로 나아가면서 하지 않으면 안 되는 하나의 가정입니다. 선생님은 제게 몇 장의 딱지를 붙여 주었습니다. 그 딱지들은 서로 관련되지만 다른 역사의 원고에 속합니다. 준비 없이 이 자리에서 말하자면, 저는 여러 가지 딱지를 붙이고 여러 가지 일을 하려고 시도하고 있는데, 저도 모르게 어느새 그렇게 하고 있다고 생각합니다. 선생님이 첫 번째로 붙인 딱지는 제3세계 여성입니다. 1940년대에 캘커타라는 대도시의 전문직에 있는 중류계급의 가정에서 태어난 사람을 그러한 전문용어로 표현한다는 것은 옳지 않다는 점을 저는 보여 주려 합니다. 한 덩어리로 된 암석 같은 실체로서의 제3세계라는 관념은 제2차 대전 이후의 국제적 노동 분업의 새로운 조직에서 나온 것이며, 지구의 반대편에서 온 우리들은 신식민지주의 논리에 바탕을 둔 하나의 제목 하에 우리 모두에게 그 딱지를 붙인 데 대항하고자 커다란 투쟁을 하고 있습니다. 그래서

---

1. Marie de Lepervanche and Gillian Bottomley, eds. *The Cultrural Construction of Race* (Series : Sydney Studies in Socity and Culture, no. 4 [Sydney, Australia, 1988]), p.132 ff. 논문 제목은 "'My Struggle' : The Congealing History."

저는 이 하나의 딱지를 들어 제1세계 사람들의 (저는 현재 그 딱지를 반대로 사용하고 있습니다만) 타자를 관리하고 소유하려는 욕망이 얼마나 복잡하게 반영되는지를 저의 학생들과 청중들에게 보여 주고자 합니다.

미국의 원로급 학자라는 점에 대해서 말하자면, 저는 그러한 지위의 유리한 점을 나름의 방식으로 과격하게 비판하고, 대학에서 상급자들의 동정을 사지 못하는 젊은이들의 종신 고용이나 승진을 위해서 이용하고 있습니다. 여기에는 따분한 일들이 따릅니다. 많은 원고를 읽고 종신교수채용을 위한 논평을 쓰는 일, 전국 조직의 평의원 위원회에 출석하는 것 등등입니다. 저는 이런 일을 거부하지 않습니다. 왜냐하면 원로급 지위에 있으면서 격렬한 비판을 하는 우리 같은 사람들이 이러한 책임에 등을 돌려서는 안 되기 때문이지요. 그러나 저는 상급자라는 것, 선생님의 말마따나 "높은 지위"라는 것이 외부에서 어떠한 것으로 보이든 간에, 실질적으로는 미국의 폐쇄적인 최고층에는 속하지 않는다고 혼자 중얼대는 수밖에 없습니다. 저는 지금까지 중서부(아이오와주)와 남서부(택사스주)에 있는 큰 주립대학에서만 가르쳐 오다가 지금은 남부(조지아주)의 조그마한 사립대학에서 가르치고 있습니다. 아마 알고 계시겠지만 미국의 사실상의 문화적 엘리트는 동북부의 해안 지대나 서해안에 살고 있습니다. (스피박 교수는 현재 피츠버그 대학 앤드루 W. 멜론 강좌의 영어 교수이다.) 그래서 저는 훨씬 가벼운 기분으로 "미국의 높은 지위의 학자"는 선생님이 생각하는 것만큼 바윗덩이 같이 완전한 통일체가 아니라고 말하고 싶습니다. 물론 이 경우는 "제3세계 여성"이란 딱지처럼 심각한 것은 아니지요. 또 초강대국에서 가르치는 데 요구되는 과제를 살펴보는 것도 유용하다고 생각합니다. 저는 대학 1년생에게는 작문을, 2년생에게는 문학을 가르치고 있습니다. 왜냐하면 오늘날의 미국과 같은 나라에서 젊은이와 대면할 때 교수법의 정치학이 매우 명확하기 때문입니다. 질문이 길기 때문에 저는 이 문제를 바로 여기서, 다음과 같은 말로 끝낼까 합니다. 이 모든 것은 엄청난 죄를 수반 하는데, 그에 관해서 뭐라고 말을 꺼내야 할지도 모르겠고, 다만 선생님께서 이 문제점을 이해하리라 믿는 정도입니다.

자, 여기 국제적으로 초빙된 강사의 초고를 봅시다. 제가 대단한 선동가가 되어 가고 있다는 사실에 대해서 저는 약간 다르게 생각합니다. 거기에 약간의 문제가 있다고 생각합니다. 제 수업은 선동적인 태도에 적극적인 자기비판을 환영해 왔기 때문에 저의 학생들은 이 점을 잘 알고 있습니다. 그래서 우리는 그것을 대상으로 연구하면서 자기에게 매질하는 것에 반대하고 있습니다. 한 걸음 더 나아가, 온 세계의 다른 청중들과 서로 교류할 수 있게 된 것이 제게는 커다란 행운입니다. 제게는 매우 교육적인 경험이었습니다. 이러한 교류 속에서 저는 동일하다고 볼 수 있는 여러 영역에 대한 담론들이 세계적인 맥락 속에서 얼마나 편협한가를 인식하였습니다. 우리가 미국에서 말할 때, 영국에서 말할 때, 호주에서 말할 때, 인도에서 말할 때, 홍콩에서 말할 때, 아프리카에서 말할 때, 카이로에서 말할 때, 사우디아라비아에서 말할 때, 하나의 활동 영역을 마치 전 세계인 양 받아들이는, 믿을 수 없는 오만은 항상 끈질기게 파괴하지 않으면 안 되는 것임을 인식하게 되었습니다. 그것은 제게는 매우 교육적인 경험이었습니다. 이런 맥락에서 저는 역시 표시화 (tokenization) 현상을 설명하고 이를 이용하려 합니다. 인간은 몇 가지의 분류 딱지, 즉 제3세계 여성이라든가, 미국의 학자라든가 하는 것만을 사용하고 있지만, 맑스주의자, 해체론자, 페미니스트 등등의 표시화 방식을 사용하는 딱지들도 있습니다. 그래서 저는 국제회의나 강의의 전체적 흐름을 보고 어느 정도까지 저의 주제에 어울리도록 이 현상을 저의 담론에 실제로 끌어들이고자 합니다. 저는 그런 식으로 사용합니다. 이 특정한 주제를 다루는 저의 관리 능력에 약간 자신이 없기는 하지만 이런저런 이유로 요즈음 여행을 많이 하는 것에 몹시 현혹되어 있습니다. 그래서 이 분야를 말하려면 미국에 있어서의 저의 위치를 언급할 때만큼의 자제력을 갖고 말할 수는 없습니다. 왜냐하면 저는 저의 정치적 관심, 즉 제3세계주의에 대해서 말하거나, 또는 20년 이상 가르쳐 왔기 때문입니다.

이 질문에 대한 답변으로 한두 가지 더 말씀드리면, 저 자신이 민족주의 없이도 인도인이며, 지역주의 없이도 벵골 사람이라는 답안은 저에게 최대의 문제점을 제시해 주는 것입니다. 저는 되찾으려고, 즉 이러한 것들이 어떻게 나타나는가를 다시 배우기 위해서 노력하고 있습니다. 벵골 사람의 입장에서 제가 많이 생각해야 할 것은 좌파 정치, 또는 학문적인 형태만이 아니라, 인도 안에서의 여러 혈연관계의 기명, 저의 가족과 인도 사회가 어머니, 자매, 딸, 숙모에 이르는 혈연적 기명과 관련해서 한 여성의 공적인 존재를 어떤 식으로 인식하는가 하는 것들입니다. 남성과 여성을 이 혈족 관계의 기명의 면에서 실제로 공적으로 보는 문화 내부에 — "저 자신의" 문화 내부에 — 어떻게 해서 저 자신을 끼워 넣을 수 있을 것인가, 어떻게 해서 저 자신을 기명할 수 있을 것인가? 인디라 간디(Indira Gandhi)가 어머니라는 점은 전적으로 국제적 매스컴의 떠들썩한 선전만은 아닙니다. 혈족 관계, 즉 국가 담론이 아니라 가족 담론이, 인도 또는 벵골 상황에서는 — 이것은 분명히 저의 계급입니다 — **적극적으로** 작용하는 일정한 방식이 있습니다. 그래서 저는 외부에서 그것을 바라보는 것이 아니라, 제가 거기에 속해 있기 때문에 이 점을 배우려고 노력하고 있습니다. 직접적인 친족 관계의 예를 들어봅시다. 제 결혼이 파탄 난 후, 제가 어느 일정한 연령에 이르렀는데도 가족 결혼식에서 신랑 신부가 축복을 받을 때 저는 방 밖으로 나가지 않으면 안 되었습니다. 왜냐하면 남편이 없는 기혼녀는 악운의 표시가 되기 때문입니다. 이것 역시 일종의 혈족 관계의 기명인데, 이 맥락에서 반대 입장을 취해도 사실상 아무런 소용이 없습니다. 다른 한편으로 미국과 같은 이른바 "선진" 페미니스트 국가들에서 보면, 저는 한창 젊은 시절이 지나 버린 여성 지식인이기에 이성애의 상품 시장에서 저의 가치는 매우 낮습니다. 그래서 우리는 어떻게 해서든 이 두 사항 사이에 변증법을 사용하지 않으면 안 되며, 제게는 이러한 역할이 선생님이 언급한 것들보다도 훨씬 더 직접적으로 정치적 문제가 됩니다. 이제 저는 시르무르의 라니(Rani of Sirmur)와 같은 (이 여성에 대해선 작년에 그리피스에서 이야기 한 적이 있습니다만) 야릇한 독신여성상에 밀착해 가고 있습니다. 저는 그 여성들의 인물상을 파악할 수가 없습니다. 자살한 젊은 여성 부벤스와리 바아두리, 그 여자에 대해서도 작년 호주에서 말했듯, 인물상을 완전히 파악할 수가 없습니다. 그리고 제가 말할 수 있는 다른 여성들이 있습니다만, 이러한 여성들을 조사 대상으로 구성하는 것이 매우 어렵게 생각됩니다. 이 조사는 미국의 학자, 제3세계의 여성, 국제적인 스타 같은 커다란 분류 표시보다 인도인이나 벵골 사람들이라는 것에 보다 본질적으로 관련 있어 보입니다. 저는 이제 서서히 이 질문의 끝맺음을 하겠습니다. 제가 마지막으로 할 말은, 대체적으로 보아 제가 말해 온 이 몇 가지 역할의 전부가 저의 가장 깊은 관심사, 즉 맑스주의와 페미니즘 사이의 비연속성을 발견하는 데 결국 도움을 주고 있다는 것입니다.

프랜 다음 질문으로 넘어가기에 앞서 선생님은 역할을 무엇으로 대신하고자 하는지 말해 주겠습니까?

스피박 역할을 무엇으로 대신하고자 하는지 잘 모르겠습니다. 역할이란 말은 진심과 위장 사이에 대립을 가져오는 것이기 때문에 이 말을 듣고 약간 주춤하게 됩니다. "기명"이란 말은, 제게는 뭔가 좋은…… 이포데스 드 뜨라바이유(hypothèse de travail), 다시 말해 …… 이론의 기초가되는 가설이나 그런 것, 가정을 말합니다. 만일 이러한 사회적 텍스트, 다양한 사회적 텍스트, 미국의 대학, 국제적 노동 분업을, 말하자면, 커다란 관련 속에서 본다면, 누구나 이것 아니면 저것으로 "기명되는" 것으로 말할 수 있습니다. 그래서 저는 그에 서로 교체되는 은유를 아마 "역할을 하는 것"이라기보다는 "기명"일 것이라고 알고 있습니다 저는 말하자면, 제가 쓰인 대로 쓰고 있으니까요. 하지만 "쓴 글"(script)은 결국 "역할"에 매우 가까운 말이 아닐까요?

프랜 두 번째 질문은 마지막 질문에 이어지는 것으로, 『정치개입』에서 나온 것입니다. "우리는 선생님이 지명도가 높아지는 것을 정치적 목적으로 활용한다고 이해합니다. 선생님은 이 견해를 기꺼이 받아들이겠습니까, 그리고 그에 따른 어려움은 어떤 것인지요?"

스피박 글쎄요, "지명도가 높아지는 것," 저는 한갓 농담으로 밖에는 받아들이지 않습니다만, 첫 질문에서 이미 어느 정도는 그에 대한 답을 했다고 생각합니다. 그러나 제가 가장 좋아하는 "높은 지명도"가 하는 역할은 사람들로 하여금 제 텍스트를 잘 읽게 해주는 것인데, 그 역할에 저는 놀랍니다. 그 때문에 저는 글을 쓰고 말을 하는 데 훨씬 더 마음을 쓰게 됩니다. 왜냐하면 말하는 자유에 대한 감정에 일종의 교정적인 분위기가 배어있기 때문입니다. 사실 제 글에 많은 주의를 기울여 주는 선량한 지성들이 있다는 것을 저는 잘 알고 있습니다. 저는 이 점이 저의 담론을 낳게 하는 정치적 실천에 어떻게 영향을 미쳐 왔는가 하고 생각해 봅니다. 왜냐하면 담론이란 말하는 자유가 활동하는 무대이기 때문입니다.

프랜   이 질문을 읽는 데 약간 곤란한데요.

스피박   제가 한번 볼까요?

프랜   네, 그렇게 하시죠. 제가 잘 모르는 이름이 나와 있군요. 마리 드 르페르방쉬(Marie de Lepervanche). "굉장한 급진론자"라고 생각됩니다만, 데리 스레드골드의 자필 질문서나 원고가 흥미를 북돋아 줍니다. 이 질문은 페미니즘에 관한 선생님의 입장과 관계가 있습니다. 어제 공개 토론회에서 마리 드 르페르방쉬의 논평 — "여성은 남성의 학대를 받아 이데올로기적 '하락'(slippage)의 희생물이 되고 있다"는 인용이었습니다. 그 여성이 말하고 있는 문맥으로 보아 정확한 묘사였습니다. 그러나 선생님은 그 인용, "여성은 남성의 힘에 의해 억압받고 있다"고 한 너무나도 단순한 접근에 반대하고, 어떤 강경 노선의 페미니스트의 입장과 모순되는 의문을 여러 방식으로 말했습니다. 어제 선생님은 문학비평과 페미니즘을 최대 급진적 잠재력 중의 하나라고도 말했습니다. 『정치개입』에서 제기된 질문과 관련하여 이런 쟁점에 대해서 말씀할 수 있는지 어떤지 궁금합니다. 그런데 이것은 『정치개입』에서의 질문입니다. 페미니스트 중에는 선생님의 페미니즘에 대한 지속적인 공적 열의에 놀라움을 표하는 사람도 있습니다. 마찬가지로 선생님은 역시 "강경한" 페미니즘에 대해서도 이야기하고 있습니다. 무슨 뜻입니까?

스피박 저는 "여성은 보편적으로 남성에 의해서 억압을 받고 있다"는 입장에서 출발하는 데 아무런 반론도 없습니다. 선생님이 제기한 질문에 첫 발을 내딛기 위해서는 무엇인가 잠정적인 출발점을 갖지 않으면 안 되겠군요. 그것은 좋은 일이라고 생각합니다만 그것이 통로를 막는 것이 되어버리면 저로서는 곤란합니다. 정말로 간단히 출발할 수 있습니다. 모든 계급의 단계마다 남성의 여성에 대한 억압이 있다는 것은 아마 사실일 것이라는 말입니다. 그리고 인간은 뜻대로 계급을 옮길 수가 없는 것도 사실이기 때문에, 하류 계급의 남성은 상류 계급의 여성이나 종족의 직접적 억압자가 아닙니다. 만일 다른 투쟁을 의식해 보면 우리가 모든 여성의 억압 문제에 대해 말하고 있는 한결같은 가정을 불식시킵니다. 미국에서 여성학자가 종신재직권 싸움에 휘말려드는데 이는 그 여성들이 전면적으로 관계하고 있는 정말로 유일한 정치적 활동인 경우가 아주 많습니다. 하지만 그 여성들이 여성에 대한 보편적인 억압을 이유로 내세워 사용할 때, 그들은 분명히 반투스탄(Bantustan)의 여성이나, 홍콩의 도시 하층 무산계급에 대해서 생각하지 않는다고 저는 종종 주장해 왔습니다. 그 여성들은 인도의 조직화되지 않은 소작농에 대해서도 생각하지 않고 있습니다. 사실상 그 여성들은 종신재직권을 위한 매일 매일의 투쟁에서 제가 방금 말한 세 그룹의 여성의 위상을 더욱 열악하게 하고 있기 때문입니다.[2] 미국의 여성들은 그렇다는 것을 의식조차 하지 않습니다. 이런 의식도 없이 자기 직장에서 보다 확고한 지위를 정당하게 원할 때, 여성에 대한 보편적인 억압을 변명으로 들고 나오는 것은 그저 변명에 지나지 않는 것처럼 생각됩니다. 그렇다고 해서 제가 매일 매일 성차별에 대해서 반대하지 않는다는 것을 의미하는 것은 아닙니다. 이 두 문제는 전혀 다릅니다. 제게는 항상 단일 쟁점운동이 끔찍한 것으로 보입니다. 사실 모든 것은 계급투쟁과 생산 양식의 내러티브 관점에서 설명되지 않으면 안 된다는 공산당의 극단적인 신념도 제겐 큰 불안감을 줍니다. 제가 하고 있는 역사 연구, 소농의 반란 행위의 관점에서 인도/식민지 역사의 기록은 공산당 정치 노선, 즉 전 세계의 공산주의자의 설명과 많이 부딪치고 있습니다. 소농이 이른바 정치에 선행하는 (pre-political) 입장이나 계급투쟁에의 접근이 없기 때문이지요. 이는 여성에 대한 억압이 사람들이 생각하고 있는 모든 문제의 최종적인 결정 요소라고 하는 절대적 주장에 대한 일종의 평행적인 사례입니다. 그래서 제가 페미니즘을 단일 쟁점의 운동, 뭔가 무서운 것으로 보게 된 것은 정말로 이러한 각도에서입니다. 그것의 모든 거대 내러티브적 설명이 결국에 가서는 우리들을 전체화와 대면시키기 때문입니다. 해체론에 관심이 있는 저로서는 당연히 전체주의로 유도할 수 있는 전체화에 대한 집요한 비판에 관심이 있습니다.

저는 문학비평 내부에서 최대의 급진적 잠재력이 있는 운동으로서 페미니즘을 말하고 있습니다. 문학비평은 기본적으로 매우 구체적인 주체를 지닌 서구의 학문 분야지요. 문학비평이 득세할 수 있는 여러 제도

---

2. "Feminism and Critical Theory," Gayatri Spivak, *In Other Worlds. Essays in Cultural Politics* (New York and London : Methuen, 1987), pp.77~92 참조.

가 주어진다 해도, 오늘날 나아가고 있는 방향으로 가지 않는다면 페미니즘이 다양하고 가장 흥미로운 방법으로 새로운 학문 분야를 개척할 가능성을 가지고 있다고 생각합니다. 여기에 저의 희망과 확신이 있습니다. 저는 세계에 대해서가 아니라 저의 실천이 작용하는 직장에 대해서 이야기하였습니다. 제가 지금 선생님과 함께 앉아 "무슨 페미니스트들요?"하고 물어볼 수 있을 겁니다. 선생님이 어떤 페미니스트들은 놀라움을 나타냈다고 말하면 ─ 페미니스트도 각양각색으로 나타나니까요 ─ 그때 저는 또 이렇게 물었을 겁니다, "왜 선생님은 '저의 페미니즘에 대한 저의 지속적인 공공연한 열정'을 언급하십니까?"하고 말입니다. 개인적인 행위 면에서 제가 페미니스트에 대해서 그렇게 열정이 없다든지, 사람의 눈을 의식해서 취한 방식이라고, 선생님이 의심해야 할 어떤 이유라도 있는 걸까요? 이 말에 뭔가 함축적인 것이 있습니까? 그리고 저는 거기에서 "열정"이란 말이 왜 사용되고 있는가를 물을 겁니다. 이와 같이 그 질문 자체가 여러 문제를 안고 있는 것으로 보입니다. 아니면 이렇게 할 것입니다. 저는 대화에서 선생님과 이 문제를 해결하지 못하므로, 제 생각을 되풀이하거나 집단적인 힘에 관심이 많으므로 제가 가장 자유롭게 "안전"한 접근을 할 수 있는 집단이 바로 페미니스트 집단이라고 말할 것입니다. 저는 시민권이 없는 거주 이방인으로 미국에서 살고 있습니다. 그리고 인도인 노동력이 없는 국가에 살고 있으므로 영국에서라면 인종차별주의의 직접적인 대상이 되겠지만 여기서는 그렇지 않습니다. 그래서 페미니즘 집단은 ─ 제 일자리가 주어진다면 ─ 사실 그것은 학문 세계에서만이 아니라 노동조합 운동과 그 밖의 사회 운동에 있어서 제가 가장 안전하게 접근할 수 있는 집단입니다. 그러므로 사실상 제가 표명하는 것은, 공적으로 만이 아니라 사적으로도, 그리고 열의뿐만 아니라 실천적으로, 선생님이 듣고 있는 바로 그 감정입니다. 고급 페미니즘에 대해서는 제가 말하고자 하는 것을 길게 설명할 필요가 없을 것 같습니다. 간단히 말하자면 대단한 특권을 지닌 여성들이 거울 속의 자신들의 얼굴을 보고, 거기서 보는 반사상에 대해 "여성"을 — 대문자로 — 정의하는 고급 페미니즘을 생각하고 있습니다. 그들은 때로 자신의 얼굴을 바라보고, 때로 생식기를 바라보면서, 이와 관련해서 여성에 대한 판결을 내리지요. 저는 이러한 것을 거의 참을 수가 없습니다. 다음 질문으로 넘어가야 할 것 같습니다.

프랜 여성학자들이 자신들의 투쟁에 휩말려 들면 선생님이 언급한 세 그룹의 상황을 더욱 악화시킬지도 모른다고 말했는데 그 점을 선생님도 마음속으로 담고 계시는지요? 선생님은 그들이 어떻게 하기를 바랍니까? 그들이 달리 뭘 하기를 원하시는지 …….

스피박 글쎄요, 그건 제가 생각하고 있는 그룹이 아닙니다. 그 그룹은 자기 자신들만을 위해서 일하고, 실제로는 다른 곳에 있는 사람들을 밀쳐 내는 사람들이란 말입니다. 제 생각에 그들 스스로가 가부장적 사회 구조를 재생산하고 있습니다. 아시겠어요? 제가 말하는 고급 페미니즘이란, 여성 주체를 단순히 텍스트의 부재 등등의 면에서 정신분석과 반(反)정신분석의 시각으로 끊임없이 이론화하고 있는 일종의 비현실적인 이론이라는 것입니다. 그들 이야기에서 제가 정말로 듣는 것은 서구 지적 무대의 과거 300년의 역사입니다. 그게 제가 생각하고 있었던 겁니다. 페미니즘 내부에서 대문자 이론(Theory)이라는 이름으로 통하는 것이지요. 그것이 제가 고급 페미니즘이라고 부르는 것입니다.

프랜 알겠습니다. 다음 질문으로 넘어가지요. 『정치개입』의 질문은, "분석은 거의 늘 우리를 텍스트의 단계에서 멈추게 합니다. 우리들은 우리들이 판단한 하나의 텍스트에서 출발해서 그 텍스트로 끝나 버리는 경향이 있습니다. 선생님의 실천에서는 그것을 넘어 설 방법이 있습니까?" 그리고 스레드골드는 다음과 같이 말하고 있습니다. "이것은 선생님이 어제 토론에서 벤야민에 대해 언급한 것과 그가 "재배치"(reconstellation)라고 부르는 문제와 관련이 있습니다. 그리고 질문을 복사한 것 중에서는, 어떻게 하다가 잃어버린 질문들의 초고에서 가야트리가 약간 흥미로운 질문으로 기억하고 있는 것을 삭제해 버렸습니다"하고 말입니다.

스피박 저는 그 질문에 약간 당황했습니다. 왜냐하면 그것은 말로 표현된 텍스트(텍스트라고 하면 이것을 뜻하지요. 즉 책읽기 등등입니다)와 그 피켓 라인을 부자연스럽게 비판하기 이전에 이 둘이 대립적으로 보이기 때문입니다. 책이 있고, 다음에 실천이 있습니다. 그래서 저는 다른 질문들에 대해 논쟁하는 것과 같은 논리로 거기에 답 할 수가 없습니다. 누구나 행동가가 되는 방법을 알고자 한다면 통상적인 답이 있습니다. 어떠한 데모가 행해지고 있는가를 주의해서 보고, 신문을 읽고, 사회 정의에 반대되는 일이 일어나고 있는데 아무런 조직화도 되어 있지 않은 것을 보면 조직화를 시도하고, 분명한 사회적 부정 등등의 관점에서 어떠한 저항이 전개되고 있는가를 관찰하고, 데모에 참가하고, 그룹에 참가하는 등등이지요. 이것이 행동가가 되는 방법이며 누구나 이해하는 텍스트, 말로 된 텍스트를 읽지 않고도 되는 방법을 말하는 겁니다. 누구나 거기에 "말려드는" 데는 여러 가지 방식이 있습니다. 그러나 일단 그렇게 하면 텍스트성을 떠나려고 하지 않습니다. 우리가 사용하는 의미로

"텍스트"란 책만이 아닙니다. 그것은 가능성과 관계가 있는데 그 가능성은 사회-정치적, 심리-성적 현상이 연속성이 없는, 분리된 데서 오는, 그 안에 역사를 지니고 있는, 우리가 통제할 수 없는 숱하게 많은 가닥으로 조직화되고 짜여져 있습니다. 선생님의 첫 질문에 대한 답변에서 제가 말한 바와 같이, 우리는 그 사이에 끼워져 있습니다. 만일 정치적 행동주의에 전면적으로 휘말려 들면 사회의 텍스트성 문제를 더욱 더 알아차리게 됨을 인식하게 될 겁니다. 운동에 참여할 결심을 함으로써, 아니면 책 읽기를 중단할 결심을 함으로써, 인간은 텍스트에서 떠나지 않을 것입니다. 가슴에 있는 탄환, 즉 죽음이란 사실은 텍스트성을 중단하는 것처럼 보일지 모르지만, 왜 그 탄환이, 탄환에 맞았는가, 도대체 왜 탄환인가, 누가 누구를 죽였는가, 왜, 어떻게, 이유도 없이 등의 이 모든 이유는 사실 텍스트가 어디서 멈추는가의 한 예입니다. 단순히 그것을 앞으로 나가게 하기보다는 그에 대해서 우리가 어떤 조치를 취하려 한다면, 다시 말해 우리가 그 현상에 대해서 무엇인가를 하려 한다면, 우리는 사회의 텍스트성이라고 부르는 것에 스스로를 휘말려 들게 하거나 진흙 구덩이에 빠지게 하는 수밖에 다른 대안이 없습니다. 여기서 정말 해야 할 일은, 말로 표현된 텍스트로서 협의로 이해한 텍스트와, 어떤 종류의 분별없는 참여로서 협의로 이해한 행동주의 사이의 그 고된 대립을 제거하고 원상태로 돌려놓는 것입니다. 이것이 이 질문에 관련해서 제가 답변할 수 있는 전부라고 생각합니다.

유감이지만 재배치에 대해서는 말을 좀 끊겠습니다. 여기에 없는 질문에는 대답하지 않는 것이 좋을 것 같습니다. 자, 이제 계속하지요. 질문을 다른 데로 옮겨갑시다.

프랜 그 회의에서 선생님이 한 이야기로, 몇 가지 새로운 쟁점으로 다시 돌아가지요. 선생님은 회의에서 인종차별주의를 다루는 많은 시도가 조사 대상으로서 인종차별주의를 유지했었다고 말했습니다. 이 주체/객체라는 이분법을 극복하는 한 방법으로서 해체론의 정치화를 선생님은 어떤 의미로 보시는지 말씀해 주시겠습니까?

스피박 저, 이에 대해서는 할 말이 많습니다만 서둘러야 하므로 회의에서 언급된 **해체론**의 유용한 역할에 대해서 말씀드리죠. 그것은 연구 주체들 ― 즉 회의에서 말하고 있던 사람들 ― 과 연구의 두 객체, 즉, 인종이라는 주체와 인종차별주의라는 주체 사이에 분명한 대립이 뜻하지 않게 발생하는 것을 회의에서 목격했기 때문이지요. 이 대립은 어떤 식으로든 해체되지 않으면 안 되며, 제게는 그 방법만이 **결정적인** 방법이라고 느껴집니다. 사실 제가 지금까지 말씀드린 모든 것은 이것과 관련이 있습니다 ― 연구 주체의 위치를 문제시하는 해체론의 하나의 전제에 초점을 맞추는 것 말입니다. 계급투쟁 ― 생산양식 내러티브 ― 을 최종적인 결정 요소로 말하거나 여성에 대한 억압을 최종적인 결정 요소로서 말한다면, 인간은 하나의 입장을 취해 자신을 자본가, 인종차별주의자, 남성과 구별하고 또 다른 인종과도 구별하게 되어 연구 주체로서 어느 정도 스스로를 투명하게 하는데, 해체론은 이를 용납하지 않을 것입니다. 사람들은 눈에 보이지 않을 뿐만 아니라 투명해지기도 하는데 후자는 더욱 나쁜 것입니다. 사람들은 선생님을 통해서 아무런 방해 없이 문제를 볼 수 있지요. 이는 매우 중대한 요구로 주체의 주권에 대한 중대한 질문을 제기하는 것입니다. 이는 단순히 감정을 밖으로 크게 표출한 것만은 아닙니다. 이미 언급한 바와 같이 사회변혁의 가능성을 중단시키는 그런 류의 감정을 밖으로 표출한 것은, "난 백인 남성에 지나지 않으니까 페미니스트로서 말할 수 없다"든지 "난 백인 남성이니까 흑인을 위해서 말할 수 없다"고 하는 것과 다름없습니다. "오, 여기엔 흑인 인류학자가 없기 때문에 타자의 소리는 없다" 등등의 이야기를 우리 모두는 알고 있지요. 우리가 묻고 있는 것은 패권적 담론, 즉 패권적 담론의 보유자들이 그 입장을 탈패권화해야 하며, 단순히 "음, 유감이지만, 우리는 그저 매우 선량한 백인이니까 흑인을 위해서 말하지 않는다"라고 하지 않고 어떻게 해서 타자의 주체적 입장을 점유하는가를 스스로 배워야 합니다. 이런 유의 모든 것들이 논의의 출발점에서 뒤쳐진 감정을 밖으로 크게 표출하는 것인데, 그러면서 논의는 평상시대로 진행되어 갑니다. 연구 주체의 자리 매김에 대한 해체론적 문제화는 제게 크게 도움이 되었습니다. 저의 실천 등등에 대한 청중의 질문에서 제가 주변화를 거부했을 때 떠오른 것을 방금 말씀드린 겁니다. 그 중의 하나는 이런 것이었지요. 저의 기획 중의 하나는 주변부 장소에 대해 말하는 것으로, 제가 그 안에 있는 것을 보기를 원하는 주변부 장소를 제 자신이 점유하는 것을 허용치 않는다는 것입니다. 그 까닭은 말을 걸 타자가 있다는 것을 사람들에게 느끼도록 해주기 때문입니다. 그것은 해체론적인 행위에서 나온 것이지요. 이런 의미에서 저의 첫 답변으로 되돌아가자면, 해체론은 이런 류의 모든 가능한 전체화에 대해서 일종의 통렬한 비판을 가합니다. 공모 구조 ― 왜 우리는 거기에 있어야 하는가, 왜 그들은 여기에 있어야 하는가, 무엇을 상실해 가고 있는가 ― 는 이 분야의 해체론적 연구에 의해 고찰해볼 종류의 것들입니다. 즉 사람들이 면밀하고 명확하게 반대하는 것과 공모하는 방식들이지요. 제 견해로, 해체론은 보다 좋은 실천으로 나가게 합니다. 해체론이 마비로 이끌어간다고 이해하면, 완전한 반본질주의자가 되고 싶다는(그것이 가능하기라도 한 것처럼) 부정적인 형이상학이라고 생각합니다. 부정적 형이상학은 본질주의를 거부할 정도로 특권이 있는 사람들 쪽에서는 마비상태에 빠지지 않는다는 등등, 그것은 구식으로 말하자면, 어떤 사람들에게는 무책임, 자기만족, 즐거움으로 유도합니다. 제가 여기서 제안하고 있는 해체론의 견해는(역사적 우화로 말씀드린 점을 용서하십시오) 유럽에서의 1848년 실패에 대한 거대한 반동과는 매우 분명한 거리를 유지하고 있습니다. 이것은 일종의 부정적 형이상학을 초래하게 되었습니다.

저는 깊은 바다에 빠져들어 은유를 혼합하는데 이것이 제 취미지요. 제가 그 취미라는 말을 타고 깊은 바다를 가로지르는 것을 바라보고 싶지 않으실 테니까 다음 질문으로 넘어 가지요.

프랜 좋습니다. 질문을 하나 더 할 수 있지만 선생님이 멀리 궤도에서 벗어날지 모르니까 다음 질문으로 넘어 가겠습니다.

스피박 그 취미의 말을 타고 깊은 바다를 가로질러 궤도에서 아주 멀리 벗어난다! 선생님의 텍스트에서 이 엉뚱한 연결을 유지해 주기를 바랍니다.

프랜 선생님 말씀 가운데 문화에 대한 논평 중 몇 가지를 해설해 주시겠습니까? 예를 들어 인종 구축의 매체 또는 대행자라는 회의 의제에서 문화를 사용한 것은 메타렙시스(metalepsis)와 정치학이 포함되어 있다고 말씀하셨습니다. 특히 이러한 용어를 사용한 점에 대해 설명해 주시겠습니까?

스피박 저는 메타렙시스란 말을 좀 엄격한 방법으로, 하나의 표상이 다른 표상을 대체하는 것으로 사용합니다. 이 경우 원인과 결과의 대체를 말합니다. 결과 대신에 원인, 원인 대신에 결과, 그리고 원인과 결과 사이의 일종의 혼란에 대해서도 말했습니다. 사실 로버트 마일즈(Robert Miles)도 자기 나름대로 이에 대해 말하고 있습니다. 잠깐 기다리세요. 녹음테이프를 멈추고 프라니를 좀 편안케 해주어야겠어요. 이 문화가 만일 "인종의 문화적 구축"에서처럼 대행자로 받아들여진다면, 우리가 놓치기 쉬운 것은 문화란 역시 문화적 설명을 생산한 결과물 같은 것이라는 점입니다. 그리고 문화적 설명이 생산되는 이유도 마찬가지로 어떤 특정한 문화는 날조될 필요가 있고, 또한 한 집단의 획일적인 설명이 날조될 필요가 있기 때문입니다. 저는 문화와 같은 것이 전혀 없다는 걸 시사하는 것이 아닙니다. 문화가 하나의 대행자로서 받아들여지고, 국민국가의 윤곽이 드러난 집단들을 그리는 어떤 기술 능력이 주어지면 담론 생산의 정치학이 거기에서 진행됩니다. 대부분의 문화주의적인 설명이 이데올로기의 문제점을 위장하고자 하는 사람들, 그리고 어느 "문화"에서나 누구나가 다 같은 식으로 "문화의 관리인"(custodian)이 아니라는 것, "문화"란 말과 "문화를 가진다"(cultured)는 말이 뭔가 함축적 관계가 있다고 말하는 사람들에 의해 이루어지고 있다는 것은 기묘한 현상이지요. 이것은 이른바 대중문화, 이른바 서민문화에 대한 연구에도 적용될지 모릅니다. 그 점에서 정치적 문제가 위장되는 방식들이 있습니다. 그 까닭은 대부분의 서민 문화, 반(反)문화, 대중문화 연구는 무서울 정도로 국가 중심적이고, 또 일반적으로 국민문화의 연구이기 때문이지요. "문화"란 말을 살펴볼 때 우리는 그것을 투쟁, 귀찮은 문제, 담론의 생산, 원인이라기보다는 결과 구조, 그런 것들의 장으로 보아야 합니다.

이런 것들이 성과 인종의 문화적 구축에 대해 말하는 현재 경향에 대해 제가 의심을 품고 있는 이유입니다. 계급에는 그것이 어떤 것의 문화적 구축이라는 개념에 대해 허위라고 비난하는 문제점이 있기 때문에 계급의 문화 구조에 대해서 말하는 것은 좀 어렵겠지요. 그러나 순수한 계급 투쟁의 격자무늬를 제3세계의 지배 무대에 억지로 맞추는 방식이 때로는 "문화주의"가 될 수도 있습니다. 성과 인종의 문화적 구축에 대한 오만한 논의 속에 때로는 "은연중에" 자기 자신의 문화 이질성이 보호받고 있다고도 말해야겠지요. 그것은 사람들이 자신을 성과 인종의 문화 구조 밖에 있는 것으로, 또는 그 희생자로 보기 때문이지요. 반면에 타자의 문화 동질성을 암암리에 당연한 것으로 받아들이고 있습니다. 저는 제 직장에서 이에 대해 자세하게 반대 논의를 펴 왔습니다. 결국 인간은 타자의 여러 문화에 대해서 그것이 마치 동질적인 양 말하지만, 사실상 자기 자신의 문화에 대해서 말하고 있는 것이 아닙니다. 예를 들어, 이 회의에서 제가 들은 것은 대부분 이민법에 관계된 것이었지요. 하지만 이민법은 선생님의 문화가 아닙니다. 다른 한편으로, 법적으로 불리하게 영속화된 사람들에 대해서 말할 때, 선생님은 그들의 문화적 주체성에 확고하게 발을 내딛고 있습니다. 우리는 자기 자신의 이질성, 문화적 유산에서의 단절, 그리고 타자의 동질성을 전제하는 데 몰두한 정치를 검토해야 한다고 생각합니다. 저는 여기서 아프리카계 미국인의 상황에서 문화주의의 위험을 언급한 재미있는 텍스트를 지적하고자 합니다. 그것은 토니 카드 뱀버러가 쓴 「내 남편 보반느」란 단편이지요. 그 작품은 『미국 문학 전집』에도 실려 있을 겁니다. 한 전부적인 흑인 여성이 어떻게 미국의 흑인 운동 내부의 문화주의를 공격하는지 알기 위해 일독할 것을 권장합니다.

프랜 그럼 테리가 추가한 다음 질문으로 넘어갈까요? 인종차별주의를 하나의 문제로 고립시키는 일은 곤란하다는 것, 인종차별주의의 개념 전체가 고쳐져 쓰이고 있기 때문에, 바로 그 시도 자체가 시대에 뒤진 것이라고 선생님이 [브루스 카퍼러(Bruce Kapferer)의 질문에 답하면서] 토론에서 말한 것에 흥미를 느꼈습니다. 선생님은 "기호 시스템은 현재 진행 중에 있는 관점에서 보면 항상 분쇄된다"고 말했습니다. 우리 두 사람은 다 같이 선생님이 기호론자가 아니라는 것을 알고 있습니다만, 기호론의 문제를 들고 나와 흥미롭게 보입니다. 그것이 무엇을 뜻하는지, 아니면 인종차별주의를 고립시키는 다른 문제에 대해서 소상히 설명해 주시죠.

스피박 글쎄요, 인종차별주의를 고립시키는 것은 어느 정도까지 단일 쟁점의 운동과 관련되는 저의 문제와 어울립니다. 인종차별주의를 고립시키는 것은, 이른바 백인 나라에 와서 정착하기를 원하는 사람들과 관계가 있는 것으로 인종 문제를 보는 것인데, 이것은 보다 낡은 문화적 해석을 거꾸로 재연한 것이기 때문에 제게는 시대에 뒤진 것으로 보입니다. 첫날 제가 말한 것처럼 그것은 전적으로 백인들이 "거기에" 살 권리를 부여하는 권위적 식민지 시대의 문제였습니다만, 이제 인종차별주의 비판은 그 흑인들에게 "여기에" 살 권리를 부여하는 것입니다. 그리고 그 문화적 해석을 뒤집는, 일종의 두 박자 스텝은 "사회의 현실"의 관점에서 너무나 단순한 것처럼 보입니다. 인종차별주의 또는 반인종차별주의가 사용되는 이유는 여러 가지 문화의 자기표현 방법이 정치적 동원을 위해서 사용되지 않으면 안 되기 때문이지요. 우파건 좌파건 그렇지요. 물론 거기에 잘못은 없지만 말이지요, 테리, 적어도 선생님이 공식적으로 제가 기호론자가 아니라고 말한 것을 매우 기쁘게 생각합니다. 어떤 영문인지 사람들이 저를 기호론자로 만들 때 가장 당혹감을 느낍니다. 그러므로 제가 자기 류의 기호론을 좀 사용한다 해도 …… 사람들이 동원을 할 때는 틀림없이 정치적으로 뭔가 의미 있는 것을 얻어낼 때입니다. 여기서 의미가 통하는 것은 유색인종의 시스템, 질서 정연하게 제도화된 유색 인종의 시스템에서 기인한 거지요. 분쇄란 개념에는 뭔가 나타나 있어, 거기에서 이미 제도화된 기호 시스템이 뒤쳐진다고 말하는 건 아닙니다. 제가 말하는 것은 되돌릴 수 없는 지체 효과 같은 것이 있다는 것입니다. 그렇다고 해서 기호 시스템의 "배후"에 있거나 그 "후"에 있는 것, 즉 시스템이 "실체"로서 보조를 맞출 수 없는 것을 가정해야 한다는 것은 아닙니다. 하지만 동원하기 위해서 문화의 자기표현에 대해 손에 넣을 수 있는 것, 또는 역시 동원을 위해서 입니다만 다른 면에서 손에 넣을 수 있는 것을 고려할 때는 항상 이 지체 효과를 연구 대상으로 삼지 않으면 안 됩니다. 그래서 정치적 활동가가 진짜 할 일은 집요하게 지체 효과를 풀어헤치는 것이지요. 정치 활동가의 할 일이 메타렙시스를 풀어헤치는 것인지도 모르겠지만, 이 지체 효과를 풀어헤치는 것 — 나흐트래그리히카이트(Nachträglichkeit) — 이 되돌릴 수 없는 것을 뒤늦게야 풀어헤치는 것인지도 모르지요. 정치적 행동주의가 위태롭게 되는 것은 문화의 자기표현, 동원을 위한 슬로건이 사실상 뒤쳐지고 있다는 것을 알아차릴 때지요. 아마 별 문제는 아닐 겁니다. 하지만 이러한 것들이 지체 효과를 지니고 있기 때문에 슬로건이 하나의 실체를 적절히 표현한 것으로 받아들여지지 않습니다. 이것이 바로 선생님이 고려하지 않으면 안 되는 것이며, 정치적 활동에서 인종차별주의는 슬로건으로 시대에 뒤진 것이라는 점을 제가 말했을 때, 그게 제가 행하고 있던 것입니다. 그래서 저는 이 말이 선생님에게 너무 이론적으로 돌돌 꼬이게 들리지 않았으면 해요. 제가 품고 있는 이론적 이해를 실천적으로 사용해서 선생님께 말씀드리자면, "의미가 통하게" 하기 위해서 말을 꺼낸 기호 체계는 어느 것이나 (언어 그 자체와 같이, 선생님은 그것을 물려받은 것이지 그것을 온전한 천에서 만들어 내는 것이 아니니까) 이미 제도화되어 있으므로 지체 효과를 가지고 있는 것으로 보지 않으면 안 된다는 사실입니다. 예를 들어, 1960년대라면 미국의 자발행동주의(spontaneism)에 반응해서 "이봐요, 언어가 제도화되어 있다는 사실을 고려합시다 — 선생님이 그걸 만들고 있는 게 아니오"하고 사람들은 말했을 겁니다. 오늘날은 인종차별주의건 무엇이건 간에 천변일률적인 해석들이 제도화된 기호 체계의 내부에서 사용되고 있다는 점을 고려하지 않으면 안 됩니다. 제가 방금 전에 말한 것은 우리가 현재 그것을 사용하는 방식이 그보다 더 오래된 담론을 환치(換置)해 놓은 훨씬 오래된 담론을 거꾸로 재연한 것뿐이라는 점입니다. 왜냐하면 결국 자기 구성적인 타자를 추구하고 확립하는 것은 우리가 인종차별주의라든가 성차별주의라든가 그 밖의 것으로 바라보는 것 보다 더 오래된 것이기 때문이지요.

프랜 선생님 논문에는 수많은 전문용어들이 있는데 그에 대해서 좀 더 말씀해 주시지요. 선생님은 저당물을 찾을 포어클로저(권리상실, foreclosure) 배제를 구별하고, 식민 주체 생산을 인식의 폭력과 색채 환각(chromatism)과 국제적 노동 분업의 저당권 상실이라는 말로 표현했습니다. 이 용어의 사용에 대해서 말씀해 주시겠습니까? 이 질문은 테리가 한 것입니다.

스피박 상관없다면 여기서 저의 텍스트로 다시 돌아가겠습니다. 포어클로저(Foreclosure)는 무의식의 수사학자인 프로이트 덕택으로 쓰게 된 구어적 용어입니다. 됐나요? 그리고 저는 이 말을 뭔가에 대한 이해관계상의 부정(否定)으로 사용했었지요. 부정에는 "이해관계"가 작용합니다. 그것은 선생님이 뭔가를 부정할 때 그렇습니다. 예를 들어 이데올로기를 무시하는 문화주의에 대해 부정하는 것, 중대하고 과도하게 현존하는 것에 대한 이해관계가 있는 부정입니다. 배제는 누군가가 거기에 있다는 것을 알고 있지만 그 사람을 남성이건 여성이건 배제하기를 바라지 않습니다. 그것은 별개의 것이지요. 그러나 뭔가 과도하게 존재하기 때문에 그것을 부정해야 할 때, 이것이 제가 포어클로저라고 부르는 것입니다. 근데, 그것의 두 가지 예가 뭐였지요?

프랜 인식의 폭력(epistemic violence)과 색채 환각(chromatism)입니다.

스피박 맞아요. 제가 시사하려는 바는, 인종 주체에 대해 단순하게 구축할 때 식민주의와 제국주의 내부에 법률 제도의 발전과 법률의 강요에 중대한 기제들이 있다는 점을 우리가 망각한다는 사실입니다. 인도의 경우, 특정한 유럽의 법전, 관례가 매우 다른 법구조에 대해서 주로 영국의 판례법을 법으로 강요하는 것, 완전히 다른 교육제도를 강요하는 것, 그리고 그 밖의 여러 가지 기제들이 푸코가 "에피스테메"(épistème)라고 부른 것을 실제로 바꾸어 놓고 식민 주체를 만든다는 사실을 우리들은 곧잘 잊어버린다는 겁니다. 설령 사람들이 알아차릴 만큼 식민지 풍으로 "교육"되지 않는다 해도, 그와 같은 다른 주체를 만들어 내는 이 인식의 폭력은 인종이라는 객체와 인종차별주의라는 주체 간에 우리와 그들의 구별을 뚜렷하게 할 때 무시되고 있습니다. 반인종차별주의라는 담론을 낳게 하는 우리의 학문 구조에서 인식의 폭력과 같은 구조를 본뜨고 있는 것을 저는 보았습니다. 이것은 물론 결정적으로 과도하게 존재하기 때문에 포오클로저를 당하고 있는 거지요. "인종의 문제를 단순히 피부 색깔의 관점에서 보는 것은 그 문제의 유일한 무대가 백인의 세계라는 것을 인정하지 않는 것이다. 왜냐하면 사람들은 백인 세계의 인종법 밑에서 백인 세계에 들어가 살기를 원하는 흑인들의 관점에 문제의 초점을 맞추고 있기 때문이다"라고 말하기 위해서 똑같은 수법을 우리는 사용하고 있는 거지요. 그것은 제3세계로 인정되는 나라에는 매판 자본가와 바로 백인 세계간의 공모에 의해서 진행되고 있는 많은 억압, 계급의 억압, 성의 억압이 있다는 사실을 무시하도록 강요하고 있는 겁니다. 국제적 노동 분업은 선량한 백인, 나쁜 백인과 흑인의 관점에서 움직이고 있는 것이 아닙니다. 여기에도 역시 그 문제가 과도하게 존재하고 있기 때문에 단순한 색채 환각으로 인해 사람들은 이 특정한 문제를 보지 못하게 되는 거지요. 제가 보여주고자 하는 것은 우리들이 반인종차별주의에 대한 이 색채 환각의 담론을 만들어 낼 때, 우리의 생활은 저 국제적 노동 분업에 의해서 어떻게 구축되어가고 있는가 하는 것입니다. 최근의 그 선언들은 사실 제3세계에서 계급이 구분된 비백인(非白人)의 책무였습니다. 그들은 가부장제의 토착구조와 자본주의의 기성구조를 이용하고 있는 겁니다. 국제적 노동 분업을 단순히 따돌리기 하는 것, 혹은 무시하는 것은 이 문제를 대표/재현하는 것으로서 흑백 구분을 위해 우리 자신의 생산과의 공모이므로, 색채 환각적 인종분석에 의해서 조작되고 있는 신식민주의의 따돌리기 입니다.

프랜 『정치개입』의 질문입니다. "호주인은 보통 (1)지역에, (2)지구촌의 한 지역에 있다는 데 억압된 느낌을 갖고 있습니다. 이것은 모순, 아니면 신화인가요? 그리고 식민지가 되는 것과 뭔가의 한 지역이 되는 것은 어떻게 구별되는 것인지요?"

스피박 글쎄, 지구촌이란 생각이 어디서 온 것인지 모르겠군요. 물론 마샬 맥루언(Marshall McLuhan)이나 그런 사람에 대해서는 알고 있습니다만, 어떻게 해서 그것이 지역/식민지의 구분에 들어맞는지 잘 모르겠습니다. 맥루언이 지구촌에 대해서 말한 것을 보면, 제가 지금까지 말해 온 것과 같은 종류의 국제적 노동 분업의 포오클로저를 조정하고 있다고 생각합니다. 그리고 "우리 시대"의 보편적인 담론으로서의 포스트모더니즘의 담론에서 이 문제는 계속되고 있습니다. 사미르 아민(Samir Amin)의 말을 빌리자면, 주변 지역의 봉건화, 또는 제3세계 국가들의 도시 무산계급이 포스트모더니즘을 생산하거나 옛날의 지구촌의 생산을 지지하는 방식은 전 지구상에 존재하는 통신선이 가상적으로 지구 전체를 나타낸다고 하는 시대에는 무시될 뿐이지요. 그러므로 호주는 다른 나라와 마찬가지로 어느 정도까지는 지구촌의 일부입니다. 그러나 제가 시사해 온 바와 같이, 호주는 계급 구분뿐만 아니라 국제 노동 분업의 어느 측에 살고 있는가에 의해서 구분이 되지요. 제가 마지막 답변에서 색채 환각에 대한 비판에서 말하려고 한 바와 같이, 국제 노동 분업은 제1세계와 제3세계 사이에만 있는 것이 아닙니다. 그 문제는 그만둡시다. 지방인가 식민지인가 하는 질문에서 선생님은 지구촌의 일부라고 하는 것과 모순되는 것이 아닌가 하고 물었습니다. 저는 그렇게 생각지 않습니다. 같은 정치적 추진력, 또는 관련된 정치적 추진력 등이 지구촌의 일부라는 주장의 배후에 있다고, 말하자면 대도시로서의 제1세계가 지닌 우월성을 인정한다는 주장의 배후에 있다고 생각합니다. 모순에 대해서는 저는 맑스주의자로서 염려하지 않습니다. 관련된 정치적 충동은 결국 두 가지 주장으로 이끌어 가기 때문에, 아닌 게 아니라 어느 정도의 모순이 있지요. 예를 들어, 현재 아시아/태평양 지역에서 일본과 제휴를 하는 데는 다소 모순이 있으며, 그리고 또 지적 주변부주의(intellectual suburbanism), 선생님 말씀대로 지역주의나 식민지라는 그런 감정이 존재합니다. 거기에는 특정한 종류의 모순이 있는데 이 모순도 역시 지적 자본과 오늘날에 자본과 자본 사이의 간극, "아는 것은 힘이다"라는 낡은 슬로건과의 간극으로, 이는 호주가 한 지방이라고 느낀다는 점에서 지체 효과이며, 또 그 효과를 가지고 있습니다. 그리고 이 모순은 정보 관리의 패권이 커가는 것 간의 간극을 보여주는데 이것은 이러한 지식의 주체라는 것과는 아무런 관계도 없습니다. 이것은 제 얘기에서 말했으니까 부연해서 말하지 않겠습니다. 여하간 저는 모순은 문제가 없다고 생각합니다. 모순은 생산적일 수 있다고 생각해요. 선생님께서 신화란 말을 어디선가 되찾을 수 있는 순수한 진리가 있는 것처럼 사용하는지, 아니면 진리에 대립하는 신화가 있는 것처럼 사용하는지 저는 모릅니다. 저는 이 특별한 구분에 대해서 이렇다 할 생각이 없습니다. 저는 이 대담에서 계속해 왔던 간단한 질문을 드리겠습니다. 선생님이 호주 사람들이라고 했을 때 뭘 뜻하는지요? 선생님은 누구지요? 그러면 제가 이런 일반화를 하기 전에 저와 같은 정치적 확신을 가진 사람을 이해할 겁니다. 이 일반화는 제 스스로에게 던지는 두 가지 질문입니다. 미국인은 누군가? 인도인은 누군가? 나는 누구인가? 제가 이 질문을 던지는 상황에서 나는 어디에 있는가라는 식으로 문제를 제기할 때 겉으로 드러나지 않은 이해관계는 무엇인가? 앵글로-유럽과 미국이 동일하다는 확인, 즉 호주를 한 지방이라고 느끼게 하는 그 우월한 위치는 어떤 특정한 신분 확인에서만 나올 뿐입니다. 이것이 그 회담의 주제였지요. 호주에서 누가 앵글로-유럽/미국과 동일시합니까? 선생님 질문을 보면, 호주인을 이런 식으로 나타내야 한다고 생각하시는 것 같습니다. 이러한 질문에서 이 특정한 문제가 왜 언급되지 않을까요? 제가 초점을 맞추고자 하는 것은 바로 이겁니다. 이 질문을 내놓을 때 테리도 사실, 호주나 아시아에 초점을 맞추고 있다고 말합니다. 그것은 아마 선생님이 이 질문을 징후적으로 읽었기 때문일 겁니다만, 제가 읽을 때는 거기에 아시아는 보이지 않습니다. 그 관점에서 또 하나의 문제를 제기할까 합니다. 이 회의에서 전반적으로 아시아가 무시되고 있는 것을 보고 그 점을 생각해 보았습니다. 호주의 학회 전체가 그렇지 않다는 것을 저는 확신합니다. 그러나 아시아 사람들이란 말은 일반적으로 호주의 인종차별주의에 의해서 만들어진 딱지로 보입니다. 저는 요즈음 줄곧 인도에 있는 이른바 호주계-아시아의 열 개의 부족에 대한 깊은 사색에 빠져들고 있습니다. 그들은 인도 아시아 대륙 내에서 모든 종류의 인종차별주의의 대상이 되고 있는데, 호주계-아시아 족으로 여겨지고 있습니다. 지금 이 질문에서 아시아가 나오지 않은 것을 테리는 알아차리고 있습니다만, 호주와 아시아가 관계있는 것에 대한 테리의 서술, 그 안에서의 호주에 대한 정의, 이러한 것들은 제가 어떤 종류의 진리에 관심을 갖고자 둥근 표시를 해 놓은 문제이지, 언어가 사물의 실상과 단순히 반대되는 것으로서 사용되는 모순이나 신화를 진단하려고 하는 것은 아닙니다. 식민지와 지방에 대해서는 사전을 찾아 그 두 낱말의 차이를 알아볼까 합니다. 자, 프랜과 저는 인문과학 센터의 도서관에 와 있습니다. 저는 그저 책에 써 있는 것을 보겠습니다. 이것은 옥스포드 영어 사전입니다. 지방이란 말은 의외로 흥미로운 표제어로 하나, 둘, 셋, 넷, 다섯, 여섯, 일곱 개의 항목으로 나뉘어 있습니다. 지방이란 말은 어원이 분명치 않군요. 언뜻 보면 이 말은 정복하다를 말하는 pro와 vincere로 되어있는데, 가장 초기 라틴어에서의 알려진 용법에 대한 설명은 없습니다. 그래서 우리는 잘못된 어원, 잊혀진 기원, 이딸리아 밖에서의 로마 지배하의 통치를 받았다는 것과 로마에서 파견된 총독에 의해 다스려졌다는 것을 바탕으로 해서 지방에 대한 이야기를 하고 있습니다. 그러나 그것을 이해하기 시작한 방식은 한 국토나 국가의 행정 구분입니다. 그것은 한 나라의 행정과 영토의 구분이지요. 그 관점에서 보면 만일 호주가 자국을 한 지방으로 생각한다면 거기에는 앵글로-미국-유럽과 일종의 동질성이나 일체성이 있다고 상정하고 있음을 누구나 알 것입니다. 물론 호주를 특정의 호주로 규정해야 한다고 저는 시사하고 있습니다. 그렇다 해도 호주는 "지방적"이라는 느낌이 들지요. 그런데 은연중에 그런 개념들이 들어있는 지방이란 말― 거기에는 문화도 있고 문화인이 되는 곳인 것과 마찬가지로 ― 은 수도에서 생산된 문화라는 관점에서 보아 지방적이기 때문입니다. "호주"가 느끼고 있다고 선생님이 생각하는 지적 지역주의는 은유의 논리에 의해 이 전체적 조화로 지향해 갈 겁니다. "식민지"(colony)의 최초의 사용에 대해 옥스포드 영어 사전에서는 그것을 "콜론"(colon) ― 경작자, 농부, 재배자, 식물을 심는 자에서, 그리고 새로운 땅의 정착자 ― 으로 예증하고 있지요. 그래서 어느 정도 우리들이 도시와 시골의 차이를 존중하는 것처럼 문명과 문화의 차이를 인정하는 겁니다. 문명(civilization)은 도시(civitas)에 관계가 있으며, 문화(culture)는 농업, 즉 자연에서 자라난 원예와 관계가 있습니다. 식민지와 지방 사이에도 거의 같은 차이가 있습니다. 그러니까 문명에 대해서 말할 때는 이전에 거주하지 않았던 곳에 자리를 잡는 것을 말하는 겁니다. 이것은 전에 제가 수차에 걸쳐 말한 문제로 우리를 유도합니다. 즉 식민주의자들이 어느 세계에 이르렀을 때 그들은 자기들의 말을 새길 백지의 땅으로서 세계와 마주친다는 가설이지요. 이런 의미에서 호주라는 문자를 사용할 때 누구든 입식자(入植者)의 언어를 사용하고 있는 겁니다. 그들은 이곳의 이름을 호주라고 결정했기 때문이지요. 사실 호주는 이것을 무시하고 스스로를 주변화하고, 식민지처럼 느낄 권리는 없습니다. 호주가 스스로를 호주라고 부를 때, 또 선생님이 정의하고 있는 것과 같이 정의할 때, 이 특정한 구획은 사실 피식민자가 아니라 식민자입니다. 이 나라가 식민지라는 느낌은 일종의 자기만족으로, 그것은 19세기에 영국의 초기 페미니스트들이 자신들을 노예와 동일시했던 식으로 스스로를 주변화한 것과 같습니다. 그 페미니스트들은 자신들을 노예와 비교함으로써 반노예 운동과 일체감을 가졌는데, 실은 일종의 자기 주변화였습니다. 만일 호주가 정말로 선생님이 정의하고 있는 곳이라면 그것은 선생님의 고유한 이름, 즉 호주이지요. 그렇다면 자국을 한 지방으로 생각하는 것과 자국을 한 식민지로 생각하는 것 사이에는 차이가 있다고 봅니다. 저는 이 차이가 어떻게 작용하는가를 지적할 정도로 충분히 말씀드렸습니다.

프랜 다음 질문은 『정치개입』에서 제기한 해체론의 정치화와 관련이 있습니다. "정치 실천을 위한 맑스주의 이론과 대좌해서 해체론의 전략을 사용하는 데 있는 어려움을 말씀해 주시겠습니까? 그리고 이러한 전략들을 내포하고 있을지도 모르는 현재의 맑스주의 작업에 대해서 자세히 말씀해 주시겠습니까?"

스피박 진짜 문제는 물론 어떤 실천을 위해서 어떤 이론을 사용하느냐 하는 것입니다. 해체론은 유입된 후 실천을 위해서 맑스의 이론을 사용하거나 또는 그 어떤 이론을 사용하거나간에 특별히 문제를 야기하지는 않았습니다. 해체론은 맑스주의 그 자체와 아무런 관계도 없습니다만, 실천은 언제나 이론에 규범을 부여하는 방식에 직면하게 됩니다. 그건 훨씬 큰 문제여서 선생님이 묻고 있는 류의 질문이라고 생각하지 않습니다. 우리 두 사람은 흐름에서 약간 벗어나고 있습니다. 질문에 초점을 맞추겠어요. 선생님의 질문을 좀더 초점을 맞춰 읽을 겁니다. 자, 진짜 질문은 해체론을 실천하는 그룹은 일반적으로 맑스주의자로서 일하고 있지 않다는 겁니다. 그 때문에 해체론과 맑스주의에 대해 "이해관계"가 있는 질문이 대단히 많이 제기됩니다. 한편으로는 소극적인 형이상학자와 데카당파로서, 다른 한편으로는 계급투쟁에 종사하는 활동가로서 이해되고 있습니다. 요컨대 이 질문은 이렇게 되는 거지요. 해체론자 그룹이 영국과 프랑스에서는 어느 정도 좌파 전통에 의존하고 있기는 하지만 미국에서는 중요한 정치적 좌파는 없다고 하는 점입니다. 그리고 그 내부에서 해체론의 이론은 훨씬 더 의미 있는 듯이 맑스 이론에 깃들이게 되었다고 생각합니다. 제임슨이나 이글턴 같은 저명한 맑스주의 비평가는 그들의 글에서 그들이 뭐라고 하던 해체론의 전략을 맑스주의에 대한 이해의 실마리로 삼으려고 합니다. 이것은 미국에서의 정치적 무대와는 아무런 관계가 없습니다. 미국에서 좌파 정당을 원한다면 그것은 중심에서 살짝 좌측으로 기울어진 사회민주주의처럼 보입니다. 우리는 여기서 그 점을 이야기하는 것은 아닙니다. 영국에는 견고한 학문적 급진주의 전통이 있기 때문에 해체론은 이렇다 할 발판을 굳히지 못하고 있지요. 그것은 영국이라는 영역 안에서 문학비평이 정치적 실천에 반대하여 세워 놓은 구조를 그대로 본떠 문학비평의 분야에서 성공을 거두고 있기 때문입니다. 그래서 어떤 정치적 실천을 가지고 있는 것으로 보는 이런 류의 문학비평은 — 뭐라고 말해야 좋을지 모르겠습니다만 — 일종의 학문적 민중주의(populism)에 관계가 있지요. 사실상 학문의 자세가 서로 정반대인 레이몬드 윌리엄즈와 F. R. 리비스를 관련지을 보다 적절한 말이 생각나지 않는군요. 오늘날 테리 이글턴의 작업은 알튀세르와 벤야민에 관한 초기의 연구에도 불구하고, 학문적 민중주의 내부에 위치하고 있습니다. 이미 벤야민의 책에서 이글턴이 언급한 "고급이론"에서 제가 일종의 "민중주의"라고 부르는 것이 회화체로 말하면 실용주의자인데, 정치 참여를 지향하는 문학비평의 피켓 라인이란 전통으로 옮아가고 있는 것을 알 수 있습니다. 그러므로 이것은 맑스주의나 해체론 그 자체와는 아무런 상관도 없는 별개의 문제지요. 물론 프랑스에서는 공산당과 사회당의 입장, 1978년의 **공동** 강령(programme commun)의 실패, 공산당 내부에서의 알튀세르의 입장과 다음에 그가 공산당에서 서서히 빠져 나온 일, 이러한 것은 모두 프랑스 해체론의 역할과 크게 관계가 있습니다. 페리 앤더슨과 같은 훌륭한 정치 실천 관찰자는 그의 저서『역사적 유물론의 궤적』에서 충분히 증명하고 있는 바와 같이, 해체론에 전혀 찬성하지 않고 있습니다. 프랑스에서 맑스주의와 관계를 사실상 완전히 끊지 않고 있는 것은 데리다의 해체론파입니다. 사실상 데리다는 자신의 해체론이 프랑스 이론의 최대의 실례인 포스트맑스주의 일부가 아니라고 말했지요. 그 질문에 대한 저의 첫 답변은 해체론이 그 구실을 하고 있는 이들 3개국의 기성 전통과 관계가 있습니다. 그리고 이론을 규범화하는 실천이란 개념은 대단히 유용한 것이라고 이전에 조금 언급한 적이 있습니다만, 거기서는 선생님의 질문에 대한 언급 같은 것은 없었지요. 선생님이 손쉽게 얻을 수 있는 실례는 안또니오 네그리 (Antonio Negri)가 하고 있는 일이라고 생각합니다. 이 자리에서 그가 하는 일에 대해서 말할 수는 없으니 그에게서 주의를 돌리도록 하지요. 인도의 하위주체 연구(Subaltern Studies)그룹의 작업에 대해서 제가 이해하고 있는 바로는, 이 그룹은 인도의 식민지 역사 편찬의 변천사를 농민 폭동의 관점에서 고쳐 쓰고 있습니다. 이 그룹은 제가 지금까지 본 것 중에서 가장 활발한 해체론의 역사 편집의 실례였습니다. 저는 이것을 설명하는 긴 논문을 썼는데 그것은 『하위주체 연구』의 제4권에 수록되어 있습니다. 저는 바로 이 논의를 착실히 정립하도록 그 방향으로 다시 한번 주의를 끌게 할 따름입니다. 하지만 이 전략은 가령 플라톤을 읽을 때 해체론 텍스트에서는 어떻게 작용되고 있는가를 이해하는 것입니다. 데리다는 플라톤을 읽을 때 어떤 종류의 해체론 논의를 할 수 있는가를 보여주고 있습니다. 드 만은 루소를 읽고 있습니다. 그래서 그 관점에서 저는 다음과 같이 말하고자 합니다. 우리가 해체론 원리라고 부르는 것이 정치적 현실의 정치적 실천에 있어서 중심주의 담론에 둘러 싸여 있기는 하지만, 성공한 정치의 실천에 있어서 사실상 작용을 하고 있다고 말입니다. 그건 대단히 긴 논의를 요하므로 여기서 도저히 밝힐 수 없지만, 우리가 다시 자리를 같이 하고 한 번 더 토론을 갖는다면 정치 실천의 실질적인 실례에 대해서 기꺼이 말씀드리겠습니다. 상세한 설명은 하지 않겠습니다만 비근한 예를 든다면, 게릴라 활동과 게릴라 활동에 대한 당 노선에 따른 해명 사이의 관계가 될 겁니다. 이 해명은 무시되었는데, 그 이유는 이 운동이 정당한 연결, 바로 당시의 진보적 부르주아와의 협력이었겠지만, 그런 것이 없어서 게릴라는 과오를 범했다 등등 때문이지요. 우리는 이러한 논의를 익히 들어왔습니다. 이제 만일 누가 진행 중에 있는 상황을 면밀히 분석한다면, 이러한 예들을 살피는 가운데 우리가 해체론의 원리라고 부르는 것이 (이것은 언어상으로는 모순이지만) 어떻게 이러한 종류의 기획 전반에 걸쳐 다루어지고 있는가를 알 수 있을 것입니다. 다른 한편으로, 이러한 운동들이 성공해서 세력을 얻었을 때 사태는 동결되기 시작하고, 민족해방운동은 흔히 국제주의를 동결합니다. 해체론 시각에서의 끈질긴 비평은 모멘토 모리(momento mori : 죽음을 생각하라)가 될 겁니다. 그래서 이 해체론적 실천이 중심주의의 담론에 둘러싸여 있었다는 사실에 우리는 시선을 집중하게 될 겁니다. 저는 두려움에 떨며 맑스주의는 비판 철학이라고 말씀드립니다. 그것이 실제적 철학으로 변용된 것, 혁명과 사회 기획에 의해서 적절하게 대표/재현될 수 있는 유토피아적인 철학으로 변용된 것은 사실상 중심주의의 과오였다는 것입니다. 저는 선생님의 질문의 범위를 훨씬 넘어서서, 맑스주의 원리주의자가 되는 것을 중단하고, 현재의 전 세계적인 맥락에서 맑스주의의 가능성을 모색하는 해체론적 실천의 형태론에 주의를 기울이는 것이 제 예정표에 있음을 말씀드리고자 합니다.

프랜 이제 마지막 질문입니다. 선생님의 저서 『마스터 담론 ― 토착민의 정보 제공자』를 위해서 최근 선생님이 열중하고 계시는 작업을 간단히 말씀해 주시지요.

스피박 이 질문에 대한 대답은 "노"입니다. (웃음)

프랜 부제는 무엇인지요?

스피박 삼일 전에 떠오른 부제는「글읽기 복무에서의 해체론」("Decon-
struction in the Service of Reading")이었습니다. 해체론에는 글읽기에
대단히 어려움이 있기 때문에 글읽기에 도움이 되도록 그렇게 불렀습니
다. 이를 살펴보면 유용할지도 모릅니다. 저는 지금 그 마지막 장을 쓰
고 있는 중이어서 그에 대한 이야기를 하고 싶지 않다고 말한 겁니다.
목차 내용을 장별로 선생님께 말씀드리고 나서 이 이야기를 끝낼까 합
니다. 좋겠지요? 또 허튼 소리를 좀 하겠습니다. 그것을 선생님이 기록
해 두었다가 제게 기회를 주시면 원고를 손질하도록 하지요. 됐습니다.
장별 목차는 다음과 같습니다. 첫 장은 현재의 급진적 비평의 "타자"에
대한 정의, 즉 욕망의 장으로서의 제3세계주의자의 비평의 정의를 확정
하고 있습니다. 제2장은 예증적인 세 텍스트, 즉, (1)칸트의『목적론적
판단비판』, (2)헤겔의 상징적 예술에 대한 논의, (3)아시아적 생산 양식
에 대한 맑스의 개념을 택해서 토착민 정보 제공자가 어떻게 이 마스터
담론을 읽는가를 살피고 있습니다. 여기서 제안하고 싶은 것은, 제국주
의 비판에 의거해 제3세계주의자를 비판하기 위해 제3세계 이외의 다른
장소에 대해서 이야기한 텍스트에 초점을 맞추지 말라는 것입니다. 제3
장은 위대한 전통을 지닌 여성이 쓴 텍스트에 대해 말하고 있습니다. 그
것은『제인 에어』(*Jane Eyre*), 진 리이스의『드넓은 사가소 바다』(*The
Wide Sargasso Sea*)와『프랑켄슈타인』(*Frankenstein*)의 글읽기입니다.
제4장은「학문 분야의 한계」라고 하는데, 이는 작년에 제가 호주에서 발
표한 푸코와 들뢰즈에 대한 논의입니다. 제5장은「타자로서의 여성 1」
인데 1926년에 자살한 젊은 여성에 대한 것입니다. 제6장은「타자로서
의 여성 2」입니다. 이는 시르무르의 라니에 대한 것입니다. 제7장은「포
스트모더니즘에 대한 기대」로서 역시 여성인 카와구보 레이(川久保玲)

를 다루고 있는데 작년에 제가 호주에서 발표한 이야기입니다. 이 장은 포스트모더니즘에 대한 제임슨의 논문에 대한 비평으로 끝을 맺습니다. 그리고 마지막 장은 이 책을 완결하는 결론이지요. 현재 제2장을 쓰고 있습니다. 행운을 빌어 주십시오. 자, 그럼 작별인사를 해야겠습니다. 다른 장들은 다 썼습니다. 제2장을 끝으로 남겨 놓았어요. 제2장의 3분의 2는 써 놓았습니다. 그래서 굉장히 흥분했습니다. 이제 프랜은 귀가하려 하고 있습니다. 저는 2층에 올라가 헤겔에 대해 좀 더 생각해야겠습니다. 이건 대담에 넣을 필요가 없지만 넣어도 상관없어요. 만족스러웠으면 합니다. 즐거웠습니다.

『진보철학』과의 대담

10장

『진보철학』과의 대담

1988년 가야트리 스피박은 "정치, 이성, 희망"을 주제로 한 진보철학회에 참석하기 위해 영국을 방문하였다. 피터 오스본(Peter Osborne), 조나단 레(Jonathan Rée), 가야트리 스피박의 대담은 편집되어 『진보 철학』 *Radical Philosophy* 54 (Spring 1990)에 수록되었다.

진보철학 선생님은 스스로에게 "실천적인 해체론자, 페미니스트, 맑스주의자"라는 딱지를 붙이고 있습니다. 선생님이 하는 일에는 이와 같이 여러 가지 다른 면이 있는데, 서로 어떤 관계가 있다고 보고 있는지요?

스피박 맑스주의는 자본의 움직임을 고찰하는 연구 기획입니다. 페미니즘은 주체의 이론, 성차에 대한 정의를 내리는 사회적 관습뿐만 아니라 주체로서의 남성과 여성의 발달을 다루는 것과 관계가 있습니다. 페미니즘은 맑스주의와 같이 추상적, 이론적인 방법으로 짜여져 있지는 않습니다. 그러므로 맑스주의자와 페미니스트의 연구과제는 양자 사이에 관계가 있기는 하지만 서로 협력하는 것으로 볼 수 없습니다. 해체론으로 말하자면 실로 이 두 가지 일, 아니면 어떤 종류의 일이건, 행하는 방법입니다. 해체론은 이 두 연구과제보다는 훨씬 덜 실체적이지요. 해체론은 행동기획이라기보다 고찰하는 방법이지요. 즉 고찰하는 방법이 행동이 되도록 우리가 행하는 것을 고찰하는 방법입니다.

진보철학 그럼 선생님은 해체론의 보수파란 말입니까?

스피박 저는 그렇게 믿고 있습니다.

진보철학 해체론의 접근 방법을 배우는 데서 출발해서 그것을 특정한 연구 과제에 응용하게 됐다고 말씀하시는 겁니까?

스피박 그렇게 생각하지 않습니다. 해체론에 특유한 것 중의 하나(또는 데리다가 쓴 글)는 거기에 넋을 빼앗긴 사람들이 자주 다음과 같은 말을 한다는 겁니다. "그건 이미 내가 생각하고 있었던 거야"라고 말입니다. 제가 처음에 『그라마톨로지에 대하여』를 읽었을 때, 저는 거기서 말하고 있는 것을 이미 이해하고 있고, 내가 행하려 하고 있는 것을 설명하는 보다 좋은 방법이라고 느꼈습니다. 제가 옳았는지 틀렸는지는 모르겠어요.

얼마 동안 저는 데리다가 맑스주의가 아닌 것 같아서 크게 분노를 느꼈습니다. 또 그가 성차별주의자처럼 느껴지기도 했지요. 그러나 그건 제가 해체론이 아닌 것이 해체론이기를 원하고 있었기 때문이었지요. 그 한계를 인정함으로서 그 가치를 깨닫게 되었습니다. 그것이 제게 다 해주기를 요구하지 않는다고 해서 모든 분야에서 그것을 지지하고 그것을 위해서 긴 논의를 해야 한다고는 느끼지는 않습니다. 해체론에 깊이 빠져들어서 다른 것에 대해서는 생각할 것이 아무것도 없다는 사람들을 보면 저는 참을 수가 없습니다. 한편, 저는 해체론이 만능이 아니기 때문에 분노했던 때보다는 이제 훨씬 더 깊은 영향을 받고 있다고 믿고 있습니다.

진보철학 『그라마톨로지에 대하여』에 쓴 서문을 통해서, 철학과 철학사에 있어서 본격적으로 전문 능력이 있는 인물로서 선생님의 입지를 굳히게 되었는데도 선생님은 철학가가 아니라 문학비평가라고 되풀이해서 말하고 있습니다. 그건 무슨 뜻이지요?

스피박 그건 제가 학문 분야의 경계를 매우 중요하게 생각하고 있다는 뜻이요. 학제적 연구를 하고자 한다면 누구나 한 분야에서 수년에 걸친 훈련 덕분에 중대한 차이가 난다는 것을 인정하지 않으면 안 됩니다. 다른 학문 분야에 침투해 들어갈 필요가 있으니까요. 철학을 전공하는 대학원생이 제 수업에 와서 이런 말들을 하지요. "저는 선생님 말을 이해 못 하겠는데요"라고 말입니다. 그들이 하는 말은 "선생님은 제 이해력의 조건에 부합하지 않습니다. 그러니까 선생님의 연구는 아무런 가치도 없습니다"라는 뜻이요. 그들에게는 그게 매우 어렵겠지요. 그들은 그 가치 없고 독단적이고 폐쇄적인 논평들을 여태껏 배워 왔으니까요. 그렇다고 그들이 처한 곤경을 과소평가해서는 안 됩니다.

　미국의 철학계는 데리다에 대해 행해지고 있는, 즉 "이 밖에는 아무것도 아니라는 주의"(nothing-but-ism)가 대단합니다. 하이데거 이외에는 아무것도 아니다, 헤겔 이외에는 아무것도 아니다, 불쌍한 사람의 친구 니체 이외에는 아무것도 아니다, 신비주의 이외에는 아무것도 아니다, 심지어 비트겐슈타인 이외에는 아무것도 아니라는 주의지요.

저는 문학비평가에 지나지 않는다고는 말하지 않습니다. 저는 진짜 문학비평가라고 말하고 있는 겁니다.

진보철학 미국에서 좌파 이론 활동은 과거 20년의 어느 시점에서 길을 잃은 후, 광범한 대중에게 손을 뻗치려는 노력을 그만두고 독자적인 학문 분야가 되었다고 많은 사람들이 생각하고 있습니다. 선생님은 이 분석을 어떻게 생각하는지요?

스피박 그건 좌파가 길을 잃었다는 질문입니까, 아니면 우파가 그 길을 알고 있다는 질문입니까? 유럽사람 가운데 미국에서 지식 산업의 장래성이 있다고 생각하는 사람들이 있는 것으로 보입니다. 왜냐하면 미국에는 매우 잡다한 제3차 교육제도가 있어 소수의 엘리트 교육기관을 고립시키고 있기 때문이지요. 그곳에는 엘리트들이 드나들고, 또 많은 급진적인 유행이 있기 때문이라는 겁니다. 미국에 실천적 정치 좌파가 있습니다만 학문적인 좌파와는 아무런 관계도 없습니다.

거기에는 또 의문이 생기지요. 지식인은 국가의 정치에 있어 어떤 상황에서 어떤 진정한 발언권을 갖고 있는가 하는 겁니다. 새로이 식민지를 벗어난 지역에서는 국가의 선택된 부르주아들이 자신들을 보다 정치적이라고 생각합니다. 그들은 국가적 주체성을 도출해 내는 데 막강한 발언권을 가지고 있습니다.

진보 철학 선생님은 앞서 어떤 사람들의 이해(理解) 조건에 맞지 않는 해체론의 문제에 대해서 말했습니다. 이것은 해체론을 실천적 정치활동에서 단절시키는 것이 아닐까요?

스피박   미국의 정치에서 제가 할 역할은 없다고 생각합니다. 해체론은 광범한 기획이 아니라 서로 접촉하는 정치에서 유용하지요. 그것은 전략적 상황…… 사람들이 일대일로 대좌한 상황에서 유용하지요. 선거에 의한 정치에서는 별로 효용이 없습니다. 페미니즘과 반인종차별주의에 대한 매우 다양한 정치에서 훨씬 강력하게 작용합니다.

진보 철학   데리다는 "타자의 흔적에 대한 책임"이란 관점에서 해체론에 대해 말했습니다. 어떤 사람들은 미국에서 일종의 비평으로서 해체론의 역할을 모색해 왔습니다. 그러나 데리다는 해체론은 비평의 한 형식이 아니라고 주장하고 있습니다. 이데올로기 비판의 한 형식으로서 해체론을 이해하도록 하는 시도를 어떻게 생각하시는지요?

스피박   이데올로기 비평의 한 형식으로서의 해체론에 대한 인식에 따른 문제는, 해체론이 과오를 드러내는 데는 별로 흥미가 없다는 점에서 찾아볼 수 있습니다. 『그라마톨로지에 대하여』의 첫머리를 보면 데리다는 마치 레비-스트로스의 과오를 들추어내는 성급한 젊은이처럼 보일지도 모릅니다. 그러나 그가 레비-스트로스에 반대해서 논점으로 삼은 것은 브라질의 남비쿠와라(Nambikwara)족도 역시 글쓰기를 하고 있었다는 점입니다. 왜냐하면 그들도 우리와 다르기는 하지만 글을 쓰는 방법들이 있었으니까요. 이것은 맑스가 『자본론』 첫 장에서 돈의 신비를 푸는 것을 말하고 있는 것과 약간 비슷합니다. 즉, 돈은 등가물을 측정하는 편리한 방법에 지나지 않는다고 한 말 말입니다. 우리는 무엇이나 교환할 때면 언제나 등가물을 가지고 대응하지요. 그건 쥴댕(Jourdain)씨가 산문으로 말하고 있는 것과 같습니다.

데리다는 과오를 들추어내는 것보다는 진리가 어떻게 구축되는가에 관심이 있습니다. 이 텍스트는 레비-스트로스를 향해서와 마찬가지로 브라질의 남비쿠와라족을 향해서도 말을 걸고 있다고 할 수 있을 겁니다. 해체론은 해체론이 비판하는 대상의 언어로 말할 수 있을 뿐입니다. 그래서 데리다가 말한 바와 같이 해체론은 어떤 특수한 방법으로 그 자체의 비평의 희생물이 됩니다. 그 때문에 해체론은 이데올로기 비판, 아니 자기비판하고도 매우 다르게 됩니다. 해체론이 탈구축되는 것에 대한 투자는 엄청나므로 단순히 무엇인가가 해체되지 않으면 안 된다는 결정의 결과로서 투자할 수는 없습니다. 그것은 누가 되었건 그 사람들이 어떻게 말하는가를 고찰하는 문제이지요. 그 사람들의 십중팔구는 아주 다른 방법으로 말하지 못하리라는 걸 알고 있으니까요. 만일 그것이 자기비판이라면, 그땐 훨씬 더 복잡한 방식으로 고찰하는 문제지요.

만일 반대쪽으로 가고 싶으면 — 때로는 그렇게 해야 하니까 — 그땐 해체론적으로 행하려는 희망을 버리지 않으면 안 됩니다. 선생님은 원하는 사람을 이데올로기 비판으로 해체하는 것을 바랄 수 없습니다. 사람들이 정말로 해체하는 것들은 오직 자기가 개인적으로 깊이 빠져드는 것들뿐입니다. 그것은 선생님을 말하고 선생님은 그것을 말합니다. 해체론은 거리에서 하는 게임에 불과하다고 생각해서는 안 됩니다. 해체론의 일시적인 지지자들이라면 그렇게 말하겠지만, 해체론은 인간에게 보다 훌륭하게 실천하는 걸 허용한다고 말할 수 없습니다. 아니, 그것은 때로 방해가 됩니다. 하지만 그것이 반드시 나쁜 것이라고 확신할 수는 없습니다.

진보철학 『그라마톨로지에 대하여』의 서문에서 선생님은 데리다가 "한 시대의 전체성"이란 표현을 사용한 것에 대해 언급하셨습니다. 전체로서의 "형이상학의 역사"라는 개념은 해체론의 연구 기획을 명백히 하는 데 필수적이라고 생각합니까?

스피박 그렇습니다. 그리고 그것은 해체론뿐만 아니라 후기구조주의자 전반에 적용되지요. 이들에게는 자신들에게 사물을 명백히 밝히는 것으로 보이는 일반 원리를 위한 이름이 필요합니다. 물론 그 이름을 계속 바꾸고 있습니다만, 저는 "형이상학의 역사"는 좋지 않은 이름이라고 생각합니다. 데리다는 사실 그렇게 크게 기대되는 해체론을 완결하거나 그에 착수한 일도 없습니다. 그 점에서 그는 하이데거의 후계자가 아니지요.

해체론이 실제적으로 어떻게 작용하는가를 보면 그것은 사소한 것들, 한계, 계기 등등에 고정되어 있습니다. 그러나 뭔가 통합하는 것이 필요합니다.

진보철학 하나의 픽션으로서 말인가요?

스피박 필요한 이론적 픽션으로서지요. 그건 방법론적 가정이니까요. 그러나 이 픽션의 가능성은 사물에 대한 사실 그대로의 설명에서는 나올 수 없습니다. 만일 해체론의 이론적 공식을 손에 넣는다면 선생님은 첫머리에서 오도 가도 못하게 되고, 끝머리에 가서도 (처음에는 차연, 끝에서는 해결할 수 없는 이론적 난문제에 부딪쳐) 오도 가도 못하게 되기 때문에, 선생님은 제대로 시작할 수도 없고, 제대로 끝낼 수도 없습니다. 해체론에 흥미가 있는 대부분의 사람들은 이 두 가지 사항에 관심이 많습니다. 하지만 저는 중간에 일어나는 일에 더 관심을 기울입니다. 그리고 후기의 데리다도 그렇다고 생각합니다.

진보철학 『진보철학』에서 휴머니즘에 대해서 말했을 때 선생님께서는 차연은 그 자체가 보편적인 휴머니즘을 통합하는 것일지도 모른다고 시사한 것 같던데요 …….

스피박 인간이 유사하다는 것은 그들이 서로 닮아서가 아니라 차별을 만들어 내거나 또는 자기를 동일시하는 종(種)의 실례(實例)가 아닌 것으로서 자신을 생각하기 때문이지요. 사람들이 만일 다른 사람들을 다른 것으로, 궁극에는 절대적으로 다른 것으로 생각한다면 해방을 위한 기획은 더 성공할 가능성이 높은 것처럼 제게는 생각됩니다. 매우 하찮은 수준에서 인간은 해방을 위한 자비의 대상이 아닙니다.

진보철학 그런데도 불구하고 해방을 위한 기획은 어느 수준에서는 정체성, 설령 이 정체성을 위한 이름으로서 그 자체를 받아들이지 않으면 안되는 차이라 하더라도 정체성을 요구한다고 인정합니까?

스피박 그렇지요.

진보철학 여기에서 어떤 종류의 정체성의 필요성에 대한 선생님의 경고는 전체성이 유물론적 변증법 안에서 "해석되는 동시에 부정되어"야 한다는 아도르노(Theodor Adorno)의 생각과 매우 흡사한 것으로 들립니다. 이는 해체론과 맑스주의 사이에 존재하는 일종의 이론상의 깊은 밀착 관계를 지적하고 있는 것이 아닐까요?

스피박 선생님 말에 동의하고 싶지 않습니다. 해체론과 맑스주의 사이에는 그런 밀착 관계가 없습니다. 전혀 없습니다. 가장 넓은 의미에서의 해체론에 의해 커나간 맑스주의 읽기와 맑스 기획의 유별난 풍부한 관계는 단순한 밀착 관계보다 훨씬 더 흥미로운 것이지요. 해체론을 맑스주의와 결합시키는 데는 위험이 따릅니다. 해체론에서 유용한 모든 것은 뭔가 보다 진보적으로 변형되어 쓰러지고 말 것입니다. 그리고 모든 여타의 정황으로 미루어볼 때, 맑스주의로 확장할 수 있는 것은 무엇이건 실천하는 데 있어서 매우 역사적으로 특정화되고, 인종적으로 특정화되고, 계급적으로 특정화되고, 직업적으로 특정화된 방식으로 움츠러들 것입니다. 이런 것들의 결합에는 결합 그 이상의 가치가 없을 겁니다.

진보철학 선생님은 지난 2년 동안 어떻게 변모하셨습니까?

스피박 저는 해체론에 요구를 덜 하는 반면, 그것을 더 소중하게 생각하게 되었습니다. 저 자신의 해체론에 관한 앞으로의 연구와 대부분의 데리다 숭배자들이 그의 저술을 다루는 것 사이에는 실제적인 차이가 있습니다. 실천의 매우 중요한 무대, 즉 철학적인 글과 교육의 생산에 관계하는 사람으로서 더욱 더 많이 데리다를 읽고 있지요. 해체론은 대학에서 우리가 알고 있는 교육의 정치학이 나쁜 정치학, 즉 스승을 논박하거나 추종하는 정치학 등등이라는 것을 제게 가르쳐 줍니다. 좌절의 순간순간에 해체론이 유용하도록 텍스트를 세밀히 검토하는 일에 더욱 흥미를 갖게 되었습니다.

우연히 일어난 또 한 가지 일은, 저는 여성차별주의에 반대하는 입장입니다만 그들이 여성이기 때문에 여성의 연대에 대해서는 생각할 수 없다는 것입니다. 그리고 자본에 대한 맑스의 분석에서 세계에서 진행 중에 있는 것을 이해하는 가장 강력한 방법을 찾아냈지만, 저는 계급투쟁에 특권을 부여하는 데는 관심이 없습니다. 마찬가지로 제국주의 역사의 경우에는 역사의 흥망성쇠에 영향을 받지 않은 어떤 종류의 국민적 주체를 찾는 것보다, 포스트식민 상황을 합법화하는 침범에 훨씬 더 관심을 가지고 있습니다. 이것이 제가 데리다를 읽은 지 20년이 지난 지금 뭔가 좋은 결과가 지속되어 일어난 변화라고 생각됩니다.

폭력의 구조와 교섭하기

11장

폭력의 구조와 교섭하기

다음의 대담은 1987년 9월 26일에 노스 캐롤라이너의 더럼에서 행해졌다. 가야트리 스피박은 1987년 9월 24일~27일, 이곳 듀크 비평이론 연구소에서 개최된 "위기에 있어서의 수렴(收斂) : 이론사의 내러티브" 학회에 참석했다. 이 대담은 리처드 딘스트(Richard Dienst), 로잔느 케네디, 죠엘 리드, 헨리 슈월츠, 라쉬미 바트나가르에 의해 『폴리그래프』(*Polygraph*)를 위해 확보되었다. 이 대담의 실질적인 편집판본은 『폴리그래프』 2, 3권(1989년 가을)에 발표되었다.

폴리그래프　페미니즘은 물론 좌파와 동일시되지는 않지만 선생님은 "유물론적 페미니즘"이 좌파를 위한 보다 포괄적인 예정표를 설정할 것이라고 토릴 모이가 오늘 한 말에 격려를 받았다고 말했습니다. 여기에 반인종차별주의의 입장도 역시 포함되는 겁니까?

스피박　아니오, 그렇게 생각하지 않습니다. 이 운동들은 매우 일관성이 없다고 봅니다. 이 운동들은 서로를 위기로 몰아넣고 있는 것 같습니다. 그렇게 될 게 틀림없습니다. 중대한 위기지요. 인도에서는 아시아의 많은 나라에서와 같이 여성 노동이 조직화되어 있지 않아 걱정됩니다. 하지만 노동 조직화의 기획은 페미니즘 문제와는 연결이 되어있지 않습니다. 그건 페미니즘이 노동계급 여성들에게만 계속 마음을 빼앗기고 있을 수가 없기 때문이지요. 페미니즘에는 제3세계 나라들에 있어서의 맑스주의가 그러하듯이 많은 기획이 있습니다. 맑스주의가 정말로 제공하지 않으면 안 되는 것은 전지구적 조직입니다. 제3세계에서 맑스주의가 제공할 수 있는 가장 강력한 것은 위기이론이라고 생각합니다. 맑스주의는 전반적인 상황으로 보아 그 내용이 그렇게 다르지 않습니다. 그러나 페미니즘은 매우 다양합니다. 여성운동과 대립된 것으로서의 페미니즘 말입니다. 사실 페미니즘은 의식의 변환에 기꺼이 참여하고 있습니다.

폴리그래프 캐더린 맥키넌(Catherine McKinnon)이 가지고 있는 문제 중의 하나는 그녀가 페미니즘의 다양성에도, 맑스주의의 다양성에도 주의를 기울이지 않고 있다는 것입니다. 우리는 양편의 종합적인 견해를 확보할 수 있습니다. 급진적 페미니즘은 점점 중심화가 되어 가고 있지만, 보다 유물론적 분석을 포함하도록 자체 수정을 해 가고 있어서 지금 전적으로 다른 일이 일어나고 있습니다.

스피박 이러한 것들이 정말로 유용하기 위해서는 그것들의 본래의 명칭을 상실하지 않으면 안 됩니다. 그러한 명칭은 과도기적인 계기를 포함합니다. 저는 여성학이 하나의 학문 분야로서 없어져야 한다고 말하는 것은 아닙니다. 어떤 여성들은 우리에게 여성학이 필요하지 않을 때가 올 것이다, 모든 아이들이 태어나면서 바로 페미니스트가 될 때가 올 것이라고 말합니다. 이것은 마치 모든 사람들이 과거에 대한 정확한 양의 지식을 얻게 될 테니까 역사가 정지해야 할 때가 올 것이라고 말하는 것과 같습니다. 저는 그런 말을 하려는 게 아닙니다. 이러한 사항들은 서로에게 항상 위기를 가져다주는데 그것은 이론과 실천 사이의 관계이기 때문이지요.

폴리그래프 "위기를 가져다준다"는 것은 무엇을 뜻하는지요? 오늘 조나던 컬러(Jonathan Culler)가 한 말을 제가 제대로 알아들었다고 치고 말입니다. 위기의 수사학은 우리들 자신의 지방주의를 특징짓고 있다고 말했는데요.

스피박 제가 위기라고 말한 것은 어떤 기획의 예상이 그 작업 자체에 의해서 불가하다고 느끼는 시점입니다. 이러한 것들이 반드시 약점이라는 말은 아닙니다. 예를 들어, 여성운동이 페미니즘의 기획에 도전하고 있다고 느끼면, 이것은 위기가 생산적이 될 수 있는 유일하게 진지한 방식이라고 생각됩니다. 반면에 누구나 페미니즘을 가망 없다고 기대를 버리려고 하진 않지만, 여성운동의 관점에서건 페미니즘의 견지에서건, 그와 관련하여 일어난 일은 하나의 문제로서 우리는 교섭하는 일을 생각해야합니다. 저는 우리가 항상 위기상태에서 살고 있다고 말하려는 것은 아닙니다. 위기관리는 인생의 또 하나의 이름이지요. 맞지요? 하지만 옛날식의 혁명을 고찰한다면 과도기가 있는 것으로 보입니다. 혁명 이후에는 혁명은 이미 필요 없는 것처럼 보이지요. 그런데 일들이 잘못되기 시작한 것은 이때부터입니다. 혁명이 무장 투쟁을 하고 있는 한, 또는 적이 존재하는 한 상황이 잘 돌아가지만, 그 후 위기 요소가 없기 때문에 상황이 잘못되어가기 시작하는 겁니다. 예를 들어 공민권을 박탈당한 흑인은 인도의 여권보다 비할 바 없는 여권을 얻을 수 있는 것을 처음으로 보게 되었을 때, 반인종차별주의는 반제국주의로 말미암아 해마다 위기를 맞게 됩니다.

또 공민권을 박탈당한 남성이 가부장제 사회의 상위계급 여성보다 더 많은 권리를 가지고 있다고 한 페미니즘의 생각, 이것은 계급 이론을 심각한 위기에 처하게 할 것이 틀림없습니다. 누구건 질라 아이젠슈타인 (Zillah Eisenstein)과 같이 "여성은 하나의 계급이다"라고 말할 수는 없습니다. 그럴 수는 없지요. 하지만 인간은 계급 분석을 단념하지는 않습니다. 바로 이것이 위기의 생산적 의미입니다. 그렇지 않고 영속적인 위기의 상황에서 산다는 것은 단순히 참회에 불과합니다.

폴리그래프 위기라는 용어가 금주 말의 회의에 적절하다고 봅니까? 문학 비평이라든가 또는 "문화 연구"도 위기에 들어 있습니까?

스피박 글쎄, 이와 같은 기금 후원을 받는 회의가 널리 보급되고 있으며 기금 기부로 마련된 강좌가 믿기 어려울 정도로 상품화되고 있습니다. 그건 하나의 구실이지 위기가 아니지요. 프레드릭 제임슨, 바바라 스미스 (Barbara Smith), 스탠리 피쉬, 저 자신을 포함한 저명한 교수들은 위기를 찬미하고 있습니다. 그건 위기가 아니라 인용 부호 안의 위기이지요.

폴리그래프 하지만 좌파는 미국에서 점점 후퇴해 가고 있습니다. 레이건 시대에 우리는 윌리엄 베넷(William Bennett)과 앨런 블룸(Alan Bloom) 같은 사람들을 상대하지 않으면 안 되었습니다. 권위에 반대하는 입장이 사라진 세대 같습니다. 이 세대의 방향은 "인문주의적인" 가치를 따지는 것과는 반대로, 점점 기술적이고 이익지향적으로 가고 있습니다. 이론가와 교육자의 위기가 공립학교에서 점점 나타나고 있습니다.

스피박 저는 미국의 학교 교육에 대해서 별로 아는 것이 없습니다. 그러나 가치론 교육이 사라져 가는 것 같지는 않습니다. 본성으로 작용하는 가치론 교육의 이데올로기는 가장 강력합니다. 가치 교육은 기술교육에서는 암시적입니다. 옛날식의 경제학에서 무슨 일이 일어나고 있는지 보세요. 가치를 가르치지 않는다고 생각하십니까? 저는 실업학교에서 공산주의에 같은 시간을 할애하는 걸 보았으면 해요. 공산주의는 결국 중요한 경제체제입니다. 실업학교에서 경제 현실에 접근하는 다른 방식에 시간을 할애하면, 저는 곧 바로 제 강의에서 자본주의를 가르치는 데 그만한 시간을 할애할 겁니다. 저는 어느 날 밤 오스틴의 텍사스 대학을 산보하고 있었습니다. 그 대학에는 상당히 큰 실업학교가 있는데, 저는 우연히 과제물 시험이 칠판에 쓰여 있는 강의실 옆을 지나쳤어요. 그때가 바로 그라나다 침공사건 직전이었어요. 칠판에는 다음과 같은 시험문제가 쓰여 있었지요. "공산주의 국가가 여차여차한 곳에 있는 조그마한 섬을 접수해 버렸다고 상정하라. 기획의 극대화와 비용 효율이라는 관점에서 여러분은 개발기획에 어떠한 수정을 가하겠는가?"라고 말입니다. 자본주의, 인종차별주의, 성차별주의는 올바른 이론실천의 사례입니다. 가치론은 보다 암시적인 방법으로 교육되고 있습니다.

폴리그래프 『하바드 비즈니스 리뷰』는 우리가 읽는 모든 기사를 설명해 주고 있습니다. 이 잡지에는 민간 산업을 극대화하기 위해서 토착 문화를 어떻게 지워 버릴 것인지 쓰여 있습니다.

스피박 이러한 이질 문화교류의 충동은 매우 의심쩍습니다. 이와 같은 잡지들, 아메리칸 『익스프레스 뉴스레터』와 같은 비교적 소박한 잡지에도 그들이 활동 무대로 삼으려는 곳의 문학과 문화에 대해서 뭔가를 배우는 것은 "개발" 활동에 도움이 된다고 쓰여 있습니다.

폴리그래프 일종의 신동양학(新東洋學)이지요.

스피박 사실 무슨 일이 일어났는가 하면, 지역 제국주의의 구체적 기획은 금세기 중반부터 중단되고 신식민지주의로 바뀌었기 때문에, 문화 제국주의의 씨를 뿌릴 교양 있는 이론가들의 지역적 거주 사회를 개척할 필요는 이미 없어졌다는 겁니다. 언어를 습득하려는 관심은 시들해졌습니다. 여러 언어를 정말로 알고 있고, 식민지의 직무 담당자이기도한 훌륭한 동양문화 연구자들은 사라지고 없습니다. 이와 같이 새로운 데 중점을 두는 것은 제국주의 시기에 일어난 이질 문화교류 기획의 진지함과는 아주 다릅니다.

폴리그래프 그게 혼성곡(pastiche)이 되어 되돌아온다고 말할 수 있습니까?

스피박 그렇지요.

폴리그래프 이것은 제3세계 연구를 어떻게 가르칠 것인가 하는 문제를 야기합니다. 어느 누구건 총괄적인 제3세계 문화를 연구하기 위해 어떻게 하면 퍽 많은 언어들을 습득할 수 있을 것인가? 동아프리카에서만 해도, 말하자면 X개의 부족 언어가 필요합니다. 그러나 단 하나의 언어를 깊이 배우려고 해도 많은 햇수가 걸릴 것이므로 한 전문 과제만을 연구한 데 그치고 맙니다.

스피박 불행하게도 언어란, 선생님이 말한 바와 같이, 오직 지역 연구의 후원하에서만 습득할 수가 있습니다. 미국에는 정치화된 몇 개의 지역 연구가 있지요. 그 전부는 아니지만 미국에는 시민권 운동, 흑인 운동에 자극을 받은 단단한 역사가 있습니다. 이러한 운동이 있었던 곳 가운데 몇 군데는 활발한 활동을 하게 되었지요. 하지만 아프리카와 라틴 아메리카 연구에서 벗어나면 정치는 참으로 끔찍합니다. 누구든 언어를 배우고, 다음에 그 특이한 제국주의의 인류학적 방법으로 자신의 연구지역을 갖게 됩니다. 한 언어를 습득하면 "전문가"가 될 것이며, 이 때문에 전지구적 규모의 자비를 베풀려는 기획은 위기, 그야말로 심각한 위기에 이르게 되고, 별로 알려지지 않은 언어를 배우는 데 소비한 모든 노력은 사실 전지구적 규모의 기획이라는 관점에서는 정당화 될 수 없는 노력이지요. 이것은 그 지독한 일의 한계를 알게 되기 때문에 생산적이지요.

폴리그래프 이것은 『하위주체 연구』[1]에 의해 시사된 것처럼, 다양성과 제휴 관계, 정치적 실천에 대한 또 다른 문제를 제기 합니다. 만일 그것이 우리가 이룰 수 있는 비약이라면 …….

스피박 선생님은 하위주체 속으로 뛰어들지 않고 있습니다. 하위주체 속으로 빠져드는 거지요.

폴리그래프 하위주체란 하나의 범주인가요? 우린 이 범주 밑에 얼마나 많은 것을 넣을 수 있을까요?

---

1. 남아시아 역사와 사회에 대한 글들을 모아 전부 5권의 연구지로 라나짓 구하(Ranajit Guha)가 편집, 출판함(Delhi : Oxford UP, 1982~87). 이 그룹에 대한 설명은 스피박의 *In Other Worlds : Essays in Cultural Politics* (New York : Methuen, 1987) 참조.

스피박 제가 "하위주체"란 말을 좋아하는 데는 하나의 이유가 있지요. 그건 정말로 상황에 따라 변합니다. "하위주체"(subaltern)는 군대의 어느 계급의 명칭에서 시작되어 그람시의 검열 하에서 사용되었지요. 그는 맑스주의를 "일원론"이라고 불러서 프롤레타리아를 "하위주체"라고 부르지 않을 수가 없었지요. 이 말은 강박적으로 사용되다가 엄격한 계급분석 안에 들지 않는 모든 것을 기술하는 이름으로 전환됐습니다. 저는 이 용어가 마음에 듭니다. 이론적인 엄밀함이 없기 때문이지요.

폴리그래프 그건 앞서 우리가 말한 바와 같이, 어떤 특수한 의미에서 맑스주의 본래의 의미를 말살하는 것 같습니다 — 하위주체를 포함하기 시작할 때 전통적 맑스주의의 범주는 사라지지요.

스피박 어떤 점에서는 그렇지요. 하지만 맑스주의가 멀리 있는 건 아닙니다. 하위주체 연구를 수행하기 때문에 라나지트 구하에게 제가 경의를 표하는 이유 중 하나는, 그는 공산주의, 또는 "분할되지 않은 공산당"(인도의 공산당)에 대해서 아무 것도 모르면서 그저 대강 처리하는 사람이 아니기 때문입니다. 그는 공산주의를 자신의 견해로 발전시켰습니다. 그는 비맑스주의자가 아니라 포스트맑스주의자지요.

폴리그래프 이 연구저서들은 보다 많은 청중에게 보급되어야 할까요?

스피박 이러한 기표를 현실적으로 설명할 때 유용한 동원력은 — 또 위기의 주제가 되는데 — 그것들이 한계를 벗어나는 위험과 서로 손을 맞잡고 다가온다는 점이지요. 사실 "하위주체"란 말이 세계에서 가장 부유한 미국의 진보학계에 의해서 전용된다면 위험이 따를 겁니다. 누구나 방심하지 않고 비판적이지 않으면 안 됩니다. 예를 들어 "해체론"이란 말은 데리다의 독창적인 저술의 후광을 잃고 있는데 꼭 좋다고는 볼 수 없지요. 그 때문에 일종의 위험을 초래하니까요. 물론 누구나 "하위주체"란 말을 사용할 수 있습니다만, 그것을 재전용하는 것은 반드시 좋다고 할 수 없습니다. 혹시라도 하위주체 개념을 미국의 정황에 맞춘다면 그람시에 보다 더 주의를 기울여야 하지, 인도에서 일어나고 있는 일에 초점을 맞추어서는 안 됩니다. 누구나 그람시를 고쳐 쓰지 않으면 안 되지요. 이제 그람시는 맑스주의자가 아니라는 알리바이가 되고 있습니다만, 그것은 바흐친(Bakhtin)이 진보적 부르주아들에 의해 논의되어 온 것과 같은 겁니다. 다성 언어와 대화식 토론법은 억압적인 지배를 은폐하기 위해 사용되는 말들입니다. 하위주체적인 것은 어느 지방에도 속하지 않기 때문에, 같은 종류의 위험한 기표가 될 수 있지요.

폴리그래피 선생님의『하위주체 연구』읽기는 비판적입니다. 그 텍스트의 본질에 대단히 거슬리는 읽기를 하고 있던데요. 구하가 식민지 역사 편집에서 재구축하려는 반항의식은, 만일 누구나 그의 정치학에 계속 충실하려고 한다면 쉽게 해체될 텍스트는 아닙니다. 다시 말해서 그는 이 의식을 본질적, 또는 견실한 것으로 보고 있는 듯 합니다. 선생님의 논문은 그것을 분해하려는 시도이던데요.

스피박 선생님이 그걸 알아차리니 기쁘군요. 오늘 제가 말했던 그러한 애정을 가지고 하위주체 연구자들이 쓴 것을 실제로 읽었습니다. 그래서 인도에서 하위주체 연구에 반대하는 사람 가운데는 저를 하위주체 연구자의 한사람으로 생각하는 사람들이 있답니다. 반면, 하위주체 연구파들은 선생님이 말하고 있는 것, 즉 제가 그들 기획의 모든 것을 지지하고 있지 않다는 것을 인식하고 있습니다.

이것은 아직도 사회화된 자본, 자본 논리로 들어가는 길, 즉 특유한 끼어들기입니다 ― 하위주체는 민족주의의 그러한 내러티브, 국제주의의 그러한 내러티브, 민족주의, 비종교주의, 이 모든 것에 자유롭게 접근할 길을 실제로 가지고 있지 못했습니다. 그래서 선생님의 질문에 대한 암시적인 답변은, 사회화된 자본의 활발한 순환이 주어진다 해도, 우리가 제1세계에서 진짜 하위주체에 대해서 생각하는 것은 어렵다는 게 제 생각입니다. 그러한 상황에서는 젠더화된 하위주체 등등의 외로움과 마찬가지로, 나이가 지긋한 하위주체의 외로움을 누구나 말할 수 있지요 ― 그러나 제1세계 지역에서 하위주체라는 걸 선뜻 주장하고 나서기는 어려울 겁니다.

폴리그래프 "반폭동 산문"에 대한 구하의 개념에서는, 식민지 역사편찬이란 사실상 언제나 이에 반대하거나 부정하는 운동에 항의를 하고 있지만 밖으로 나타나지 않게 합니다. 역사 편찬은 언제나 그 자체로서 재현할 수 없는 것에 반항하고 있습니다. 여기서 그걸 찾아낼 가능성은 있을까요?

폴리그래프 이 사회화된 자본의 움직임을 제1세계 지역에서 우리가 찾을 수 없다는 것을 의미한다면, 역사 편찬은 지금까지 항상 그런 식으로 되어왔을까요? 그런 지역이 한때 있었는데 이제는 없는 것인지요? 아니면 자본은 항상 자본이며, 하위주체가 될 수 없는 경계 공간을 가지고 있기 때문에 그런 공간은 전혀 없었던가요? 아니면 최종적으로 제임슨이나 만델(Mandel) 같은 사람들이 말하는 방법으로 움직인다면 하위주체는, 아니면 하위주체의 공간은 현재 어디에 있건 간에 근절될 것인지, 아니면 합병이 될 것인지요?

스피박 설마요. 자본주의는 그 자체의 위기가 있으니까요 ― 그게 위기 이론입니다 ― 위기관리는 타자의 공간에서 더 많은 하위주체의 형태로 일어나기 때문이지요. 만일 구하가 하위주체의 특성에 대해서 하고 있는 분석에 동조한다면, 저는 맑스의 이른바 노동의 "해방", 즉 자본은 특별한 경제적 강제 없이 설명되는 것으로 생각합니다. 만일 그렇다면, 그것이 만일 자본의 자기 결정의 내러티브라면 (그때) 하위주체적인 것은 누구나 보존하기를 바라는 것이 아닙니다. 자본주의는 그것이 효과를 내는 지역에서는 하위주체의 폭동이 일어날 가능성을 말살해 버리지만 세계적으로 근절하지는 않습니다. 이는 우드로 윌슨(Woodrow Wilson)이 한 말과는 다른 내용입니다. 그는 언젠가 자신의 꿈은 미국의 모든 사람들이 응당 산업의 장이 되는 것이라고 말했던 기억이 납니다. 이제 그것은 자본주의하에서는 불가능할 것이 명백합니다. 왜냐하면 자본주의는 잉여가치를 짜내고, 그것을 전유하고 실현하지 않고서는 생존해 나갈 수가 없기 때문입니다. 그런데 이는 깨끗한 산업에도 해당됩니다. 왜냐하면 생존을 가능케 하는 다른 곳, 즉 위기 관리 지역이 있기 때문이지요. 콜린 맥케이브(Colin MacCabe) 같은 사람들이 "서양에서의 좌파 해결"에 대해서 이야기할 때, 그가 실제로 알아차리지 못하고 있는 것은 서양 이외 지역에서의 낡은 좌파 해결 가능성이 서양에서는 낡은 좌파 해결을 실행 불가능한 것으로 인식하는 것과 직접 관계가 있다는 것입니다. 그러므로 이 관점에서 그것이 사회화된 자본의 보급이라면 아마 하위주체성이 없어질 때를 상상할 수 있을 것으로 생각됩니다. 그러나 이 시점에서 사회화된 자본은 그 자체를 지양하고 사회주의로 가게 될 겁니다. 이것이 제가 드리고 싶은 얘기입니다.

폴리그래프 그건 사회주의에 대한 보드리야르의 지적이 아닌가요? 선생님은 오늘 이야기에서 보드리야르의 과잉실재성(hyperreality)의 개념에 대해서 언급했습니다. 보드리야르를 읽을 때, 누구나 설쳐대는 자본이라는 개념이 있다는 것을 누구나 감지합니다. 자본은 어떤 의미에서는 제3세계에서 일어나는 이 모든 불균등의 발전을 균등화하고 사회화하고 있으며, 또 어느 의미에서는 자본이 하위주체 기획이 땅에 떨어지기도 전에 그것을 식민화하는 것이지요. 사실 자본은 식민화할 공간을 가질 수 있도록 환상 속에서 "하위주체성" 관념을 만들어 냅니다. 이건 매우 특이한 생각이며, 맑스주의 담론과는 아무런 관계도 없습니다. 하지만 우리는 그의 텍스트에서, 또 ["맥스 헤드룸"(Max Headroom)과 그 밖의 몇몇 인기있는 텍스트에서 이것이 사실은 자본의 논리라고 깨닫게 되지요. 완전한 균등화와 이에 반대되는 것은 자본의 앞으로의 합병 능력에 기여할 뿐 도움이 되지 않습니다.

스피박 선생님이 자본 논리 안에서 그에 반대한다면 그렇다는 겁니다. 기본적으로 현재의 노동운동 관점에서 자본논리, 즉 노사의 상층부들의 협력을 사실상 완전히 수용하는 미국에서 만일 그런 식으로 반대한다면 아무런 가능성이 없다고 생각됩니다. 그러나 내러티브화 되지 않는 하위주체 폭동 전체 때문에, 사실 구하와 같은 사람들이 하위주체라고 부르는 까닭이 있다고 생각합니다. 이렇게 반대하는 것은 자본의 논리 안에서가 아니라 그것이 내러티브가 될 수 없기 때문이라고 저는 생각 합니다.

폴리그래프 그 점에서 매우 역설적인 기획이 나오는데 그것은 그 주체가 그때 구축되지 않으면 안 된다는 것입니다.

스피박 그것이 지적하고 있는 점은 주체란 사실 언제나 구축되고 있기 때문에 패러다임의 한 사례라는 점입니다. 하지만 제가 오늘 오후 말씀드린 것은 이러한 이른바 기생적 상황이 어느 의미에서는 전형적 상황이 될 수 있다고 하는 것입니다. 이 상황은 문자 그대로입니다. 제가 신봉하고 있는 이론에서 지시어는 논증적인 형성에 의해서 구축되는데, 이와 꼭 같이 그러한 상황들은 이론의 지시어가 됩니다. 그래서 우리가 고려해야 할 점은, 역설적으로 들리기는 하지만, 사람들이 바라는 바대로 해결되면 하위주체의 지시적 권위는 소멸될 것이란 겁니다.

폴리그래프 그게 선생님께서 "오류추론"(paralogic)이라 부르는 겁니까?

스피박 글쎄, 아닌데요. 인간은 료타르에서 오류 추론를 발견하는데, 저 자신은 오류 추리에 반대하고 있습니다. 료타르의 오류 추론에 대한 개념은 혁신으로 나아가는 수법은 아니지요. 즉 종국(telos)에 이르는 수법입니다. 그건 강력한 개념이지만, 그릇된 추론를 하는 사람들이 실제로 마스터 내러티브에 반대할 수 있을 때 그 개념은 존재할 수 있습니다. 게다가 또 그건 어떤 의미에서 내부 또는 외부에 있지요. 사람들이 그

도전을 내던져버리는 것은 자본 논리의 내부에서지요. 진짜로 그릇된 추론을 하는 사람들은 기묘하게도 무슨 일에서건 의식적으로 활동하는 사람들이 아닙니다. 부흥 기획, 이 의식을 높이는 일, 그 수법들을 자의식적으로 만들려는 기획을 보십시오. 하나의 정치운동이 어떻게 해서 이 기획을 피하면서 동시에 그룹을 무가치한 것으로 보는지 (이것도 마찬가지로 하나의 위기입니다), 저로서는 알 수가 없습니다. 사람들은 하위주체 연구의 경우, 하위주체를 자기 자신의 역사의 주체로 만들고 있어요. 그러면 그 하위주체는 소멸하고 말지요. 그래 어떻다는 거죠?

폴리그래프 그람시도 그걸 분명히 밝히고 있습니다.

스피박 그래요. 하위주체라는 건 "좋은" 것이다, 노동계급이라는 건 "좋은" 것이다와 같은, 가치론적으로 무게를 싣고 있는 말로 하위주체란 말을 사용할 수 없습니다. 그러니 노동계급의 문화에 대해서 말해 봅시다. 사실 정상적으로 계급을 분석하자면, 누구나 노동계급으로서의 노동계급을 소멸하기 위해서 일을 합니다.

폴리그래프 미국의 이야기로 다시 돌아와서, [하위주체 연구]그룹이 하는 일이 은연중에 인도에서의 정치적 실천을 의미한다면, 그것이 어떤 것이 될 수 있는지에 대해 논증해 주십시오. 하지만 내러티브가 될 수 없는 대립의 주체에 대해서, 선생님이 방금 말씀한 것에 바탕을 두고 말입니다. 우리는 그런 방식의 사고와 제씨 잭슨(Jesse Jackson)과 같은 미국의 기획 사이에 어떤 연관을 발견할 수 있습니까? 거기에 무슨 상동관계를 확대 해석하고자 하는지요.

스피박 이렇게 말씀드리지요. [하위주체 연구] 사람들은 어느 면에서나 정치 활동가로 여겨지지 않습니다. 인도의 기성 좌파, 따지고 보면 인도 공산당은 제2인터내셔널이었지, 제3인터내셔널이 아니라는 것을 잊지 마십시요. 우리는 최근 일을 이야기하고 있는 것이 아닙니다. "분열하지 않는 당"은 사라지고 없다는 것을 잊지 마세요. 저는 인도 좌파의 현상에 대해서 이야기하고 있는 것이 아닙니다. 저는 인도의 좌파 전통은 오래 된 것이라는 걸 말하고 있을 뿐입니다. 사람들은 사실 하위주체파 사람들에 흥미가 없다는 것과, 또 하위주체에 대한 하위주체파 사람들의 의견도 그람시에 충실하지 않다는 걸 알게 됐습니다. 저는 파리에서 "서양의 이론을 가지고 불장난하고 있는 그 사람들을 만난 적이 있어요?"라고 하면서, 이 점에 대해서 정곡을 찌른 통렬한 비판을 들었습니다. 제가 무지개 연합을 좋아하는 이유는, 솔직히 말해 제씨 잭슨이 사회화된 자본의 순환회로를 정말로 이용하고 있으며, 일종의 "현장에서의 원형적 맑스주의자(proto-Marxist)"로 생각되기 때문입니다. 그가 말하는 가난한 사람들이 한 군데로 결집하고 있기 때문이지요. 그것이 바탕에는 모든 종속 집단 가운데 착취당하고 있는 집단만이 있습니다. 하지만 그건 하위주체성은 아니지요. 대단한 건 아니지만 의회 민주주의와 선거에 의한 정치 하에서 그것은 사실 불가능한 조건을 가능한 조건으로 바꾸는 데 이용되고 있는 거라고 생각합니다. 제게 아주 다행으로 생각되는 건 이러한 종류의 제도 하에서 모든 맑스주의 기획, 즉 진지한 정치적 기획은 (제가 생각하고 있는 것은 완전히 형편없이 되어버린, 지난날의 새로운 미국 운동(New American Movement)입니다) 한편으로는 지역적 기획에 마음을 기울이거나 ─ 이건 제겐 매우 중요하게 생각됩니다 ─ 아니면 기독교 민주주의에 거의 접근 하고 있는 사회민주주의로 방향을 바꾸고 있습니다. 그리고 또 「브뤼메르 18일」을 읽어보면, 아시다시피 맑스는 사회민주주의를 탄생케 한 도시 프롤레타리아와 소시민과의 제휴에 대해 훌륭한 분석을 하고 있습니다. 그 분석은 이제 130년인가 135년이 지났는데도 조리가 맞습니다. 그래서 저는 이 맥락에서 제씨 잭슨의 기획을, 적어도 그가 공언한 기획을 하위주체를 찬양하는 것과는 어느 정도 다른 것으로 읽었던 것 같습니다. 그는 적어도 자기가 제시하는 정치 강령에서 일종의 현장에서의 맑스주의의 원형을 정말로 시도하려 한다고 생각됩니다.

폴리그래프 선생님이 기술하신 것을 보면 그가 민주적 정당을 "사랑"하고 있다는 말씀이신지요?

스피박 알고 계시군요. 그리고 그는 자기 자신의 비판에 희생이 될 겁니다. 해체론이 그러하듯 말입니다. 제가 이해하고 있는 해체론적 형태론의 내부에서 보면 그것은 부정적인 표시가 아닙니다. 승리를 거둔 자는 패하기 때문입니다. 그리고 다른 한편으로 인간은 누구나 승리를 원하지 않을 수가 없습니다. 그렇지 않다고 말하는 건 우스꽝스럽지요. 인간은 그것을 실천할 때 이 점을 고려하지요. 그러므로 저는 제씨 잭슨의 숭배자입니다. 하지만 그가 하위주체성을, 또는 다원주의를 찬양한다는 뜻은 아닙니다. 저는 물론 투표를 할 수 없어요. 이 점은 쉽게 말할 수가 …… 제가 투표를 해본 적이 없다는 게 이해가 되나요? 제가 열아홉 살 때 떠났는데 말이죠. 그리고 인도에서는 대리 투표를 하지 못합니다.

폴리그래프 저는 선생님이 서기소(書記素) 구조(graphematic structure)

에 대해서 이야기 했을 때 흥미를 느꼈습니다. 저도 놀랐고, 청중들도 놀랐습니다. 선생님은 데리다의 주체개념으로 다시 중심을 맞추고 있었습니다. 맑스주의자들이 데리다에게서 영향 받았다면 중심에서 벗어난 주체라는 데리다의 개념이라고 말한 걸로 생각합니다. 그런데 선생님은 그것을 다시 중심으로 가져가고 있습니다. 저를 포함한 많은 사람들의 글읽기와 많은 사람들의 글읽기에서 데리다 작업은 대부분이 주체를 중심에서 벗어나게 하는 것입니다. 저는 거꾸로 뒤집어 놓는 데 호기심을 갖게 되었습니다.

스피박 저는 데리다에 있어서의 주체를 중심으로 다시 가져가지는 않았습니다. 해체론은 과오를 폭로하는 것이 아니니까요. 데리다가 "이성중심주의는 병리학이 아니다"라고 말하고, 이제 제가 그것을 인용하는데 우리에게 힘을 실어 줍니다. 그것이 우리에게 힘을 준다고 해서 우리가 그것이 옳다고 말하면, 그것이 잘못 될 경우 문제는 달라집니다. 이것이 데리다가 말하는 내용 전부입니다. 사실 데리다는 주체가 스스로를 중심에 두는 방식을 보고 있습니다. 그는 주체를 중심에서 벗어나게 하지 않습니다. 주체는 존재하고, 스스로 인식된 의도와 스스로를 동일시하지 않으면 안 됩니다. 그렇게 하지 않으면 안 된다는 사실은 있는 그대로를 기술하자는 말은 아닙니다. 그것이 중심에서 벗어나는 것과 중심에 놓이는 것과의 차이지요. 주체는 중심에 놓이는 수밖에는 다른 방도가 없습니다. 이성중심주의, 남근중심주의, 여성중심주의, 이 모든 것들이 힘을 실어 줍니다. 그리고 해체론의 기획은 데비의 「젖을 주는 여자」에 대한 제 논문에서 말한 바와 같이, 수사적 질문을 오해한 데서부터 시작됩니다. 그러나 주체가 중심에 놓여 있다는 사실은 이러한 종류의 보증할 수 없는 과오에서 비롯됩니다. 그건 주체가 중심에서 벗어날 수 있다는 걸 의미하는 건 아닙니다. 중심에서 벗어난 주체 같은 건 없습니다. 그런 건 없습니다. 만일 그렇다면, 만일 이미 그러했다면, 그 최초의 "yes"가 있었다면, 즉 주체의 자동 위치가 있다면 [……] 주체는 존재합니다. 주체는 그 자체에게 증식이라는 선물을 주지 않으면 안 되기 때문에 그 자체로 고유한 것입니다. 그래서 데리다는 주체를 마치 중심에서 벗어나게 하고 있는 것처럼 보고 있고, 글읽기란 사실 상당히 있을 수 있는 오독(誤讀)이며, 그러기 때문에 오독이 아닙니다. 왜냐하면 데리다는 주체의 필연적 중심을 묘사할 때, 존재할 수 없다하면서도 존재의 중심이라는 것을 가능케 하는 중심 근접성의 관점에서 묘사하고 있기 때문입니다.

『악의 꽃』과 『자본론』이 다 같이 세상에 나온 것은 1867년이라는 것을 우리는 잊을 수가 없습니다. 맑스주의가 『자본론』 제1권이라면 데리다는 『악의 꽃』이지요. 데리다가 분열에 빠져든다면 그것은 그가 주체를 중심에서 벗어나게 할 때입니다. 그는 어떠한 것도 중심에서 벗어나게 하지 않습니다. 그는 가능성에 대해서 말할 때 기술적입니다. 그래서 항상 잘못할 수 있다는 사실을 진지하게 받아들이지 않으면 안 된다는 것입니다. 데리다가 말한 것 가운데 하나는, 인간은 항상 잘못할 수 있다는 사실을 진지하게 받아들이지 않으면 안 된다는 것입니다. 그건 그저 수사적 몸짓이 아닙니다. 만일 그것이 수사적인 몸짓이라면 인간은 수사적인 몸짓을 진지하게 받아들여야 합니다. 데리다가 바라보고 있는 것은 주체가 어떻게 스스로를 중심에 두는가 하는 구조입니다. 그게 그의 비판이지요. 그러나 데리다가 "나는 계몽사상에 찬성도 반대도 아니다. 나는 페미니즘에 찬성도 반대도 아니다"라고 말하고 있는데, 여기에 뭔가 이상한 데가 있다는 말이 아닙니다. 이 말을 쓸모 있게 하고 교섭의 특별한 진술로서 읽을 수 있습니다. "저는 반제국주의자입니다"와 같이, 그렇지요, 누구나 그렇게 말해야지요. 하지만 다른 한편으로 저는 문화적 제국주의 구조물이므로 "오오, 나로 하여금 제국주의를 중심 밖에 두게 하라"하고 말하기 보다는 저는 그것과 교섭할 생각을 하고 있는 사람입니다. 라쉬미, 사실 선생님은 델리에서 그날 그 질문을 했었는데, 그때 저는 처음으로 페미니즘은 남근중심주의의 구조와 교섭을 하지 않으면 안 된다는 대답을 분명히 했습니다. 사실 우리에게 가능한 것은 교섭이기 때문이지요. 그래서 저는 중심에서 벗어난 주체를 특별히 중심으로 다시 되돌려 놓고 있었던 건 아닙니다.

폴리그래프 앞서 했던 이야기로 되돌아갑시다. 선생님은 여성학을 남근중심주의의 구조와 교섭하지 않은 것으로 보는지요?

스피박 그렇습니다.

폴리그래프 좋습니다, 제 질문은 실은 페미니즘과 여성학에 대한 따로따로 흩어진 기획에 대한 겁니다. 선생님은 이 기획들을 남근중심주의와 관련해서 어떻게 자리매김을 합니까? 그리고 교섭에 대해서는요?

스피박 양편이 다 같이 교섭을 해야지요. 방금 제가 말한 남근중심주의는 특별한 방식으로 페미니즘과 교섭을 하지 않으면 안 된다고 하는 저의 생각을 잊지 마십시오. 왜냐하면 남근중심주의가 한 일은……

폴리그래프 하지만 그게 뭘 하나요?

스피박 물론 하지 않지요. 그러나 제 말은 하지 않으면 안 된다는 거지요. 반면에, 남근중심주의는 정말 교섭을 하지요. 말씀드린 바와 같이, 대결주의적 인본주의 교육이 사라져 가고 있는 것으로 보인다는 사실, 그런 학회나 이름 있는 교수직이 인본주의 교육 그 자체에 구실을 주고 있다는 사실은 가치론 교육이 기술교육에서처럼 사라졌다는 것을 의미하지 않는다고 하는 겁니다. 마찬가지로 남근중심주의는 페미니즘을 따돌림으로써 페미니즘과 교섭을 하고 있습니다. 모든 교섭이 다 적극적인 것은 아닙니다. 오늘날 페미니즘은 남근중심주의에게 결정적으로 중요한데, 그렇지 않다고 선언함으로서 교섭을 하고 있는 겁니다. 남근중심주의는 페미니즘을 점유하고 있습니다. 선거 정치를 보세요. 만일 사람들이 페미니즘과 교섭하지 않았다면 "가족"의 문제점 등등과 관련해서 레이건 행정부가 과연 탄생할 수 있었다고 생각합니까? 데리다가 말한 바와 같이 해체론은 윤리적인 것과 비윤리적인 것, 이 두 가지 가능성의 길을 열어 줍니다. 우리가 교섭을 긍정적인 말로만 생각한다면 우리는 몇 가지 방식으로 교섭을 세탁하고 있는 거라고 저는 생각합니다. 물론 해체론은 페미니즘과 교섭을 하는 데 그것을 지적하는 것이 우리가 할 일입니다. 제가 식탁 예절로서 페미니즘을 강력하게 반대하는 이유도 "남성"보다 "여성"의 이름을 먼저 말하기 때문입니다. 남성이라면 여성을 위해서 문을 열지 마라, 여성들의 담배에 불을 붙여주지 마라라고 말입니다. 이런 것이 나빠서가 아니라 단순히 표면적일 때 페미니즘과 동일시되고 남성우위주의가 진짜 페미니즘처럼 될 수가 있기 때문이지요. 그게 교섭이 아닐까요? 제럴딘 페라로(Geraldine Ferraro)는 하나의 교섭이었지요. 어느 정도는 저 자신도 결백하지 않습니다. 저는 일종의 교섭이지요. 우리는 모두 교섭이 이루어지는 장소입니다. 제가 말한 바와 같이, 일반적 의미의 교섭이 제한된 의미의 교섭의 구조를 공공연하게 비난할 수 없다는 것은 아닙니다. 제가 교섭하고 있는 방식은 다른 사람과 꼭 같지는 않습니다. 그래서 어느 나라에 여성 수상이 있다고 해서 — 현재의 대영 제국이 그렇습니다만 — 그 사실이 페미니즘의 징표는 아닙니다. 그럼에도 불구하고 스리랑카를 망각하고 인도가 최초의 여성 수상을 가진 나라라고 주장하는 인도인을 사람들은 공공연히 비난 할 수가 있습니다. 그걸 말하는 것이 아닙니다.

폴리그래프 좌파에 기초를 둔 적극적 연합으로서의 이딸리아 자율주의 운동(autonomist movement)에 대해서 어떤 의견을 가지고 있습니까?

스피박 상황으로 보아 그건 매우 중요했다고 생각합니다. 그리고 잡지 『제로워크』(*Zerowork*)는 분명히 자율주의자들의 투쟁을 베트남 등과 관련시키려고 하고 있다고 생각합니다만, 미라피오리 폭동(Mirafiori riots)의 관점에서 뭔가 자본 논리 외부의 입장을 취했기 때문에, 그 운동은 잘못된 것입니다. 그러므로 갑자기 그것을 세계로 확대하기를 바라서는 안 된다고 생각합니다. 그것은 특이하고 강력했습니다. 선생님은 『맑스 이후, 4월』이라 불리는 마리 앙트와넷 니키오키(Marie Antoinette Nicciocchi)의 책을 읽었으리라고 생각합니다.

그 책에서 그녀가 하위주체의 정체를 밝히고 있는 곳은 광란의 1960년대를 상기케 하는 곳이며, 그런 점에서 그 책은 하위주체의 정체를 어디서 밝혀야 할 것인가 하는 문제로 되돌아온 것 같이 생각됩니다. 저는 프롤레타리아는 이론적 허구라고 생각합니다. 그건 프롤레타리아가 신체 이외에는 아무 것도 가진 것이 없는, 참을 수 없는 인간이라는 필연적인 방법론상의 가정입니다. 그렇지요? 프롤레타리아를 짐짓 꾸며내는 것은 절대적으로 필요합니다. 프롤레타리아를 귀화시키는 것은 절대적으로 위험합니다. 이는 고용 가능성이라는 문제의 외부에서 프롤레타리아를 정의하려는 것으로 방향을 뒤로 되돌려 놓는 것이지요. 고용 가능성의 범위 밖에서 프롤레타리아 모델을 확립하기 위해서, 맑스가 되풀이해서 말한 바와 같이 방향을 뒤로 돌려놓은 것은 아닙니다. 하지만 귀화한 그룹의 일원이라고 주장하는 것은 정치적으로 유해합니다.

폴리그래프 이 경우 누구나 고용 가능성에 대해서 말할 수 있지만, 우리는 역시 고용 가치가 있는 계급의 재생산에 대해서 말하지 않으면 안 됩니다. 앞서 입에 오른 범주가 분류된 것은 노동계급의 재생산이라는 개념에 의한 것입니다. 예를 들어, "가사노동 그룹을 위한 임금"에서는 진공기로 마루를 청소하는 새로운 노동자를 만들어 내지만 기술적으로 고용되지 않은 가정부임을 대변하고 있습니다.

스피박 그렇습니다. 제가 말한 것처럼 그것은 상황에 의한 해결이며 저는 그에 대해서 아무런 이의도 없습니다. 하지만 상황적인 해결이 이론적 해결로서 이론화 되었을 때는 문제가 있는 것으로 보입니다. 다음엔 임금 노동에 일종의 권위를 부여하는데, 그건 하위주체에 대한 우리의 토의와는 성격이 맞지 않습니다.

폴리그래프 이 질문은 인도에서의, 또는 인도 정황에서의 정신분석학에 대한 것입니다. 최근 한 수업에서 우리는 정신분석학에 대해서 이야기하고 있었는데, 거기에 두 세 명의 중국인 학생이 있었지요. 그들은 무의식에 대한 정신분석학적 모델이 사실상 중국적 정황에 적용되지 않을 것이라고 말했습니다. 우리는 주체성에 대한 프로이트와 라깡식 모델의 문화적 배경을 전반적으로 문제 삼고 있었습니다. 선생님이나 라쉬미가 인도인의 시각에서 이에 대해서 좀 말할 수 있습니까?

라쉬미 저는 인도 여성으로서 주체성 모델은 가지고 있지 않다고 믿고 있습니다. 성욕을 동일하게 보아 온 것이 아니라고 하는 스피박 교수의 말은 맞는 말로 생각됩니다만, 무엇이 이용할 수 있는 모델인가는 전혀 확신할 수 없습니다. 그것은 여성운동에서 다루어지지 않고 있는 큰 문제이지요.

그건 또 어떤 점에서 이 급진적 페미니스트 그룹이 정치 영역에 매우 의미 있는 침입을 하고 들어가 이 나라에서 일어나고 있는 것에 대한 매우 유물론적인 분석을 했다는 것을 말하기도 합니다. 그래서 인도의 많은 여성들에게 그것은 패권적 지배에서 벗어나는 한 방식이었습니다. 그리고 인도의 남성 맑스주의자는 완전히 유해한 방식으로 페미니스트들이 말할 수 있는 것을 통제하고 또 그녀들이 할 수 있는 일에 제한을 크게 가했기 때문에 각각 다른 운동을 갖는 공간이 되었지요. 정치의 주류에 침입해 들어간 여성에 대해 말하는 잡지를 확보할 수 있었습니다. 그래서 지금은 주류 남성 맑스주의자들이 마누쉬(Manushi)가 행한 일과 그녀가 제기한 쟁점을 인정해 가고 있습니다.

스피박 저는 한 가지 점에서 선생님에게 동의하지 않습니다. 선생님이 인도의 남성 맑스주의자를 유해한 변종으로 이야기할 때 약간 설명되지 않는 데가 있습니다. 인도의 기성 좌파는 『하위주체 연구』에 반대하고 있습니다. 그래서 남성이라는 문제는 그렇게 대단한 것이 아닙니다. 어떤 점에서 우리는 "생식기주의자적 본질주의자(genitalist essentialist)"가 됩니다. 우리는 역시 맑스주의가 급진주의자의 사치스런 요구를 이야기 하지 않고 있음을 알지 않으면 안 됩니다. 그 나라는 17개의 선거 정당과 세 개의 좌파, 또는 좌파 연립의 정부가 있습니다. 아시아 맑스주의에 보다 중요한 것은, 모든 것을 계급투쟁 형성에 맞추려고 하는 것 보다 위기 이론입니다. 그리고 그것은 어느 정도까지 인도에 있어서 정당 노선을 취하는 맑스주의의 경우, 문제가 됩니다. 하지만 선생님이 말한 바와 같이, 여성운동은 단일 쟁점과 동일시되지 않고 있습니다. 그것은 좋건 싫건 현장에서 맑스주의자의 존경을 얻었습니다. 이는 사실 실행 가능한 맑스주의 전통이 없는 곳에서 맑스주의를 남성의 것으로 추방하는 것과는 매우 다릅니다.

미국 공산당 잡지인 『정치적 제문제』(Political Affairs)에서 "우리는 흑인문제를 제기하고 남성 동성애자의 문제를 제기하고 여성 문제를 제기하지 않으면 안 된다"는 내용을 대할 수 있습니다. 다시 말해서 맑스주의를 백인 남성과 동일시하고 있어요. 맑스주의자 동맹이라고 하는 매우 이상한 것이 생겨났던 수 년 전에 저는 스탠리 아로노비츠(Stanley Aronowitz)와 이에 대한 이야기를 했습니다. 이 맑스주의자 동맹 사람들은 유해한 사람들이 아닙니다. 개개인을 그런 식으로 지목해서는 안 되지요. 그들은 생산 내러티브 양식에 대해 명확한 태도를 가지고 있어요 …… 프레드[제임슨]도 그렇지요. 그건 유해하다는 것과는 별개의 것이지요. 그래서 남성 맑스주의자는 유해한 변종이라고 선생님이 말했을 때, 이는 우리가 신좌파에 발판을 두고 있을 때 그 사람들이 얼마나 보기 흉한가에 대한 모든 불만으로 들립니다.

라쉬미 그들은 역시 여성 투쟁을 가장 잘 받아들이는 청중에 속하며 전략적 관점에서 반대한다 해도 여성운동의 텍스트의 독자로서 공감대를 갖고 있습니다. 페미니즘은 그 자체의 이론가를 갖지 못한 관점에 반동적이라고 말할 수 있을까요? 알튀세르, 해체론은……

스피박 하지만 페미니즘이 왜 자율적이어야 합니까, 라쉬미 선생님? 그것은 토착 전통의 연속성을 찾는 것과 같습니다. 제 말은, 우리가 흑인의 이론을 왜 가져야 하는지 모른다는 것뿐입니다. 그리고 최근의 한 대담에서 "토착적 이론의 한 실례를 들어주십시오"하고 사람들이 계속 요구하자 그들이 유일하게 내세울 수 있었던 것은 "간디의 절충주의" (Ghandhian syncretism)였어요. 이것이 문화적 제국주의 구조와 교섭을 하는 것이 아니라면, 제 이름이 땅에 떨어질 수밖에요. 도대체 왜 우리는 순수주의자의 입장을 위해서 있을 수 없는 비역사적인 추구를 하지 않으면 안 될까요. 그건 극단적인 비유물론적인 것이지요. 의심을 받고 있는 것은 자율성이 아닐까요? 가부장제는 페미니즘과 교섭을 하고 있으며 그 자체를 자율적이라고 부르지요. 선생님은 무의식에 대한 질문에 대답을 했던가요?

폴리그래프 글쎄요, 인도의 정황에서는 좀 적절치 못하다고 했지요.

폴리그래프 그건 주체성에 대한 토착 이론은 아니었을까요?

스피박 무의식을 급진적 타자성을 단정하는 것으로, 즉 [내안의 [그것으로 단정할 때 중국인이건 또는 안다만 제도에서 온 사람들이건 문제가 안 됩니다. 문제는 그것이 언어처럼 구조화되었다고 말할 때입니다. 은유와 환유처럼 구조화되었을 때, 모든 것은 엉뚱한 방향으로 가게 됩니다. 한편, 라깡은 결국 「야콥슨」("a Jacobson")이란 글에서 그건 유럽의 언어들처럼 구조화되어 있지 않다고 말했습니다. 그래서 타자성의 문제에 대해서 연구 대상으로 삼을 수 있는 것이 있습니다.

폴리그래프 우리는 원초적 인간에 대한 프로이트의 이론적 허구에서 라깡으로 옮겨가고 있습니다. 정신분석학적 모델의 주체는 전지구적으로, 보편적으로 적용이 될 수 있을까요 아니면 유럽 중심적인가요?

스피박 그건 어느 모델인가에 달려 있지요. 적용되고 있는 모델은 일반적으로 자아의 정신분석학입니다. 나이폴(V. S. Naipaul)은 그것은 적용할 수가 없다고 쓰고 있는데, 그는 인도 등의 아시아 대륙에서는 문제가 된다고 생각했습니다. 수디르 카카르(Sudhir Kakar)는 인도에서는 아주 널리 알려진 정신 분석학자인데, 그는 더 진보적인 인도식의 색다른 치료법의 다양성에 관해서 매우 선의의 의도를 갖고 훌륭한 신식민지에 관한 책을 썼습니다. 그것은 야만 정신과 같은 것이며 그 치료법의 다양성은 정신분석학과 마찬가지로 놀라운 것입니다. 다만 그것이 같은 제도상의 역사를 가지고 있지 않기 때문에 오류추론를 권장하고 있는 것 같다는 제 이의 제기만 빼고요 …… 그건 선생님이 질문한 것이 아닙니다. 그것은 적용이 될 수 있을까? 그건 적용이 되어 왔지요? 제가 말했던 인식론적 폭력입니다. …… 우리는 정신 분석학적인 것을 연구대상으로 하고 있습니다. 쟁점이 되는 것은 규범으로서 이 정신 분석학적인 것에서 제도화된 역사적 내러티브는 무엇이었는가 하는 것입니다. 정신 분석학이 그 고유의 이름을 잃고 대중 심리학이 될 때입니다. 사람들은 사실 현재하고 있는 것이 무엇인가를 진단하고 그들 자신의 생활의 의미를 이해합니다. 그 다음에 저는 토착의 주관적 이론이란 점에서 선생님이 말하고 있는 것에 마음을 쓰지 않습니다. 그것은 응용할 수가 있어요. 그래서 마누쉬가 가부장적 영화를 분석할 때 눈 가늠자로 사용하고 있는 것은 대중 심리학입니다. 그러므로 선생님이 프로이트와 라깡을 어떻게 생각하든지 간에, 그것은 적용할 수 있습니다.

신역사주의 : 정치적 논평과 포스트모던 비평가

12장

신역사주의 : 정치적 참여와 포스트모던 비평가

해롤드 비이서(Harold Beeser)와 가야트리 스피박의 대담은 비이서의 편집으로 『신역사주의』(*The New Historicism*)에 처음으로 발표되었다(New York : Routledge, 1989).

1986년 12월, 위의 주제에 대한 포럼에서 제 몫을 하기 위해 해롤드 비이서에게 몇 통의 메모를 보냈습니다. 1988년 5월 비이서와 저는 긴 전화 통화를 했습니다. 그는 캔자스주에, 저는 캘리포니아주에 있었지요. 여러분이 다음에 읽게 되는 것은 머리에 나온 표제와 함께, 두 개의 기록을 가벼운 마음으로 편집한 것입니다. 위에서 공표된 주제의 내용은 다음과 같은 상황에서 기획되었습니다. 첫째, 이 포럼 자체와 둘째, 프랑스 문화 연구가들의 토론 — 친 라깡파와 반 라깡파의 정신 분석가들, 데리다, 그리고 한 "해체론적인" 정신분석가 — 입니다. 최근 출판된 엘리자벳 루디네스코(Elisabeth Roudinesco)의 『백년 전쟁 : 프랑스에서의 정신분석학의 역사』(Paris : Seuil, 1986) 제2권(1925~1983)에 대한 프랑스 사람들의 토론을 듣고자 잠시 프랑스에 다녀왔지요. 그 토론의 내용은 프랑스의 과거 30년 동안의 지적·문화적 정치의 관점에서 논의되었습니다. 셋째, 제가 뉴델리와 캘커타에서 8개월 동안 가르친 일입니다. 본의 아니게 눈에 띄는, 외부에서 온 후기구조주의자, 맑스주의자인 시골 여성이 정치적 정체성의 문화는 물론, 문화적 정체성의 정치에 휘말려 들었던 것입니다. 넷째, 드 만의 젊은 시절의 저작이 밝혀진 일, 다섯째, 맑스의 천 페이지에 이르는 논문에 대해서 피츠버그의 매우 능동적인 학생들과의 긴 세미나, 여섯째, 제게 새롭고 보다 자상하게 가르쳐 준 스탠퍼드 대학에서의 활기찬 반 학기, 다시 한번 강의실에서의 연구 대상으로서 "제3세계"(이 말은 아시아인으로서의 저에게는 1955년의 반둥회의에서의 말이 다시 되살아납니다만)의 (여성)인간을 구축할 경우의 해체론의 맑스주의의 유용성입니다 ― 결국 우리는 가르치는 사람들입니다. 그러나 여기 인쇄된 두 기록물은 서로 별로 다르지 않은 것 같습니다. 저는 해야 할 일을 공치사로 바꿔치기하고 있습니다만, 그렇게 되는 것이 제게는 적절한 것 같습니다. 인문과학의 학문적 운동의 직접적인 정치학은 정말로 강의실에 있습니다. 장기(長期) 정치는 발표된 증거와 발표되지 않은 증거에서 미래에 의해 구성되고 판단됩니다. 어떤 학문이건 가장 야심적인 희망은 제가 기술하는 간격 같은 것이 아무리 분명하지 않을지라도 "발표되지 않은 증거"로서 변함없이 지속되리라는 것입니다. "사상은 …… 텍스트의 공백 부분, 즉 차연의 미래의 획기적인 시대에 대한 필연적으로 미결정적 지표"(데리다, 『그라마톨로지에 대하여』 스피박 역. Baltimore : Hopkins, 1976, p. 93), 즉 그 미래는 필연적으로 "우리의" 텍스트와는 다르고, 그 미래는 또 하나의 다른 괄호로 묶는 미래를 향해서 필연적으로 그 텍스트를 차연하고 있는 것이라고, 그것을 해석함으로써 "우리의" 텍스트에서 "우리의" 사상을 괄호 안에 묶는 미래입니다.

나는 내가 늘 말하는, "직접적인 경우를 투명하게 하지 말자"라는 말을 할 것이다. "우리는 지금 여기서 무엇을 하고 있는가?"하는 것은 해체론에는 중요한 질문이다. 그 질문은 데리다에게 강하게 침투되어 있어 특정한 한 구절을 인용하는 것은 무용한 일이다(이에 대해서 말하는 것에 따르는 분명한 문제가 중요하지 않다는 것이 아니라, 현재의 경우에는 이를 아마 선반 위에 올려 두어야 할 것이다. 해체론에 관점에서 보면 이것은 사람들이 뭔가 말할 때 따르는 문제이다).

"우리는 지금 여기서 무엇을 하고 있는가?"라는 문제로 되돌아가기 위해서 나는 본 줄거리를 벗어나 다음의 문제를 고찰할 것이다.

1. 현실적인 정치참여에 대한 토의가 아니라 모더니즘, 실제로 사르트르의 휴머니즘의 전후비평을 좇아 정치적 참여에 대한 담론을 내놓는다면, 학생들과 동료들이 우리를 구식으로 여기지 않을까하는 두려움에 대해서 우리는 논하고 있다(이것을 피하는 한 방법은 하버마스(Habermas)를 따르는 것이지만, 이 공개 토론에서는 어느 누구도 그렇게 하지 않는다.)

해체론을 글로 쓰고 가르침으로써, 아니면 모더니즘과 근대화에 관해 비판적 입장에 사로잡혀 있으면서 필연적으로 정치적 행동주의에 휘말려들 수 있는가 하는 것은 별개의 문제로, 이번 기회에는 별 관심거리가 아닐 것이다. "역사"에 대한 쟁점은 상황에 따라 보다 큰 정치무대에 등장하지만 문학비평 학파의 전문적 역사주의와는 별로 관계가 없다.

2. 이 두려움과 불안 때문에 우리는 포스트모더니즘과 후기구조주의를 융합하려는 경향이 있다. [극단적 사례를 보이기 위해서 브라이스 워크터하우저(Brice Wachterhauser)의 『해석학과 근대 철학』(Albany : SUNY Press, 1986)의 50쪽과 마지막 장의 "해석학과 포스트모더니즘" 에서 인용하겠다.] 이는 최근과 이후의 인과의 허위(post hoc) 현상이다. 여기에는 융합(conflating)이 포함되어 있다.

료타르 : 거대 내러티브를 정당화할 프로그램은 사멸했다. 따라서 "오류추리"(paralogy)는 ("혁신과 구별하지 않으면 안 된다 …… [새로운 형식과 방법의 원천이 되는] 형태 형성((m)orphogenesis) …… 규칙이 없는 것은 아닌데 …… 하지만 …… 항상 지역적으로 결정된다" (료타르, 『포스트 모던의 조건』(Bennington and Massumi, Minnesota, 1984, p. 61). 포스트모던의 실용론에 의해 정당화된 사회주의/맑스주의의 사례를 위해서는 에르네스토 라끌라우(Ernesto Laclau)와 찬탈 무페(Chantal Mouffe)의 『헤게모니와 사회주의 전략 : 급진적 민주정치를 향해서』(London : Verso, 1985)와 스티븐 레스닉(Stephen A. Resnick)과 리처드 울프(Richard D. Wolff)의 『지식과 계급 : 정치 경제학에 대한 맑스주의자의 비판』(Chicago : Univ. of Chicago Press, 1987)을 참조.

제임슨 : 모더니즘에 대한 열의는 시대착오다. 그래서 개별 주체를 위한 인식의 지도 작성은 그에게 지정학(地政學)에서의 그의 위치와 문화 현상의 위치를 보여주고 있다.

푸코의 "저자란 무엇인가?"(『지식의 고고학』과 마지막 대담의 푸코는 둘 다 여기서 잊혀지고 있다).

바르트의 초기의 거친 기호론(기호론을 파괴하고 또 기호론으로 기울어진 바르트는 무시되고 있다).

이 합성물은 막연하고 낡은 신비평이란 모습으로 변모하고 우리는 역사의 상실, 비평과 형식의 전경을 전면에 내놓는 것, 그리고 (가끔 주체라고 불리는) 저자의 위상을 떨어뜨리는 것을 한탄하고 있다. 다음에 이것은 결국 데리다에게로 가는 원인이 된다. 데리다는 특정한 방법으로 신비평에 새로운 생명을 불어넣었다. [노스 애틀랜틱 웨이(the North Atlantic Way)의 지지자는 — 신실용주의(로티)이건, 네오 뉴크리티시즘(렌트리키아)이건 간에, 이에 반대하겠지만 말이다. 데리다는 역시 죽은 자들, 또는 중심에서 벗어난 주체에 대한 내러티브를 쓴 것으로 생각되고 있는데, 그는 역사란 부질없는 것이며, 모든 것은 언어라고도 말하고 있다. 시간이 허락한다면 나는 (해설은 물론 인용을 해가며) 이러한 것들이 해체론의 태도에 필연적으로 함축되거나 지지를 받는 입장이 아니라는 것을 보여주고 싶다. 이 입장표명의 논문을 위해서 대담하게 다음과 같은 좀 신비적인 진술을 하는 것으로 족할 것이다 :

해체론의 주체에 대한 하나의 논점은 이와 같다. 주체는 언제나 중심에 놓인다. 이 중심에 놓인다는 것은 결정적인 것으로서만 판독될 수 있는, 미결정의 경계 내에서 떠받쳐진 "효과"라는 것을 비평가는 끈기 있게 주의하지 않으면 안 된다. 어떠한 정치도 이 문제에만 매달릴 수는 없다. 그러나 정치 분석이나 기획이 이것을 망각한다면 정치는 반복 대신에 분열을 선언하는 위험을 무릅쓰게 된다 — 다양한 원리주의에 그 자체를 응결시킬 수 있는 위험이다.

이 맥락에서 맑스주의에 대해서 말하라는 요청을 받으면 나는 남부 MLA에서 말했던 맑스의 몇 구절을 반복해서 읽지 않을 수 없다.

내가 그것을 더욱 발전시킬 만큼 충분한 시간은 지나지 않았다. (피츠버그대학에서의 맑스에 대한 세미나가 이를 바꾸어 놓았지만 그 작업은 진행 중에 있다.) 여기에 어떤 관심이 있다고 한다면, 나는 이점에서 마이클 라이언(Michael Ryan)의 입장과 구별할지도 모른다. 왜냐하면 최근에 바바라 폴리(Barbara Foley)와 테리 이글튼, 둘 다 우리의 입장을 동일한 것으로 말을 했기 때문이다.

3. 그래서 내 판단으로는, 2항은 1항에서의 두려움과 불안에 의해서 생긴 것이다. 나는 2항에 대해서 몇 마디 분석적인 언급을 할 것이다.

   a. "정치"는 여기에서 세력 싸움을 우의적으로 나타낸 것이다.

   b. "역사"는 여기에서 상징적 의미로 가득 찬 말의 오용이다. [캐터크레시스(catachresis) : "말의 부적절한 사용, 어떤 사물을 적절하게 표현하지 않은 말을 사용하는 것, 글의 꾸밈과 은유를 오용하거나 악용"(OED). 나의 사용법 : 적절한 문자 그대로의 지시어의 대상이 없는 은유, 마지막 단계에서는 모든 은유와 모든 이름을 위한 모델].

   c. "신"역사주의는 여기서 기본적으로 폭스-제노비스(Fox-Genovese)와 라 카프라(La Capra)에 동의하는 잘못된 명칭이다. "낡은" 관념론/유물론의 논쟁. 시간이 허용하면 스티븐 그린블랫(Stephen Greenblatt), 조나단 골드버그(Jonathan Goldberg), 상드 코헨(Sande Cohen)에 대해 논평. [실제로 나는 상드 코헨의 『역사적 문화 : 학문분야의 재규범화에 대해서』(Berkeley : U of California P, 1986)만 논의하였다. 그 서문의 정치적 기대는 니체의 『역사의 사용과 오용』에 크게 신세를 지고 있는데, 부득이 이 책의 본문에서는 인상적인 이론상의 나열로는 수행할 수 없다는 것을 지적하

였다. 여기에 우화가 있을까?]

4. "우리는 지금 여기서 무엇을 하고 있는가?" MLA 1977~86년 학회에서의 해체론 후려치기에 대한 즉석에서 했던 요약의 반복. 그것은 어떻게 이루어져야하는가, 어떻게 이루어져서는 안 되는가. 탈근대성에서 "지식은 힘이다"라는 정보지배로의 방향 전환과, 고급 인문과학 교육, 또는 고급 인문과학 교육체제로의 대중적 전용은 평범하고 진부해졌다. 이러한 비통한 한계 내에서 인문학계의 특정 정치의 최저 공통분모는 어떤 것이 될 것인지. 왜냐하면 "오류 추리"는 이 점에서 실행 불가능하거나, 어쩌면 지나치게 실행 불가능할 것이다(이 마지막 점에 대한 토의를 하는 데는 분명 시간이 없을 것이다).

비이서 신역사주의와의 관계에서 선생님은 선생님 자신을 어떻게 자리매김을 하고자 합니까?

스피박 제가 해체론 대 신역사주의에 대해서 무슨 말을 하건, 그것은 일종의 공허한 메아리에 불과합니다. 제가 언급하고 있는 것은 1987년 5월 캘리포니아 어빈대학에서 개최된 학회를 가리키는데, 저는 거기에 참석하지 않았습니다. 데리다 자신도 학회에서 짐작했겠지만, 신역사주의와 해체론 간의 싸움은 버클리와 어빈, 버클리와 로스앤젤로스 사이의 헤게모니 싸움으로 범위가 좁혀졌습니다. 저는 신역사주의에 대해 별다른 입장을 가지고 있지 않습니다. 자의건 타의건, 저는 그 세력권에 속해 있지 않기 때문이지요. 저를 점점 더 변칙적 존재로서 생각하는 대부분의 사람들은 이를 인정하고 있다고 생각합니다. 저는 진짜 맑스주의 문학비평가가 아닙니다. 프레드릭 제임슨은 다르지요. 저는 실은 해체론자도 아닙니다. 왜냐하면 그 지나치게 세심하면서도 유희적인 [문학비평]이나 학구적이면서도 대담한 [철학] 읽기를 할 수 없기 때문입니다. 또 저는 대표적인 페미니스트 집단에도 들어 있지 않습니다. 유물론 비평이라면 당연히 반영해야 할 방식을 제가 하지 않는다고 하는 파들도 있습니다. 그건 저한테는 너무 가까운 문제여서 그에 대해 말을 하게 되면 잡담부터 시작할 겁니다. 여하간 저는 신역사주의를 해체론에 반대하기 위해 대비된 일종의 학문상의 과대선전으로 보고 있기 때문에, 이 점에서 저를 자리매김하기가 힘듭니다.

비이서 실은, 선생님께서 주변적 존재라고 하는 규정이 선생님을 특별히 중심적 인물로 만들어 놓았습니다. 다른 맥락에서 말씀하신 바와 같이, 선생님은 주변부와 중심부 사이를 왔다 갔다 하면서 도전해왔습니다. 선생님이 하는 일은 어떻게 가능하였는지, 또 현재 일어나고 있는 상황을 오래 전부터 시사해오셨는데, 그게 어떻게 가능했는지요? 제 뜻은 문학비평 담론에 역사를 삽입한 걸 말하는 겁니다.

스피박 주변성에 대해서 말입니다만, 제가 몇 년 전에 쓴 「문화에 대한 설명」은 제가 있어야 할 위치를 찾게 해준 미국의 학문적 페미니즘의 강력한 영향을 받아 쓰였습니다. 그러나 그것은 다른 위치와 마찬가지로 제가 오래 머물 만한 위치는 아니었습니다. 그래서 이제 약간 다른 방식으로, 주변이란 개념-은유를 바라보고 있습니다. 점점 더 많은 사람들이 제게서 매우 편리한 주변적 존재를, 그것도 뚜렷이 드러난 주변적 존재를 발견해 왔는데, 이는 물론 제가 정치적으로 매우 곤란한 처지에 있다는 걸 알아차리게 했습니다. 이점에 대해 생각하면서 저는 주변이란 개념-은유를 관찰한 결과, 옛날에는 주변(marginalia)이 사실상 오히려 중요했다는 것을 깨닫기 시작했지요. 근대 이전에는 본문비평이 주변성에 많은 관심을 보였습니다. 서양의 초기 인쇄 문화에서는 문장의 일 절 또는 몇 절이 이른바 논증으로 쓰여진 것은 여백(margins)에서였습니다. 그러므로 은연중에 중심에 가치를 두고 있는 주변성에 대한 현재의 개념을 저는 없애버리고 싶습니다. 그러한 제 입장은 비평가가 반드시 지니고 있는 기본적인 비난조의 입장으로 혼자서 정한 것이지요. 저는 제가 현재 발견한 이런 종류의 주변성을 다시 만들어 냈으면 하는 것이지요. 그러면 여러 가지 싸움에서 벗어나는 겁니다. 저는 중심에서 벗어나는 계기로서가 아니라 단순히 하나의 위기로서 그것을 다시 만들었으면 해요, 제 말 아시겠죠. 저는 주변/여백을 그런 식으로 생각합니다. 단순히 중심에 대립하는 것으로서가 아니라, 중심의 동조자로 생각하는 거지요. 왜냐하면 제가 주변적 존재로 규정되어야 한다는 것은 매우 괴로운 일이기 때문입니다. 주변적 존재를 찾아낼 수 있기를 사람들이 열망하지 않는 한, 어떻게 해서 그런 정의가 있을 수 있는지 저는 도저히 모르겠습니다. 그리고 진짜 주변의 문제에 관한 한, 요즈음 갈수록 제가 더 자주 듣는 것 중의 하나는, 벵골 사람들은 (저는 벵골 사람입니다) 제가 마하스웨타 데비와 어떤 관계를 갖고 있는 것을 별로 좋아하지 않는 겁니다. 제가 벵골말로 된 그 사람의 소설을 번역하고 있거든요. 벵골 사람들이 제가 하고 있는 일을 좋아하지 않는다고 해서 특별히 곤란한 건 없고 오히려 거기서 교훈을 얻을 수가 있습니다. 응구기 와 씨옹오 (Ngugi Wa Thiong'o)는 그의 매우 중요한 저서인『정치에 있어서의 작가들』에서 문화에 종사하는 사람들에게 절대적 요구를 하고 있습니다. 그 요구란 토착 부르주아와의 제휴를 끊으라는 겁니다. 주변부의 진정성, 저를 "제3세계"의 대변자로 규정하는 것은 인도에서의 저와 같은 계급의 사람들이 제가 하고 있는 일을 그렇게 좋아하지 않는다는 사실에 의해 허물어지고 맙니다. 저는 그런 의미에서 주변부의 대표자도 아닙니다. 이와 같이 주변부의 개념-은유를 주변부 역사의 관점에서 차츰 더 생각하게 되었습니다. 즉 논증을 위한 장(場), 비판적 계기의 장, 저의 앞서의 논문에서 시사한 바와 같이, 중심의 이동이라기보다는 주장을 위한 이해관계의 장이란 관점에서지요. 하지만 선생님은 역사를 문학비평에 삽입한 것에 대해서 질문하셨지요. 역사는 대부분의 기본어들과 마찬가지로 문학과 충분한 관련이 없는 말 같이 보입니다. 사람들이 역사에 대해서 말할 때 이 적절한 이름은 일반적으로 입에서 거침없이 나오지 않습니다. 아니면 역사라는 이름이 입에서 나온다 해도 우리가 흔히 말하는 역사와는 다른 것입니다. 만일 제가 하는 일을 역사에 삽입하게 된다면, 그것은 언어의 오용(catachresis)으로서의 역사에 삽입하는 것이지요. 식민지를 벗어난 공간의 경우, 그 공간이 정치적으로 권리를 주장하고자 하는 것, 이를테면 국가 형태, 시민권, 모든 이러한 개념의 실제적이면서도 문자 그대로의 역사는 이러한 공간에서 쓰이지 않습니다. 물론 문화부가 강력히 지지하는 민족성에 대한 이야기는 있습니다. 그러나 실제적으로 말하자면 이 공간들이 원하는 것은 고유의 이름에의 접근입니다만, 재생산의 내러티브를 뭐라 부른다 하더라도 그 이름에 대해서는 사실상 문자 그대로의 충분한 기준이 없습니다. 그래서 제 경우 역사가 문학비평의 구성 요소가 된다면 물질성에 대한 진짜 핵심으로서가 아니라, 분명히 언어의 오용으로서 그렇게 된 겁니다. 제 말을 이해하셨는지요.

비이서　마하스웨타 데비의 내러티브(『다른 세계들에서』, 222~68쪽)의 특수한 맥락에서 선생님의 「저자 자신의 읽기 : 주체의 위치」란 제목의 장이 있습니다. 이 장에서 마하스웨타는 인도에서의 영국의 식민지 억압에 대한 한 내러티브로서 자기 자신의 우의적 읽기를 제시하고 있습니다. 선생님은 흥미롭게도 이 작가의 위치를 많은 사람 가운데 그저 하나의 위치로서 주변화 하고 있습니다. 그러니까 선생님은 마하스웨타의 탈출에 대한 의식적으로 의도된 내러티브를 배제하는 겁니까? 만일 그렇다면, 이 이야기에 대한 선생님의 보다 복잡한 읽기는 선생님의 면밀한 이해관계를 받아들여 제휴하고 있다고 확언한 하위주체에게 어떠한 이점(利點)을 제공해 주고 있습니까?

스피박 마하스웨타가 제게는 만족스럽지 못한 우의적 읽기를 제공해주고 있다 해도, 이 여성은 인도인이고 그녀를 괴롭히는 자들은 영국인이라고 잘못된 생각을 하는 읽기는 아닙니다. 그래요. 이건 낡은 이야기지요. 사실 그녀가 본 것은 포스트식민 공간 내에서의 억압 구조지요. 이 내러티브는 보다 큰 제3세계에서의 신식민주의 하에서 하위주체에 대한 억압에 실제로 휩쓸리고 있는 토착 엘리트와의 우연한 만남으로 바뀌었습니다. 끝까지 읽어보면 마하스웨타의 탈출에 대한 내러티브는 선생님 말씀처럼 제가 그것을 수정한 방식으로 물론 수정되었는데, 이것은 이곳 미국 대학의 학자로서 저의 저서와 반대되는 인도의 저서는 아닙니다. 제가 주장하려고 하는 것은 이겁니다. 사실 저는 친구 헨리 루이즈 게이츠(Henry Louis Gates)에게 단순히 미국 흑인이 기대를 거는 전통으로서 아프리카의 영향이 아니라, 이전의 영국계 아프리카 지식계급에 대한 F. R. 리비스(Leavis)의 영향에 대해서 말해 달라고 부탁했습니다. 마하스웨타의 작품은 역시 식민지 작품으로, 말하자면 리비스, A. C. 브래들리(A. C. Bradley), 레이몬드 윌리엄즈(Raymond Williams), 얼마간의 미국의 신비평, 아마 자연스런 읽기의 방법으로서 이 모든 것을 한 군데 합쳐 놓은, 무의식적인 혼합물입니다. 왜냐하면 우리는 결국 인도에 대해 역사가 있는 하나의 장으로서 이야기하고 있기 때문입니다. 문학의 개념이나 문학의 읽기가 제가 비판하려고 하는, 바로 기계적 절차를 통해서 생산되는 것 말입니다. 그래서 마치 진정한 목소리로서의 마하스웨타와 미국의 학구적 독자로서의 제가 대조를 이루고 있는 것 같지만 사실 그렇지 않습니다. 마하스웨타 자신도 영어 교사였지요. 그래서 우리가 고찰하는 것은 서로 다른 두 종류의 독자를 염두에 둔 작품입니다. 하나는 인도인으로서 이해하도록 이상하게 바꾸어 놓은 구영국의 식민지 산물입니다. 마하스웨타는 그녀의 글에서 그 질문을 할 수 있습니다. 그녀는 독자로서 그 작품에서 그것을 실제로 행하고 있습니다. 그리고 아주 다른 독자로서의 작품은 그에 대해 비판적입니다.

다음 사항으로 가서, 선생님은 제가 하위주체와 연대를 선언하고 있다고 말합니다. 저는 그렇게 생각하지 않습니다. 하위주체란 엘리트가 아닌 사람들이지만, 이런 종류의 이름에 따른 곤란함은 누구나 어떤 정치적 관심을 갖고 있으면 그 이름이 사라질 것을 희망하고 그 이름을 붙인다는 것입니다. 계급의식은 그 계급의 소멸을 위해 있다는 것입니다. 우리가 정치적으로 알고 싶은 것은 그 이름이란 있을 수 없다는 것입니다. 그러므로 제가 관심을 갖는 것은 우리들 자신을 하위주체의 명명자로 보는 것입니다. 만일 하위주체가 발언할 수 있다면 고맙게도 하위주체는 더 이상 하위주체가 아닙니다.

비이서 어떤 역사주의자의 경우, 자신의 정체를 밝히는 제스처가 공모관계를 감추는 은폐물이 될 수 있습니다. 선생님은 어떤 식으로 선생님 자신의 "관심의 양심선언"을 다른 종류의 승인으로 이해하고 있습니까?

스피박 해체론적 형태론의 양단에는 베르너 하마처(Werner Hamacher)의 말을 빌리자면, 시간을 벌기 위해 교묘히 답변을 피하는 수법이 있습니다. 여기에서 해체론에 대한 관심이 야기됩니다. 첫머리에서의 그 수법을 차연이라 부르고 끝머리에서의 그 수법을 논리적 난점(aporia)이라 부르지요. 이것은 해체론의 기획이 환영을 받아 온 제도화된 공간에서 누구나 논의할 수 있는 초점입니다.

저는 첫머리와 끝머리에서의 이렇게 교묘히 발뺌을 하는 수법의 결정적인 중요성을 인정하기는 합니다만, 저의 관심은 훨씬 더 그 중간부에 있습니다. 중간부는 잘못을 통해서 뭔가 실천 같은 것이 나오는 곳입니다. 인용문 안에 있는 "잘못"이지요. 이 잘못은 그와 대조되는 뭔가 "공정한" 것에서 끌어낼 수 없기 때문입니다. 저는 데리다도 이 문제에 역시 흥미를 가지고 있다고 봅니다. 몇 년 전에 『아트 페이퍼즈』(*Art Papers*)를 위한 한 대담에서, 그는 잘못을 폭로하는 것보다는 진리를 산출하는 데 관심이 있다고 말했습니다. 중간 위치는 어느 정도까지 진리를 산출하는 장소로서, 리처드 로티(Richard Rorty)라면 해체론을 무시하고 있다기보다는 일탈(逸脫) 행위라고 말할 겁니다. 그 공간 내에서 사람들은 무엇에 대항해서 자기 자신의 무능력을 선언할 것인가. 이렇게 말하는 건 누구건 완전히 어떤 일을 충분히 해낼 수 있는 모델이 없기 때문이지요. 이것은 제게 관한 한, 관심의 선언입니다. 거기에는 자기 자신의 저술의 한계에 대한 변명의 여지가 없기 때문에, 그것은 철저하게 이론적인 행동입니다.

비이서 그건 신역사주의자들이 가끔 어렵사리 두 입장에 다리를 걸치고 있는 것으로 보일 때의 중요한 교정책입니다. 한편으로는 텍스트에서 배제된 것을 마셔레이식으로, 또는 알튀세르식으로 폭로하는 징후적 읽기로 나아가게 하는 의지와, 다른 한편으로는 창시자에 반대하고 있다는 죄책감인데, 이 감정이 그들로 하여금 특권적 통찰을 부인케 하고 그들을 무력하게 하는 자신의 편견과 비판상의 무지를 인정케 합니다. 즉, 마비를 일으킨 입장에 놓이게 됩니다. 선생님은 교묘한 말로 지연시켜 온 방법 사이의 중간부의 개념을 두고, 오도 가도 못한 마비 상태를 넘어선 입장으로 기울어진 것 같습니다.

스피박 스탠퍼드 대학에서 저는 위기와 제국주의 문화의 권한을 부여받은 침해에 대해서 이야기를 했습니다. 학생들이 저와 함께 위기와 침해란 말을 고찰하고, 그들이 생각하고 있던 것이 무엇이었건 간에 그 생각에 그 두 낱말을 결합하고 있었습니다. 이 과목의 마지막 삼분의 일이 남았을 때 학생들은 처음부터 저를 보고자 한 그대로, 저를 제3세계의 여성으로 보기 시작했습니다. 다만 그때까지 저는 그 구절에 대한 정의를 바꾸고 있었으며, 제가 학생들에게 말하고 있었던 것은, 만일 그들이 자민족 중심주의와의 관계를 끊는다 해도 그들이 잘못이라는 것이었지요. 맞아요? 제가 스탠퍼드 대학에서 이에 대한 말을 하기 시작했을 때 그들은 이것을 인식하지 못했지만, 그들은 실제로 제가 말하고 있었던 그 위기에 처해 있었습니다. 수업 마지막 날에 저는 그들에게 이렇게 말했지요. "난 이제 대향전이(對向轉移)하기를 원치는 않지만, 내가 여러분들에게 조사의 대상으로서 우리를 구성하는 것이 그리 쉽지 않다고 말해 왔기 때문에 얼마나 열기가 솟구쳤는지를 보십시오. 그건 흔히 있는 소극적 비평이 아닙니다("당신은 우리의 문화 체계를 어떻게 보아야 할지를 모른다"). 저는 민족성에서 나오는 모든 논의를, 문화주의에서 나오는 모든 논의를 비판해 왔으며, 제가 현재 후기구조주의와 맑스주의를 어떻게 사용하고 있는가, 여러분이 오염되었다고 생각하는 수단들을 어떻게 사용하고 있는가를 보십시오. 교과과정을 확대하기 위한 여러분의 해결책은 사실 제가 여러분과 함께 있기는 하지만 실은 신식민주의적 산물입니다. 왜냐하면 그 반대편에 진짜 인종차별주의가 있기 때문이지요. 이 싸움이 반드시 승리를 얻는다고 해서 그 승리가 구미 중심주의를 완전하게 보존한다는 것을 의미하는 것은 아닙니다'하고 말입니다. 그것이 위기의 진정한 의미, 거기에 연루된 진정한 의미, 시작과 끝에 의해서 승인될 수 없는 중간부에서의 산물이지요. 그밖에 다른 방도가 없습니다.

비이서 선생님이 교육과 위기의 문제를 함께 제기했으므로 그 문제를 더 이야기했으면 합니다. 시러큐스 대학의 맑스주의자 교육 집단의 미넷 마크로프트(Minette Marcroft)가 최근 이 대담이 있을 거라는 말을 듣고 글쓰기와 가르치기의 폭력에 대해서 선생님께 여쭤 봐 달라고 했습니다. 그 말을 듣고 연상되는 것은 우리 이야기가 터덕거리고 있을 때 선생님이 저에게 한 첫마디 말이 생각났습니다. "선생님은 맑스주의자요, 아니면 뭐요?" 한 말 말입니다. 선생님의 싸우기 좋아하는 개인적 스타일은 위기에 처해서 일하는 것을 배우기 위한 환유인가요?

스피박 저는 여기서 두 가지 것을 구별하고자 합니다. 첫째는 제 개인적인 스타일인데, 저는 그게 불만이에요. 저는 보다 차분한 산문을 쓸 수 있었으면 하거든요.

　그건 별개의 문제지만, 우리가 이 문제를 한편으로 제쳐놓는다면 사람들이 그에 대해서 반대 발언을 하는 세력이 매우 호의적일 때는 최악의 상태에 이릅니다. 가장 상처받기 쉬운 사람들, 말하자면 강의실의 학생들에 의해 구체화되었을 때 가장 호의적이라는 확신에서 이 폭력은 나온다고 저는 생각합니다. 제가 신역사주의에 어떻게 제 자신을 대처하는가 하는 문제에 대해서 말꼬리를 흐린 까닭은 동료들과 함께 이 싸움에 끼어드는 데 그다지 관심이 없기 때문입니다. 이것은 대학이 있는 곳이면 세계 도처에서 일어나는 일입니다. 그러나 진짜 싸움터는 강의실이며, 진짜 초점은 지식의 신식민지적 생산을 독차지하고 있는 호의적인 젊은 급진파들이라는 것을 우리가 인식할 때, 그리고 과장된 감정의 표현—"저는 그저 백인 남성일 뿐입니다" 등등, 그리고는 일은 평상시처럼 진행되어 가지요—이것 역시 무엇인가 지식의 신식민적 생산의 일부입니다. 그 젊은이들이 그 과장된 감정 표현만을 남김없이. 자기들이 최상의 위치에 있다는 확신을 없애 버리지 않으면 안 된다는 것을 우리가 인식할 때, 미넷 마크로프트가 언급한대로 불안이 교실 전체에 느껴질 정도로, 옷을 갈아입은 소크라테스적인 방법이라기보다는, 인지할 수 있는 폭력으로 매우 불안한 상태가 암시되고 있다고 생각합니다. 그러면 우리는 공정한 정치학을 가르치고 있다는 즐거움을 맛볼 수 있습니다. 저는 여기에서 폭력이 나오는 것이라고 생각합니다. 지난 23년에 걸쳐서 학생들이 저의 가장 훌륭한 청중이었다는 것과, 이것이 하나의 큰 문제라는 것을 그들이 알 수 있었다는 것은 제게는 행운이었습니다—꼭 죄책감과 수치스런 실책만은 아니었으니까요.

비이서 스티븐 그린블랫은 한 책을 위한 그의 논문에서 이야기를 하고 있습니다. 즉, 그가 버클리 대학에서 "맑스주의 미학"이라는 과목을 강의하고 있을 때 한 학생이 그의 정치학을 규탄하면서 그에게 소리를 질렀습니다. 이 경험은 그린블랫으로 하여금 강의 제목과 교과 내용을 볼셰비키 학생들에게 강의실에 들어오지 못하게 하는 경고성의 "문화적 시학"으로 바꾸게 했습니다. 선생님의 강의는 그린블랫과는 달리 대결적입니까? 선생님은 위기로 돌입해 가는 경향이 있는데 신역사주의자들은 텍스트와 담당 강의에서 갈등을 해결하는 경향이 있다고 말할 수 있을까요?

스피박 문화비평으로의 전환이라는 생각은 제게는 그렇게 유쾌한 반응이 못됩니다. 그건 제가 대결에서 통합으로 옮아갔다는 걸 의미하지는 않습니다. 맑스의 텍스트를 보세요. 특히 원숙기의 텍스트 말입니다. 그 텍스트들은 모두에게 권고하고 있습니다. 은연중에 숨어 있는 뜻을 읽는 독자에게 말입니다. 그 구분은, 한편으로는 자본주의에 대한 급진적 비평이며, 다른 한편으로는 문화비평이지요. 그리고 다음에는 일종의 계급이란 범주의 평범화가 도래하는데, 우리들은 이것을 이른바 포스트맑스주의자의 글에서 보게 됩니다. 계급 개념을 연구하고 그것을 복잡하게 하고 확대하는 대신, 그것이 검증되지 않은 보편주의자의 개념이라고 그저 거부당하고 있습니다. 알다시피 1970년대에는 공산주의자란 말을 피하기 위해서 가지각색으로 왜곡시켰습니다. 우리 그룹을 "급진적"이라고 부를 것인가 하는 완곡어법을 사용했다는 걸 알고 계시지요. "사회주의자"의 가능성은 어떠한가요? 이제 또 하나의 핑계를 댈 말이 나타났는데 그건 "유물론자"입니다. 유물론 역사가 뭔가에 대한 아무런 감각도 없는 데에 아연실색할 수밖에 없습니다. 유물론적이라는 형용사를 사용한 것은 맑스주의를 위한 하나의 핑계입니다. 저는 이 그룹에 에드워드 사이드를 포함시키지 않을 겁니다. 하지만 클리포드는 그의 새로운 저서에서 사이드에 대한 그 훌륭한 비평을 하면서 푸코에 대해서 참을 수 있는 것과 참을 수 없는 것에 대해서 말하고 있습니다. 푸코에 대해서 참을 수 없는 것 중의 하나는, 그를 미시 물리학에 관한 것 이외에는 말하지 않는 해석학자로 바꾸어 놓고, 그를 동맹 정치학을 위한 핑계로 삼은 것입니다. 동맹 정치학은 그 독자적 형식으로서 비목적론적이며, 꼭 혁신적이랄 수는 없지만 형태 발생학의 포스트모던의 실용론을 취하는데, 이로 인해 더욱 더 활동적이 됩니다. 그리고 문학비평에서, 이른바 맑스주의 개입으로부터 문화비평으로의 전이에서 나온 진짜 이야기는, 단순히 이것 아니면 저것과 같은 류의 비평에 대한 결정의 이야기가 아니라 이 이야기가 끼워져 있는 보다 넓은 사회적 텍스트로 짜여져 있다고 생각됩니다.

비이서 선생님은 신역사주의의 핵심적 곤란을 지적했습니다. "난 현실을 기호의 생산과 동일시하고 싶지 않다. 뭔가 다른 것이 진행 중에 있었는지도 모른다"고 말했습니다. 이것은 신역사주의 지지자들이 그러한 현실과 교섭하고 있는 것처럼 위장하고 있을 때에도 그들이 곧잘 간과해 왔다고 하는 중요한 경고입니다. 그들이 그들 자신의 은유론을 사용함으로서 기호 생산 밖과 현실 사이를 오락가락하고 있습니다. 그들은 이러한 두 층위 사이의 왕래를 순환이라 부르고 있습니다. 이것이 제가 받은 신역사주의 지지자들의 많은 논문에서의 은유였지요. 즉 순환, 교환, 교섭이지요. 이 모든 용어는 문화적 소산에 대한 문화적 분석과 무엇인가 그 밖의 다른 것 사이의 중재를 기술하는 것으로 받아들여지고 있습니다.

스피박 그 밖의 다른 것이란 게 무엇입니까?

비이서 그건 전혀 정의 내려지지 않고 있습니다.

스피박 맑스에 대해서 말하겠습니다. 맑스에 있어서의 생산의 내러티브 양식은 뛰어난 내러티브가 아니며 계급 관념은 유연성이 없지는 않다고 생각합니다. 생산 내러티브 양식은 그 맥락 안에서 작용하고 있는 가설이지요. 우리는 『자본론』 제3권을 보아야 합니다. 거기에서 맑스는 이윤율 저하 경향 법칙과 반작용의 과정에 대해 말하고 있습니다. 외국 무역에 관한 분량은 적지만 중요한 한 부분이 있습니다. 거기서 맑스는 이 특수한 분석은 외국 무역의 분야에서는 유용성이 없다고 말하고 있습니다. 그 까닭은 외국 무역은 자본주의의 착취 양식이 자본주의적 생산양식 없이 수출되어 오고 있는 장(場)이기 때문이라는 것입니다. 그래서 누구나 여기서 정말로 계산을 해보고자 한다면 일반적인 등가물인 돈이 밖으로 나가서 다른 방법, 다른 코드화, 다른 기술법으로 행하는 가치 생산을 관찰하지 않으면 안 될 겁니다. 우리는 문학비평가입니다. 우리가 만일 맑스 저서들을 살펴본다면 맑스의 텍스트를 꼼꼼히 읽는 데 바탕을 둔 대체물을 보고 있는 것입니다.

비이서 다시 말해서 선생님은 맑스가 소극적인 비평을 제시하고 적극적인 정치는 제시하지 않았다고 시사하고 있는 것이 아니라, 그 보다는 대체물의 한정된 분야를 시사하고 있다는 말씀이지요.

스피박 맑스의 텍스트는 결코 하나의 뜻만 있는 것이 아니라는 것을 시사한 것입니다. 이것을 단일한 의미를 지닌 내러티브로 바꾸는 데 있어서의 엄청난 에너지는 우리가 살고 있는 시대와 우리들 앞의 한 세대 안에서 그 자체의 정치사를 지니고 있습니다. 알다시피 이것은 긴 이야기가 아닙니다. 그러므로 맑스주의와 미시 정치학을 사이에 두고 하는 선택에서, 주요한 내러티브를 포기하는 것이라고 생각하는 국민에게 요구되는 것은 맑스를 서둘러 고찰해야한다는 것입니다. 만일 누군가 맑스를 주요한 내러티브와 동일시한다면 그는 맑스주의 역사를 맑스 텍스트와 하나로 합성하고 있는 셈이지요. 저는 원리주의자는 아닙니다만 맑스 텍스트는 엄밀히 말해 확실한 기초를 찾아낼 수 있는 장은 아닙니다. 포스트식민 공간의 견지에서 자본가의 착취양식이 자본가의 생산양식 없이 수출되어 온 지역의 분석 방법에 대해서 맑스가 그런 식으로 말한 것이 사실이라면 그들의 모든 세계 문학은 민족주의의 우의라고 하는 생각이 무의미한 것이 되지요. 다른 분석 방법은 "가냘픈, 알맹이 없는 것"이라는 맑스주의의 믿어지지 않는 개념을 통해서 가능하게 됩니다. 가치, 즉 모든 가능한 내용에 있어서의 일반적인 등가물의 회전에 걸려들지 않는 가치를 기술하는 맑스의 방법입니다.

비이서 캐더린 갤러허(Catherine Gallgher)는 신역사주의가 적극적인 정치 또는 정치적 점화를 수반하지 않는다고 주장합니다. 그녀는 신역사주의의 문화비평을 위한 동류의 면책을 주장하고 있지 않습니까? 이러한 주장은 맑스를 위한 선생님의 주장과 어떻게 다릅니까?

스피박 그건 전지구적 규모의 정치와는 전혀 다른 질문입니다. 첫 질문은 기본적으로는 미국의 문학비평에서 일어나고 있는 것과 관계가 있습니다. 전지구적 규모의 정치에 대한 그것과의 관계는 매우 복합적이지요. 그게 무엇일까요? 전지구적 규모의 정치에 이웃하고 있는 문학비평은 하찮은 학문 분야입니다. 누가 만일 미국의 대학 제도를 관찰한다 할때, 버클리와 어빈의 싸움에서 누가 이기는가에 대해 말하고 있는 것이 아닙니다. 하지만 4년제 대학이나 2년제 대학, 지역 전문대를 관찰하고, 그것을 연방의 기금투자, 앨런 블룸(Allan Bloom)과 전미 인문과학 기본기금 등등과 관련 지운다면, 이것과 제3세계 사이의 관계, 말하자면 통화 기금과 세계은행 사이의 관계와는 거의 닮은 점이 없습니다. 그건 대등한 관계가 아닙니다. 평행 관계는 존재하지 않습니다. 전지구적 규모의 성치는 하나의 무대이며, 그 무대에서 우리가 어떤 종류의 주장을 하기 시작할 수 있는 유일한 방법은, 포스트식민 지역에서 토착 부르주아가 국가 형성으로 나가는 기구와 훨씬 더 강력한 관련을 맺는다고 하는 것입니다. 일반적으로 포스트식민 공간에서의 계급상승이 이루어지는 사람들이 대학에 진학합니다. 이러한 대학은 150년에 걸쳐 전통적으로 주장을 관철시키는데 그 중심 도시에서 유용한 자료를 받아 왔습니다. 그렇지 않다고 자주 선언은 하고 있습니다만. 그러므로 우리들이 제3세계, 페미니즘, 또는 이것저것에 대해서 말하는 방식은 아마 포스트식민 지역에서의 문화의 성직자들을 부양할 수 있도록 허깨비(simulacrum)로 만들어져 있는지도 모릅니다. 근데, 이러한 관계는 베이비 붐 세대의 비평가들을 위해 온 세계의 정치의 차이를 미국에서 일어나고 있는 것과 혼동하는 사람들이 인정하고 싶어 하는 그러한 관계는 아닙니다. 왜냐하면 사실 그들은 일본, 아프리카의 몇 나라들, 인도, 아프가니스탄, 스리랑카에서 교육제도가 어떻게 운용되고 있는지 거의 모르고 있기 때문입니다. 이러한 것들을 비교할 수 없습니다. 전 세계의 정치와 이러한 일 사이에 모종의 관계가 있다고 말하고 싶다면 이러한 지역에서의 교육제도와 대학의 역사를 살펴보지 않으면 안 될 것입니다. 그것을 모종의 직접적인 행동의 우의라고 생각하는 것은 하찮은 위치에 있는 대부분의 사람들이 자기들이 지배하고 있다고 상상하고 싶어하는 버릇 때문이지요.

이러한 싸움이 늘 불가피하게 전지구적으로 정치 세력이란 이름이 어떻게 부여되는가에 저는 항상 놀라고 있습니다. 그것은 거의 중세의 도덕극과 같습니다. 저는 늘 학생들에게 이렇게 질문하지요. "여러분은 정말로 세계가 변하기 위해서는 누구나 지정학적 눈금 위에 로스엔젤로스의 한 호텔 위치를 인식하고 지도를 작성하는 방법을 배우지 않으면 안 된다고 생각합니까?"라고 말입니다. 미국에서 하는 주장들, 제3세계 대표로 가장하기 시작한 제3세계 엘리트에 의해 이 주장들이 어떻게 재처리되고 있는가 ─ 이건 그 자체가 가장 기괴한 내러티브지요.

비이서 급소를 얻어맞은 기분입니다. 논평을 듣고 나니 문학비평에 대한 질문으로 되돌아가는 것은 어려울 것 같군요. 여하튼 질문 드리겠습니다. 2, 3년 전에 대화 형식의 「맑스주의와 문화 해석」에서 선생님은 스튜워트 홀과 함께 가르치고 있었습니다. 스튜워트 홀의 알튀세르주의는 당시 화제였지요. 스튜워트 홀은 이론적 연구와 이론적 생산에 대한 알튀세르의 사상을 취하였는데, 신역사주의자들은 이데올로기 면에서는 알튀세르를 택하고 문학 텍스트 속에서 부재와 내면적 거리, 말로 표현되지 않은 것을 위치 짓는 데 노력을 기울이는 징후적 글읽기를 위해서는 마셔레이의 변형들을 택하고 있는 것 같습니다. 선생님은 그런 글읽기를 좀처럼 하지 않습니다. 선생님의 견해로는 그러한 징후적 글읽기는 뭐가 잘못이며, 선생님은 어떠한 글읽기를 하고 있는지요?

스피박 저는 기본적으로는 드 만에게서, 다음에는 데리다에게서 그야말로 "문자 그대로의" 글읽기의 중요성을 배웠습니다. 그리고 물론 "문자 그대로"란 말은 "역사"란 말과 같습니다. 어떠한 중요한 말도 그렇습니다만, 그것은 오용된 말이지요. 캘커타 대학에서 센(Sen)교수에게서 받은 초기 교육이 아마 저에게 이 방향으로의 최초의 자극을 주었고, 다음에는 1961년에서 1964년 사이에 제가 드 만에게서 배웠습니다. 1960년대의 드 만은 분명히 은유의 논리를 읽는데, 다시 말해 절대적으로 문자 그대로의 글읽기에 대단한 흥미를 가지고 있었습니다. 그 다음에는 데리다의 글읽기, 특히 브랑쇼 등등과 같은 문학 텍스트 읽기에 대해는 일종의 생기를 주는 문자 그대로의 글읽기지요. 그래서 저는 사실 부재한 것을 진단할 생각을 하고 텍스트로 들어가지 않습니다. 왜냐하면 의사가 집안에 들어갈 때는 많은 것을 문밖에 남겨 놓고 있기 때문이지요. 결국 의사는 어머니, 아내나 남편, 연인들의 신체로서 텍스트를 읽을 수는 없습니다. 이 사랑의 관계는 해체론적인 관계이므로, 누구든지 뭔가 자기 자신의 언어가 아닌 것을 해체할 수는 없습니다. 선생님은 제가 누차 인용한 그 구절을 알고 계실 겁니다. 즉, 모든 해체론이 어떤 특정한 방법으로 그 자체의 비평의 희생물이 되는 이유는 해체론이 사용하는 언어가 구조적으로, 그리고 모든 면에서 그 입장에서 빌려 온 것이라는 게지요. 어느 의미에서 의사의 진단 자세는 그것이 의식적으로 텍스트 안으로 첫발을 내딛다시피 한다 해도, 사랑에 대해서, 자기 자신의 속박된 장소에 대해서 의심을 품는 자세입니다. 비록 그에 대한 대처 방법을 알고 있다 해도 저는 그렇게 하는 것을 두려워 할 것입니다. 그래서 저는 문자 그대로의 글읽기에 매달리고, 그러한 글읽기는 발전되어 갑니다. 강의실에서 제가 무력하듯이, 저는 결코 확신하지 않습니다. 그러나 징후적 글읽기는 저를 곤혹스럽게 만들어 사항의 위치를 정말로 찾아낼 수 없게 합니다. 저는 텍스트를 저의 환자나 또는 정신분석을 받는 사람으로보다는 저의 연루자로 생각하고 싶습니다. 말로 표현되지 않은 것이 나타나지만 그것은 저의 글읽기와 거슬러 나타납니다. 그것이 저의 주의를 끌려고 떠들어대기 시작하면서 동시에 저의 시선을 끌게 됩니다.

비이서 이것은 선생님의 연구에 의존하고 있는 사람들 예를 들어 바바라 할로우(Barbara Harlowe)와 텍사스 사람들이 선생님의 연구에 힘입어 다른 방향으로 움직였던 사람들을 생각게 합니다. 선생님은 그들의 연구 기획이나 선생님의 연구가 그런 방향으로 진행된 데 대한 느낌이 어떠한지 말씀해 주겠습니까?

스피박 글쎄요, 저는 바바라가 제 연구의 영향을 받은 것으로는 생각하지 않습니다. 저는 그녀를 대단한 동조자로 생각하고 있는데요. 아마 그녀에게 영감을 불러일으킨 훨씬 더 큰 원천은 에드워드 사이드와 서아시아 정치와의 접촉이라고 생각합니다. 그녀는 제가 쓴 몇몇 글을 뒷받침하는 비평이론을 개척해 놓았다고 생각합니다만, 그녀가 저의 영향을 받았다고는 생각하지 않습니다. 챈드라 모핸티(Chandra Mohnaty)는 같은 분야에서 일을 하고 있다고 생각합니다. 산타크루즈의 라타 마니(Lata Mani)도 그렇다고 생각합니다. 제가 하는 일은 실은 식민지 담론에 대한 것이 아닙니다. 그것은 미국에서의 신식민주의에 대한 동시대의 문화정치학의 경향이 매우 농후합니다. 그래서 라타가 하는 일은 식민지적 담론에 대한 것이 더 많은데, 저는 그녀를 진정한 역사가라고 생각합니다. 그러한 관계는 있지만 영향받은 일은 없습니다. 포레스트 파일(Forest Pyle)이라는, 제가 가르친 학생이 있는데 그는 상상력에 대한 낭만적 이데올로기에 관한 글을 썼습니다. 그 글은 스탠퍼드대학 출판사에서 곧 간행됩니다. 또 제가 그에게 미친 영향이 어떤 것이건 간에 — 학위논문 지도 교수가 영향을 주는 것은 틀림없기는 합니다만 — 그는 뭔가 아주 딴 방향으로 나간 걸로 압니다. 제 학생인 제니퍼 샤프(Jennifer Sharpe)는 연구 주제가 영국 대학 주체의 구조에 관한 것인데, 그녀의 연구 역시 다른 방향으로 가고 있습니다. 저는 제자를 만들지 않았습니다. 이건 중요한 일입니다. 저는 일개 독학자이지 훌륭한 학자는 아닙니다. 그리고 제가 가르치는 스타일이 유별나기 때문에 어느 누구도 제정신으로 그 흉내를 내려 하지 않을 겁니다. 저는 거기에서 벗어나려고 노력하고 있지요. 그러므로 이 때문에 실제로 제자를 갖지 못합니다. 저는 이러한 사람들을 동조자들로 생각하고 있습니다. 저는 이 분야의 독립적인 연구가, 예를 들어 호미 바바(Homi Bhabha)와 같은 사람에게 절대로 영향을 끼치고 있지 않습니다. 그래서 저는 챈드라 모핸티, 라타 마니, 메어리 프랫(Mary Pratt), 바바라 할로우 등, 이 모든 사람들, 물론 우리들 사이의 선배로서의 에드워드 사이드 등, 우리 모두는 말하자면 같은 방향에서 일하고 있다고 느끼고 있습니다. 저는 인도에서의 다른 사람들과의 관계를 인정합니다. 그 중에는 저보다 앞선 사람들도 있고, 독자적으로 일을 해 오고 있는 사람도 있습니다. 하지만 이 사람들이 제 연구에 정말로 영향을 받은 것으로는 보지 않습니다.

비이서 선생님의 교육 스타일 때문에 아마 제자나 조수를 갖지 못했겠지만 그래도 선생님이 호명한 사람들에게는 유다른 문화적 제명이 새겨져 있다고 생각합니다. 사이드는 성장하면서 수 개 국어를 구사하고 카이로 최고의 예비 학교를 다니며 나일강 중류의 구 식민지 게지라 클럽(Ghezira Club)에서 심신을 함양하곤 했는데, 선생님 자신은 뱅골의 귀족 출신입니다. 그건 미국에서 흰 빵을 먹는 가정에서 자란 중류와 중하류 계급 인간은 웬일인지 이러한 종류의 일을 할 수 없다는 걸 말하는 겁니까?

스피박 천만에요. 그런 말을 하려는 사람은 완전히 문화적 결정론자가 돼야 할 겁니다 …… 제가 어떻게 그런 말을 할 수 있습니까? 아닙니다. 그건 사실이라고 생각지 않습니다. 우리는 모두 결핍의 상황을 과잉의 상황으로 바꾸고 있습니다. 이것은 "불(不)"이란 글자에 괄호를 한, 불가능의 조건이라는 것을 말하는 겁니다. 에드워드와 저, 바바라와 저, 우리들 모두 사이에는 진짜 차이가 있습니다. 덧붙여 말하자면, 저의 태생은 대도시의 견실한 중류계급입니다. 그러한 차이는 어때요?

사실 사이드는 제가 말한 다른 동료인 고고학자이며 역사가인 로밀라 타파(Romila Thapar)와 함께 강의를 하기 위해서 피츠버그에 왔었지요. 그녀는 훌륭한 강의를 통해 인도 고대사에 있어서의 아리안족 중심주의 논의를 전면적으로 묵살했습니다. 사이드는 인류학에 관한 강의를 했는데, 놀랄만한 강의였지요. 하지만 끝에 가서 몇 학생이 민중에 대해 질문을 하자 그는 경멸적인 태도로 나왔습니다. 저는 그에게 다가가서 말했지요. "선생님은 정말로 이 말을 할 필요가 있습니다. 요컨대 우리 두 사람을 보세요. 우린 포스트식민지 사람입니다. 우린 사실 야생 인류학자이지요"하고 말입니다. 우리는 계급의 공통점이 있기 때문에 실제

조사를 하기 위해서 해외로 나왔습니다. 우리뿐만이 아니라 우리의 부모도 그랬고, 제 부모가 그랬다기보다 오히려 그의 부모가 더 그랬지요. 제 계급이 더 밑이었으니까요. 우리는 학문적인 의미에서가 아니라 계급의 공통점과 전류의 흐름에 밀려 서양에서 현지 조사를 하기 위해 길을 떠났습니다. 우리는 학문적 인류학자와는 다르게 성공을 거두어서 그들과 거의 구별이 안 될 정도였지요. 우리는 이제 우리의 생산물에 대한 비방을 고찰해 보기로 결심했습니다. 사실 대부분의 포스트식민지 사람들은 우리와 같지 않습니다. 그들이 관심 갖는 것은 자신들이 민족의 주체이며, 따라서 참다운 주변인인가, 아니면 식민지 사람들과 마찬가지로 선량한가를 입증하는 겁니다. 바바라 할로우는 자신의 초기 연구물이 에드워드나 저와는 공통점이 거의 없다고 말할 겁니다. 그녀는 유제니오 도나토(Eugenio Donato) 밑에서 학위논문을 쓴 후 일자리를 찾아 이집트로 갔는데, 자신이 할 일이 그곳에 있다고 느꼈기 때문에 아랍말 등등을 공부하기 시작했지요. 그녀의 초기 연구물을 보면 이집트에서 일하도록 결심케 한 대목은 하나도 없습니다. 우리는 문화적 결정론자가 되어서는 안 됩니다. 우리는 포스트식민지의 신식민지화된 세계에서 살고 있습니다. 우리는 우리 학생들에게 실마리를 찾도록 가르쳐야 합니다. 그 실마리를 발판으로 학생들은 비판적이 되고 그 결과 이른바 문화적 생산에서 벗어나도록 해야 합니다. 베이비 붐 세대이기 때문에 신역사주의자라고 하는 고백에서의 1960년대를 생각한다면, 버클리와 프랑스뿐만이 아니라 체코슬로바키아를 생각한다면, 또는 1967년에 가치절하의 전망이 아시아의 몇 나라에서는 적중하지 않았다는 것을 생각한다면, 그러한 것은 실제적으로 역사적 내러티브란 말이 오용된, 단순히 전기/생물학적 기술법(bio-graphy)을 쓰려는 욕망으로 보이는 것입니다. 그래서 인간은 누구나 자신의 문화적 생산을 할 수 있는가를, 아니면 할 수 없는가를 문자 그대로의 결정 요소로 생각해서는 안 됩니다.

비이어 그 말을 들으니까 선생님이 문화적, 생물학적 결정론을 공격한 또 다른 분야, 즉 페미니즘 내부에 있는 다른 분야가 생각납니다. "담론과 여성의 전위(轉位)"란 논문에서 선생님은 여성의 단순한 타자성은 여성을 아주 멀리 데려가려고 하는 개념은 아니라고 말하고 있습니다. 그에 대해서 좀 더 자상하게 설명해 주겠습니까?

스피박 "나는 타자다"(je est un autre)라고 말할 수 있는 인간은, 누가 되었건 그녀는 엄밀한 의미에서 여전히 하나의 "나"(je)입니다. 타자성에 대해 이 말이 주장하는 방식을 보십시오. 제 말은 그것이 비방을 받게 된다는 겁니다. 그 형편없는 것이 제도화되어 가고 있기 때문에 누구나 다 티셔츠를 입어야 한다는 것을 저는 말하는 겁니다. "나는 타자다" 하는 이 말은 뭔가 다른 것을 생각나게 합니다. 데이빗 모렐(David Morrell)이 〈람보 III〉 영화 대본 끝에 쓴 글에는 분명히 랭보의 『지옥의 한 계절』에서 따온 묘비명이 있습니다. Je est un autre — "나는 타자다"(I am an Other) 역시 랭보에서 따온 묘비명입니다. 선생님이 제게 질문을 때 말한 바와 같이, 저는 하위주체와 동조하고 있지 않았습니다. 저는 결코 저를 하위주체란 이름을 붙인 사람으로 인정한다고 하지 않았습니다. 하위주체는 데리다에 있어서 "여성," 푸코에 있어서 "힘"과 같이 하나의 이름입니다. 그래서 그 이름은 정치적 프로그램이 성공을 거두면 사라질 것이라는 불안을 수반합니다. 이런 식으로 타자성을 주장하는 여성은 자기 자신을 보아야 한다고, 사실상 자기 자신을 이름 붙여진 사람으로서가 아니라 스스로 이름을 붙이는 사람으로 보아야 한다고 말하고자 합니다. 타자성을 주장함으로써 상대방을 정당화한다는 것은 정말로 엉터리 같은 짓이라고 저는 생각합니다. 그것은 전혀 저를 감동 시키지 않습니다. 우리는 프랑스 페미니즘을 읽고 있습니다. 그리고 학 기의 일부는 이런 종류의 이론이 어떻게 기본적으로 제3세계 페미니즘 을 제1세계 학생들의 조사 대상으로 구성하는가 하는 것이었습니다. 시 류에 거슬리는 글읽기는 우리의 논적들뿐만 아니라 우리 편에게도 적용 된다고 저는 말했습니다. 그래서 만일 우리가 어느 텍스트에 있어서의 수사성의 효과적인 사용에 대한 프랑스의 역사에서 이리가라이(Luce Irigaray)와 같은 사람의 책을 읽는다면, 그것은 여성의 타자성에 대해 찬성하는 선언물을 아주 낡은 방법으로 읽는 것 보다 훨씬 더 흥미롭습 니다. 여성의 타자성에 대해 글을 써 흥미를 불러일으키는 페미니스트의 대부분은 역시 다른 많은 일을 해 왔습니다. 그런데 그들의 제도적 특권 을 정당화하기 위해 일종의 주문처럼 그저 반복하고 있는 사람들은 위 험합니다. 이 사람들은 그렇게 하지 않으면 여성의 계층화에 대한 인식 이 초래할 위기관리를 정확히 하고 있기 때문에 그 위험성을 알아차리 지 못할 것입니다. 이건 저에게는 정말 분명한 것으로 보이는데요. 그렇 지 않은가요?

비이서 선생님의 학생 하나를 위한 질문이 남아 있습니다. 사람들은 권 한을 부여받지 못하거나 또는 주변부에 놓인 집단들의 이해관계, 욕망, 선판단에 비추어서 자신의 텍스트를 어떻게 선택해야 할까요? 사람들은 누구나 빈틈없이 선언한 자신의 이해관계에 바탕을 두고 선택해야 하니 까, 아니면 이러한 종류의 텍스트를 의식적으로 선택하는 일이 전혀 없어야 합니까?

스피박 그건 사람에 따라 다르지요. 그 사람이 일류 대학생이 아니라면 선택의 범위는 제한을 받지요. 만일 비일류 대학에서 종신재직권을 얻지 못한 교수라면 그도 역시 제한을 받지요. 누구건 언어 등을 습득할만한 제도가 없기 때문에, 식별할 수 없는 것을 읽도록 습득하기보다, 그리고 단지 "제 양심은 결백합니다"란 말을 하기 위해서 글읽기를 습득하는 것 보다 훌륭하게 읽을 능력을 갖춰 비판할 수 있는 것을 읽는 것이 더 좋다고 생각합니다. 젊은이들은 흑인을 돕는 것 보다 스스로 인종차별 의식에서 정말 벗어나려하고 있었다는 휴스튼 베이커(Houston Baker)의 예리한 말을 캐더린 갤러허가 사용한 데에 저는 퍽 관심을 가지고 있습니다. 아마 이 때문에 저는 학문 제도에 대해서 전반적으로 제3세계에서 진행 중에 있는 것과 뒤섞는 데 관심이 없나 봅니다. 그것이 사람의 양심을 맑게 할 리가 없지요. 블룸즈베리 그룹으로 되돌아가도 말입니다. 사회적 양심은 결국 개인의식을 보호하게 되어있습니다. 선택의 자유를 판결하는 것으로 양심을 인정해야 한다고 생각지 않습니다.

비이서 두편의 논문, 「드라우파디」(Draupadi)와 「스타나다이이니」(Stanadayini)를 번역한 표면상의 결심은 무엇입니까? 이건 선생님 쪽에서는 전혀 뜻밖의, 예정에 없는 형식적인 업적으로 보입니다. 이 때문에 지금 조엘 파인먼(Joel Fineman)과 그 밖의 몇 사람들이 하는 신역사주의 작업에 선생님이 지금 귀 기울이고 있다고 주장하는 겁니다. 내러티브 형식에 선생님이 하는 개입이 여하튼 그들의 내러티브와 관련이 있다 봅니까?

스피박 관계가 있는지 없는지 정말 모릅니다. 저는 1981년에 「드라우파디」를 번역했지요. 제가 『예일 프랑스학』(*Yale French Studies*)과 『비판적 탐구』(*Critical Inquiry*)의 프랑스 페미니즘을 대변하는 여성이 되어 있다는 데 말할 수 없이 충격을 받았기 때문이었지요. 그건 제게 각성의 계기였습니다. 도대체 제가 왜 이런 모양새를 갖게 되었을까요? 그래서 저는 『예일 프랑스학』에 "국제적 구조 안에서의 프랑스 페미니즘"을 쓰고, 『비판적 탐구』에는 한편의 작품을 번역하려고 있다고 말했습니다. 그런데 재미있는 건, 그게 "위탁 받은 일"이 아니라, 당장 엉뚱한 "요행수"로 바뀌었다는 점입니다. 엘리자벳 에이벌(Elizabeth Abel)이 제게 "이 모든 것이 어떻게 해체론과 관련이 됩니까?"하고 물었는데 사실 해체론에 대한 모든 단평들이 거기에 들어 있습니다. 그렇게 해서 그게 세상에 나오게 됐어요. 뜻하지 않게 말이지요. 제가 하위주체연구회의에 나갔기 때문에 「젖을 주는 여자」("Breast Giver")가 나오게 됐지요. 그들은 모두 역사가였습니다. 그래서 논문은 뭔가 경험적인 것에 바탕을 두어야 한다고 그들은 말했습니다. 그래서 저는 그들에게 말했지요. 보세요. 저는 문학비평가입니다. 제게 유일한 경험적인 것이란 단편소설이라고 말입니다. 제가 번역한 것은 선생님이 지금 보고 있는 논문과는 아주 다른 것이었습니다. 지금 선생님이 보고 있는 논문은 제가 서투르게 만들어 낸 것에 강하게 반대한 캘커타 토착 좌파 부르조아 지식인에 대한 반응입니다. 그런데 거기에 나온 청중은 바로 그런 사람들이었어요. 그래서 그게 신역사주의자처럼 보였다 해도, 좋습니다, 그렇게 하려고 한 것은 아닙니다만 그렇다 해도 저는 기쁩니다.

:: 찾아보기

:: 갈무리 신서

1. **오늘의 세계경제 : 위기와 전망**

   크리스 하먼 지음 / 이원영 편역

   1990년대에 자본주의 세계경제가 직면한 위기의 성격과 그 내적 동력을 이론적 · 실증적으로 해부한 경제 분석서.

2. **동유럽에서의 계급투쟁 : 1945～1983**

   크리스 하먼 지음 / 김형주 옮김

   1945～1983년에 걸쳐 스딸린주의 관료정권에 대항하는 동유럽 노동자계급의 투쟁이 어떻게 전개되어 왔는가를 실증적으로 분석한 역사서.

7. **소련의 해체와 그 이후의 동유럽**

   크리스 하먼 · 마이크 헤인즈 지음 / 이원영 편역

   소련 해체 과정의 저변에서 작용하고 있는 사회적 동력을 분석하고 그 이후 동유럽 사회가 처해있는 심각한 위기와 그 성격을 해부한 역사 분석서.

8. **현대 철학의 두 가지 전통과 마르크스주의**

   알렉스 캘리니코스 지음 / 정남영 옮김

   현대 철학의 역사에 대한 비판적 분석을 통해 철학에서 마르크스주의의 역할은 무엇인가를 집중적으로 탐구한 철학개론서.

9. **현대 프랑스 철학의 성격 논쟁**

   알렉스 캘리니코스 외 지음 / 이원영 편역 · 해제

   알뛰세의 구조주의 철학과 포스트구조주의의 성격 문제를 둘러싸고 영국의 국제사회주의자들 내부에서 벌어졌던 논쟁을 묶은 책.

11. **안토니오 그람시의 단층들**

    페리 앤더슨 · 칼 보그 외 지음 / 김현우 · 신진욱 · 허준석 편역

    마르크스주의 내에서 그리고 밖에서 그람시에게 미친 지적 영향의 다양성을 강조하면서 정치적 위기들과 대격변들, 숨가쁘게 변화하는 상황에 대한 그람시의 개입을 다각도로 탐구하고 있는 책.

12. **배반당한 혁명**

    레온 뜨로츠키 지음 / 김성훈 옮김

    혁명적 마르크스주의의 입장에서 통계수치와 신문기사 등 구체적인 자료를 바탕으로 소련 사회와 스딸린주의 정치 체제의 성격을 파헤치고 그 미래를 전망한 뜨로츠키의 대표적 정치분석서.

14. 포스트모더니즘 이후의 정치와 문화

마이클 라이언 지음 / 나병철·이경훈 옮김

마르크스주의와 해체론의 연계문제를 다양한 현대사상의 문맥에서 보다 확장시키는 한편, 실제의 정치와 문화에 구체적으로 적용시키는 철학적 문화 분석서.

15. 디오니소스의 노동·Ⅰ

안토니오 네그리·마이클 하트 지음 / 이원영 옮김

'시간에 의한 사물들의 형성'이자 '살아 있는 형식부여적 불'로서의 '디오니소스의 노동', 즉 '기쁨의 실천'을 서술한 책.

16. 디오니소스의 노동·Ⅱ

안토니오 네그리·마이클 하트 지음 / 이원영 옮김

이딸리아 아우또노미아 운동의 지도적 이론가였으며 『제국』의 저자인 안토니오 네그리와 그의 제자이자 가장 긴밀한 협력자이면서 듀크대학 교수인 마이클 하트가 공동집필한 정치철학서.

17. 이딸리아 자율주의 정치철학·1

쎄르지오 볼로냐·안또니오 네그리 외 지음 / 이원영 편역

이딸리아 아우또노미아 운동의 이론적 표현물 중의 하나인 자율주의 정치철학이 형성된 역사적 배경과 맑스주의 전통 속에서 자율주의 철학의 독특성 및 그것의 발전적 성과를 집약한 책.

19. 사빠띠스따

해리 클리버 지음 / 이원영·서창현 옮김

미국의 대표적인 자율주의적 맑스주의자이며 사빠띠스따 행동위원회의 활동적 일원인 해리 클리버 교수(미국 텍사스 대학 정치경제학 교수)의 진지하면서도 읽기 쉬운 정치논문 모음집.

20. 신자유주의와 화폐의 정치

워너 본펠드·존 홀러웨이 편저 / 이원영 옮김

사회 관계의 한 형식으로서의, 계급투쟁의 한 형식으로서의 화폐에 대한 탐구, 이 책 전체에 중심적인 것은, 화폐적 불안정성의 이면은 노동의 불복종적 권력이라는 것을 이해하는 것이다.

21. 정보시대의 노동전략 : 슘페터 추종자의 자본전략을 넘어서

이상락 지음

슘페터 추종자들의 자본주의 발전전략을 정치적으로 해석하여 자본의 전략을 좀더 밀도있게 노동의 관점에서 분석하고 또 이로부터 자본주의를 넘어서려는 새로운 노동전략을 추출해 낸다.

22. 미래로 돌아가다

안또니오 네그리 · 펠릭스 가따리 지음 / 조정환 편역

1968년 이후 등장한 새로운 집단적 주체와 전복적 정치 그리고 연합의 새로운 노선을 제시한 철학 · 정치학 입문서.

23. 안토니오 그람시 옥중수고 이전

리처드 벨라미 엮음 / 김현우 · 장석준 옮김

『옥중수고』이전에 씌어진 그람시의 초기저작. 평의회 운동, 파시즘 분서, 인간의 의지와 윤리에 대한 독특한 해석 등을 중심으로 그람시의 정치철학의 숨겨져 온 면모를 보여준다.

24. 리얼리즘과 그 너머 : 디킨즈 소설 연구

정남영 지음

디킨즈의 작품들에 대한 치밀한 분석을 통해 새로운 리얼리즘론의 가능성을 모색한 문학이론서.

31. 풀뿌리는 느리게 질주한다

시민자치정책센터

시민스스로가 공동체의 주체가 되고 공존하는 길을 모색한다.

32. 권력으로 세상을 바꿀 수 있는가

존 홀러웨이 지음 / 조정환 옮김

사빠띠스따 봉기 이후의 다양한 사회적 투쟁들에서, 특히 씨애틀 이후의 지구화에 대항하는 투쟁들에서 등장하고 있는 좌파 정치학의 새로운 경향을 정식화하고자 하는 책.

피닉스 문예

1. 시지프의 신화일기

석제연 지음

오늘날의 한 여성이 역사와 성 차별의 상처로부터 새살을 틔우는 미래적 '신화에세이'!

2. 숭어의 꿈

김하경 지음

미끼를 물지 않는 숭어의 눈, 노동자의 눈으로 바라본 세상! 민주노조운동의 주역들과 87년 세대, 그리고 우리 시대에 사랑과 희망의 꿈을 찾는 모든 이들에게 보내는 인간 존엄의 초대장!

3. 볼프

이 헌 지음

신예 작가 이헌이 1년여에 걸친 자료 수집과 하루 12시간씩 6개월간의 집필기간, 그리고 3개월간의 퇴고 기간을 거쳐 탈고한 '내 안의 히틀러와의 투쟁'을 긴장감 있게 써내려간 첫 장편소설!

4. 길 밖의 길

백무산 지음

1980년대의 '불꽃의 시간'에서 1990년대에 '대지의 시간'으로 나아갔던 백무산 시인이 '바람의 시간'을 통해 그의 시적 발전의 제3기를 보여주는 신작 시집.

Krome …

1. 내 사랑 마창노련 상, 하

김하경 지음

마창노련은 전노협의 선봉으로서 87년 노동자 대투쟁 이후 민주노총이 건설되기까지 지난 10년 동안 민주노동운동의 발전을 이끌어 왔으며 공장의 벽을 뛰어넘은 대중투쟁과 연대투쟁을 가장 모범적으로 펼쳤던 조직이다. 이 기록은 한국 민주노동사 연구의 소중한 모범이자 치열한 보고문학이다.

2. 그대들을 희망의 이름으로 기억하리라

철도노조 KTX열차승무지부 지음 / 노동만화네트워크 그림
민족문학작가회의 자유실천위원회 엮음

KTX 승무원 노동자들이 직접 쓴 진솔하고 감동적인 글과 KTX 투쟁에 연대하는 16인의 노동시인·문인들의 글을 한 자리에 모으고, 〈노동만화네트워크〉 만화가들이 그린 수십 컷의 삽화가 승무원들의 글과 조화된 살아있는 감동 에세이!